{ The Buddha's Way of Happiness }

붓다 테라피 웰빙을 위한 행동심리학

초판인쇄 2012. 5. 18. | 초판발행 2012. 5. 25. | 지은이 토마스 비엔 | 옮긴이 송명희
펴낸이 김광우 | 편집 최정미 | 디자인 이화연 | 영업 권순민, 이은경, 허진선 | 펴낸곳 知와 사랑
서울시 영등포구 당산동 3가 558-3 더파크365빌딩 908호
전화 (02)335-2964 | 팩시밀리 (02)335-2965 | 이메일 jiwa908@chol.com
등록번호 제10-1708호 | 등록일 1999. 6. 15.
ISBN 978-89-89007-59-3 (03180)

값 15,000원
www.jiwasarang.co.kr

The Buddha's Way of Happiness

붓다 테라피

웰빙을 위한 행동심리학

토마스 비엔 지음 · **송명희** 옮김

知와 사랑

외부에서 행복을 찾지 마라.
그리고 행복이 없다는 생각을 버려라.
행복은 우리 안에 있다.

틱낫한,
『붓다님 가르침의 핵심』

추천의 글

행복과 웰빙만이 길이다
Happiness and Well-Being Is the Way
—라마 수리아 다스

영적인 자각과 깨우침은 우리 내면에서 일어나는 일이다. 불교의 지혜와 수행법을 알려준 토마스 비엔이 과제를 모두 마친 데 대해 노고를 치하한다.

최근 과학적 연구(Seligman, 1998)에 따르면 우리는 긍정적인 감정을 이해하고 그러한 감정으로 이끄는 좋은 요인들을 의식적으로 키우는 한편, 그 감정에 해로운 요인들을 억제함으로써 행복을 지속적으로 향상시킬 수 있다. 효과적인 요인으로 마음챙김, 공감, 연민, 이타심이 있다. 이 연구를 통해 행복을 증진시키는 것으로 드러난 수단과 방법을 따르는 것이 순간의 만족을 좇는 단순 쾌락보다 훨씬 더 유익하다. 행복에 대한 이 새로운 연구에서는 의미가 있고 선하며, 진정한 만족감과 성취감을 느끼는 참된 삶을 어떻게 누릴 수 있는지에 대한 신뢰할 만한 가르침을 제시하고 있다. 이것이 정녕 우리 모두가 삶에서 찾는 바가 아니겠는가?

행복이라는 말이 어느 때보다도 인기를 끌고 있다. 오늘날 많은 사람들이 시간에 쫓기면서도 자신이 행복한지, 어떻게 하면 인간관계를 원만하게 유지하고 직장생활을 잘 해나갈 수 있을지 걱정하며 시간을 보낸다. 동료 치료사들이 "건강염려증"이라고 부를 정도로 사람들은 많은 걱정들을 털어놓는다. 대부분의 사람들이 그러하듯 나 또한 행복을 가장 중요하게 여긴다. 나의 행복과 내가 사랑하는 사람들의 행복을 특히 중요하게 여긴다. 붓다의 자애로운 바람처럼 우리 모두가 행복하고 평화롭게 현재의 삶에 만족하기를 바란다.

우리가 배려하는 마음을 키워서 저절로 우러나는 마음과 영혼의 온기로 더 많은 사람들과 모든 생명체를 포용하고 배려한다면 시간을 초월하는 영적이고 철학적이며 심리적인 인도주의 전통의 지혜가 작동하기 시작할 것이다. 티베트의 달라이 라마가 즐겨 말하듯 행복은 인생의 목표다. 행복해지려면 실질적이고 초월적인 면 모두에서 지혜가 요구된다. 세상일을 아는 것은 단지 정보와 지식에 불과하지만, 자기 자신을 아는 것은 지혜다. 내가 명료해지면 모든 것이 명료해지고, 내가 맺고 있는 모든 관계가 명확해지며 조화를 이루게 된다. 이것이 붓다가 의도한 주의력 혁명의 핵심이며 태도를 변화시키고 영적 깨우침을 얻는 붓다의 길이다.

행복과 지속적인 만족은 다가갈 때마다 나비처럼 날아가는 사랑처럼 왜 성취하기가 어려운 것일까? 매번 잘못된 곳에서 사랑과 만족을 찾으려고 하기 때문이 아닐까? 옛날의 영적 가르침에 신은 누구도 찾기 어려운 곳, 즉 우리 내면에 있다는 말이 있다. 붓다는 우리의 숨결보다 가까이, 심장 박동보다 친숙하게 존재하는 **현재성**을 지닌다. 우리가 찾는 모든 것이 우리 내면에 있다. 이는 만족이 부의 궁극적인 형태인 이유다. 하지만 행복은 내 안에서 비롯되는 것일 뿐만 아니라 나의 밖에서, 깊은 **관련성**을 통해서도 온다. 성취감은 단지 나의 내면뿐 아니라 외부와 나의 관계를 깊이 들여다보는 데서 생긴다.

진정한 변화를 이루는 데 도움이 되는 몇 가지 기술이 있다. 어떤 건 옛날 방법이고 어떤 건 현대의 방법이다. 셀리그먼의 연구는 낙천주의, 호혜, 융통성 등을 학습함으로써 관습적인 행복의 수준을 재조정할 수 있다는 사실을 보여준다. 관습적인 행복의 수준은 개인의 유전과 생물학적 기능, 사회적 조건, 개인의 체험과 특히 그 체험을 받아들이는 사고의 틀 등 다양한 요소들이 복합적으로 작용하여 형성된다. 의식적인 정신 수양(오늘날에는 보통 마음챙김, 동정심 계발, 집중력 향상과 관련 있다)으로 마음이 긍정적으로 변화할 때, 긍정적인 감정과 관련된 뇌의 왼쪽 신피질이 자극을 받고 활성화되며 강화되고 고무된다. 고대 인도의 평화의 고승 산티데바Shantideva는 말했다.

이 세상에서의 행복은 자기 자신을 덜 생각하고 다른 사람의 복지를 더 많이 생각하는 데서 비롯된다. 불행은 자아에 대한 집착에서 온다.

이것이 티베트 불교의 마음수련법인 로종lojong의 근간으로 태도의 변화, 즉 마음의 수련과 마음열기의 영적 정화 과정이다.

붓다는 "평온하고 밝고 따뜻한 마음으로 생각하거나 행동하면 행복은 언제나 그림자처럼 따라다닌다"고 했다. 붓다는 크게 다섯 종류의 행복을 언급했다. 다섯 가지 행복은 행복을 이끌어내는 원인과 요인들을 발견하여 받아들이고 만족과 행복에 해가 되는 요인들을 버림으로써 성취할 수 있다. 감각적 기쁨, 베풀고 나누는 호혜에서 오는 즐거움, 순수한 마음과 결합된 명상 Samadhi에서 오는 지복至福과 내면의 평화, 통찰력 있는 지혜와 심오한 이해에서 오는 성취감, 그리고 지속되는 지복이며 불멸의 팔복(마태복음 5장 3~10절에 언급된 여덟 가지 복)과 일체감인 영원한 열반의 행복이 그것이다. 붓다는 오래 전에 단순한 감각적 기쁨과 충족, 좀 더 깊이 있는 희열, 성취감, 만족을 구별했다.

오늘날 우리는 행복에 관한 새로운 동향을 본다. 신생 분야인 긍정심리학이 정신건강과 심리적 강점 등 긍정적인 측면이 많다는 점에서 단순 병리학이나 정신질환보다 더 강조되는 추세다. 행복과 행복해지는 수단과 방법, 행복의 원인과 방해물 등이 이 연구의 대상이며, 개인의 행복지수와 소위 말하는 무드조절장치가 좀 더 체계적으로 연구 및 논의되고 있다. 히말라야 산맥의 마지막 불교 왕국인 부탄의 왕은 자신의 왕국과 부탄 정부에서 가장 중요한 것이 국민 총생산이 아니라 국민 전체의 행복이라고 공표한 바 있다. 여기에는 우리 모두 배워야 할 교훈이 있다. 멀리 떨어진 눈 덮인 산맥을 동경하기보다는 바로 지금, 여기에서 좀 더 높은 가치를 찾아야 하는 것이다.

토마스 비엔의 이 책을 처음 펼쳤을 때, 나는 이런 의문들을 품었다. 진정한 행복이란 무엇이며 어떻게 선택하고 의식적으로 열망하고 성취할 수 있을까? 그리고 일단 행복을 성취했다면 이 혼란스럽고 험난한 시대에 행복을 상실하거나 행복의 질을 떨어뜨리지 않고 어떻게 계속 만끽할 수 있을까? 행복이란 단순한 즐거움일까? 입에 가져가는 순간에는 더없이 달콤하지만, 우리를 비만으로 고통받게 할 기름진 디저트와 같은 건 아닐까? 덧없는 감각적 즐거움과 희열, 행복, 좋은 기분, 깊은 충족감, 성취감, 기쁨, 내면의 평화, 만족감, 열반의 행복 사이에 각 단계의 차이는 없을까? 이 경이로운 행복을 느끼고 기쁨의 길에 도달하기 위해서는 어떻게 해야 할까? 저자는 이와 관련된 흥미로운 문제들을 충분한 연구를 바탕으로 사려 깊고 설득력 있게 다루고 있다.

지혜 문학, 철학, 심리학, 영성, 자조self-help와 관련된 모든 전형적인 행복이론에는 다음 네 가지 핵심이 되는 원칙이 있다.

- 네 자신을 알라.
- 자신의 갈망을 통제하라.
- 자신의 것들을 돌보아라.
- 생자필멸을 기억하라.

무슨 일을 하더라도 행복은 지금의 순간에 완전히 몰입할 때 생겨나는 것이라고 단정하는 이들이 있다. 미국 시카고대학 심리학과 교수 미하이 칙센트미하이Mihaly Csikszentmihalyi(1934~)가 주장하는 이런 몰입에 대한 현대적 개념은 무아無我와 무심無心이라는 선불교의 가르침과 유사하다. 그러나 이런 개념은 특정 윤리적, 사회적 영향과 웰빙 문제를 배제하고 있어 장기적 안목으로 보면 개인과 단체의 행복에 지장을 줄 수 있다. 이런 부분들을 지속적으로 간과한다면 말이다. 예를 들어 건강에 해로운 물질에 중독되어 완전히 의식을 잃은 상태에 자주 빠지는 사람이라면 절제, 균형, 적당함, 즉 중도가 불교의 황금률이라는 사실을 되새겨야 할 것이다. 중도란 너무 바짝 조이지도 너무 느슨하지도 않고, 지나치게 물질을 탐하거나 무절제하지도 않으며, 심하게 물욕을 없애거나 욕망을 절제하지도 않는 것이다. 여기에 웰빙과 행복, 만족의 비결이자 잘 사는 방법이 있다.

비엔은 내가 긍정적 불교라고 부르는 것을 이 책에서 다루고 있다. 체험에 바탕을 둔 그의 시각은 인본주의적이고 독단적이지 않으며, 새롭게 떠오르는 이 분야에 많은 공헌을 하고 있다. 그는 생로병사와 시공을 초월하여 우리를 진정한 고향이자 천성인 에덴동산으로 인도한다. 또 깨우침을 얻은 인도의 현자, 붓다의 통찰이 어떻게 우리를 행복하게 만들고 치유하며 온전하게 만드는지 보여준다. 그는 "행복으로 가는 길이란 없다. 행복이 바로 그 길이다"라는 불교의 가르침에 따라 수행하고 개발하는 법, 살아가는 데 실제로 도움을 주는 수행법과 그 배경에 관해 상세하게 설명한다. 전통 불교에서는 고통과 그 원인, 무아를 비롯한 붓다의 옛 관점(사실 세월이 지나도 변치 않았지만)에서 삶이 고난의 연속이라는 점을 강조한다. 옛 불교에서 이렇게 부정적인 측면을 부각시킨 것은 신자들을 설득하고 힘든 수행에 동기를 부여하기 위해서였다. 하지만 긍정적인 불교는 기쁨과 본질적 자유는 우리의 타고난 권리이자 가능성이라는 희소식을 전한다. 우리는 아주 사소한 아픔이나 모욕, 불평은 잊지 못하면서도 흔히 기쁨과 축복을 그냥 지나쳐버린다. 우리가 받은 축복을 헤아려보라는 말이 있다. 약점, 문제, 콤플렉스를 지나치게 의식하기보다는 장점과 열정에 주의를 집중하도록 노력하자. 삶은 소중하다. 기도하는 마음으로 다루어야만 한다.

중요한 점은 우리에게 일어나는 일에 있는 것이 아니라 그 일을 우리가 어떻게 받아들이느냐에 있다. 선택, 의도, 동기는 현재 그리고 미래에 이르기까지 우리 삶의 여정에 근간이 되는 강력한 변화의 원동력이다. 우리는 의식적으로든, 무의식적으로든, 아니면 반의식적으로든 우리가 행동한 결과로서의 성품과 운명을 결정하는 업을 쌓고 있다. 알든 모르든 우리는 모든 영역에서 주인이며 주인이 될 수 있다. 인과응보, 조건형성, 상호연관성을 이해하고 주도적으로 살아가는 것이야말로 지혜롭고 깨어 있으며, 이타적이고 사랑을 베푸는 깨우침의 삶으로 가는 길이다. 비엔이 쓴 이 책은 교육의 기본이라고 하는 집중력, 그리고 순간적인 행복은 물론 지속적이고 궁극적인 행복을 위해 필요한 방법과 기술을 알려준다.

만족과 웰빙, 행복으로 가는 '행복 버스'에 탑승한 것이 아니라면 내려서 다른 차로 갈아타는 것이 어떨까? 옛날 중국의 한 노승은 바른 길을 알고 있더라도 실천에 옮기기가 어렵다고 말했다. 반이나 남은 술잔인지 반밖에 안 남은 술잔인지는 우리의 시각에 달렸다. 모든 것이 우리가 마음먹기 나름이다.

우리가 그토록 갈구하는 행복, 성취감, 기쁨을 주는 편안함, 웰빙을 얻기 위해서 어떤 긍정적인 통찰의 지혜가 필요할까? 건강과 치유 그리고 나아가서 육체적, 정신적 웰빙으로 향하는 지름길은 무엇일까? 우리 모두 놀라운 통찰력이 담긴 이 책을 읽고 그 답을 찾아보자!

2010년 봄
매사추세츠주 케임브리지, 족첸센터에서
라마 수리아 다스

라마 수리아 다스 Lama Surya Das(www.surya.org)
미국 불교의 주요 대변인이자 티베트 불교계의 공인 라마(승려)다. 번역가이자 시인이며 명상 지도자이고 행동하는 영성가로 베스트셀러 『내 안의 붓다 깨우기: 서양 세계를 위한 티베트의 지혜 *Awakening the Buddha Within: Tibetan Wisdom for the Western World*』의 저자이다. 1991년에 족첸센터 Dzogchen Center와 족첸센터 리트릿츠Dzogchen Center Retreats를 설립했다. 달라이 라마는 그를 '미국인 라마'라고 부른다.

들어가는 글

나의 생애에서 가장 힘들었던 시절, 날개를 퍼덕이며 창문 앞을 나는 왕나비 한 마리를 보면서 왠지 모든 일이 잘 풀릴 것이라는 생각이 들었다. 여름철이 오고 왕나비를 볼 때마다 행복은 언제든 가능하다는 사실을 되새긴다.

행복의 나비는 언제나 가까이에 있다. 하지만 어떻게 해야 그것을 찾을 수 있을까? 나비를 잡는 것처럼 행복한 경험을 꽉 움켜쥐려고 한다면, 기쁨을 주는 바로 그 원천을 무너뜨리고 마는 일이 된다. 그런 유혹이 늘 있기 마련이지만, 그 유혹에 넘어가는 건 결코 도움이 되지 않는다.

소중한 것을 잃었을 때나 아주 힘든 일을 겪을 때, 행복은 요원하고 실현할 수 없으며, 상상조차 할 수 없는 것으로 보이기까지 한다. 행복과 삶이 각각 다른 방에 존재하는 것처럼 느껴진다. 상실과 비탄의 방에서 살고 있다면, 행복의 방은 상상조차 할 수 없다. 절망과 냉소는 너무나 쉽게 우리 내면에 자리를 잡아 긍정적인 경험을 깎아내린다. 그래서 긍정적인 경험을 하더라도 그것을 믿지 않는 반면, 부정적인 경험은 의심도 하지 않고 받아들인다.

그러나 힘든 일을 겪거나 커다란 상실감을 느낄 때만 불행한 건 아니다. 불행의 주된 원인은 일상의 사소한 문제와 골칫거리다. 가끔 커다란 상실로 아픔을 겪거나 큰 문제에 부딪혀 힘든 때도 있겠지만, 정작 우리를 괴롭히는 건 사소한 일들이다. 주차할 곳을 찾지 못할 때, 자동응답기의 메시지를 들으며 초조하게 기다려야 할 때, 비 때문에 운동 계획이 틀어질 때 혹은 은행 기록이 잘못되었을 때처럼 말이다.

우리 모두 행복을 추구하지만, 보통 그 방식이 지혜롭지 못한 경우가 많다. 소위 행복해지기 위한 방법에 끌려다니며, 정작 자신을 통제하지 못한다. 어디로 가고 있는지도 모르거니와 외부의 압력과 습관이 우리를 원치 않는 방향으로 내몬다는 것만은 분명하다. 달아나는 말 위에 앉아 속수무책으로 끌려가는 사람처럼 되고 만다. 지나가는 사람이 어디를 가느냐고 물어오면 그 사람은 "말한테나 물어봐!" 하고 고함칠 것이다. 스스로 고삐를 잡지 못한 채, 행복을 추구하는 방법에 질질 끌려다닌다.

흔히 성공하면 행복해질 것이라고 생각하는데, 그렇다면 크게 성공할수록 더 행복해져야 할 것이다. 충분한 돈이 행복의 조건이라면 돈이 많을수록, 그만큼 행복이 보장되어야 할 것이다. 행복해지려는 노력이 우리가 행복해지는 데 도움이 되는 대신, 우리 삶을 휘어잡아서 쉬고 있을 때마저도 우리의 사고를 지배한다. 더 나쁜 것은 어떤 일을 하면 만족할 거라는 생각이 처음부터 완전한 착각이었다는 사실이다. 화가 난 사람은 복수하기 전까지는 행복할 수 없을 것이라고 생각한다. 그렇지만 복수를 한 후에는 예상했던 만큼의 만족감을 느끼지 못한다. 한창 말다툼을 할 때는 이기는 것이 생사가 달린 문제처럼 느껴진다. 그러나 싸움에 진짜 승자란 없다. 이겼다고 하더라도 그보다 중요한 인간관계가 깨져버린다면 결국 지는 셈이다. 이런 승리는 더 큰 고통, 고립감, 절망감만 낳을 뿐이다.

어려서부터 지적 욕구가 남달랐던 나는 행복한 사람은 좀 가벼운 사람이라고 생각했다. 나는 지성을 회의주의, 심지어 냉소주의와 동일시했다. 그렇게 하지 않으면 지적이지 못한 것으로 보였다. 그러다 조금씩 행복을 즐길 줄 알게 되었다. 지금은 어려움에 처한 상황에서도 행복할 줄 아는 것을 놀라운 기술이자 굉장한 성취라고 생각한다. 행복해지는 방법은 인생에서 얻어야 할 가장 중요한 기술이다.

●● 불교 그리고 행복의 길

행복해지는 방법을 어떻게 배울 수 있을까? 행복과 웰빙에 관해 배우는 데 유용한 것들이 많으며 심리학도 도움이 된다. 치료와 책, 워크숍도 도움이 된다. 또한 위대한 영적 전통을 잊어서는 안 된다. 이런 전통은 수세기에 걸쳐 검증되어 왔으며, 지혜롭고 명석한 사람들이 이런 전통을 반영하고 거기에 자신들의 생각을 추가했다. 그러나 이런 영적 전통은 우리와 다른 시대, 다른 상황에서 나온 것이므로, 그것을 있는 그대로 우리 시대에 적용할 수는 없다. 그렇지만 인생의 근본적인 고통은 현재에도 변함없다. 그러므로 지혜의 흐름을 소홀히 하는 건 스스로 수수께끼를 알아맞혀야만 하는 우주의 고아처럼 비극적인 일이 될 것이다.

우리는 모든 영적 전통을 통해 배울 수 있다. 기독교에서는 핵심이 되는 은총을, 유대교에서는 진정한 도덕적 삶, 즉 봉사와 선행을, 이슬람교에서는 신에 대한 순종을, 힌두교에서는 우리가 신과 분리되어 있지 않음을, 도교에서는 고요와 무위의 가치를 배울 수 있다.

영적 전통이 우리가 행복해지는 데 도움이 되려면 몇몇 기준에 합당해야 한다. 먼저 인간의 본성을 추구하여 인간의 가능성을 펼치는 데 도움을 주는 것이어야 한다. 또 과학의 시대에서 권위만을 내세우기보다는 최소한 경험의 차원에서 검증될 수 있어야 한다. 그리고 세상에 더 많은 장벽과 경계를 만드는 독단적인 것이어서는 안 된다. 심리에 기반을 두고 근심, 슬픔, 불안을 다스리는 데 도움이 되어야 한다. 불교는 이러한 조건들에 거의 완벽하게 맞아떨어진다.

첫째, 불교에는 강렬한 인본주의 요소가 있다. 자신의 심원한 통찰력에도 불구하고 붓다는 스스로 신이라고 말한 적이 결코 없었으며, 오히려 자신은 신이 아니라고 분명히 밝혔다. 붓다는 신이 아니기에 모든 인간이 할 수 있는 것을 드러내준다. 붓다가 했으므로 우리도 할 수 있는 것이다. 이것이 인간 능력에 대한 높은 평가이다.

둘째, 경험적 태도를 견지하는 불교는 수련법으로 수행과 통찰을 제시하며, 이런 것들이 내면의 변화를 이끌어내는지 우리가 직접 확인할 수 있다. 이전의 사람들이 이런 방법들로 내면의 변화를 먼저 경험했다는 사실이 우리도 할 수 있음을 말해준다. 이런 방법들이 통하지 않을 경우 다른 방법들로 접근하면 된다. 불교는 어떤 것이라도 맹목적으로 받아들이기를 강요하지 않으며, 추천하는 방법들로 수행해보고 효과를 몸소 체험하라고 권고한다.

셋째, 불교에는 비교적 독단적인 요소가 없다. 붓다는 자신의 가르침을 절대 진리로 받아들이기보다는 능숙한 방법으로 받아들일 것을 늘 강조했다. 그것은 따라야 하는 길이지 옹호해야 할 교리가 아니다. 붓다는 거짓 가르침은 물론 참된 가르침조차도 버려야 한다고 말했다. 선불교의 제3대 조사는 진리를 찾으려는 행동조차 중단하고 의견을 신봉하는 것도 중지하라고 말했다. 나의 믿음이 옳다는 생각이 다른 사람들의 믿음은 틀렸다는 결론을 불러온다. 여기에 이미 폭력의 씨앗이 내포되어 있으며, 실로 인간의 많은 불행들이 여기서 비롯된다. 불교는 영적 통찰의 본질을 열린 마음으로 수용하고 있기 때문에 많은 사람들이 자신들의 영적 유산을 배척하지 않는 가운데 불교의 방법들을 수행할 수 있다.

이러한 이유로 무신론자나 불가지론자도 거부감 없이 불교식 수행을 시작하게 되었다. 불교의 시각에서 보면 우리가 신을 믿느냐 믿지 않느냐 하는 건 중요하지 않다. 행복과 자유를 위해 우리가 해야 할 일은 신이 있거나 없거나 마찬가지이기 때문이다. 불교는 '기능적 불가지론자'로 묘사되어 왔는데, 불교 경전이 신을 당시의 세계관에 따라 인식했더라도 실제로 중요한 건 우리 자신의 수행과 통찰이기 때문이다. 스스로의 수행과 통찰만이 고통과 망상에서 자유로워지는 길이다.

물론 신이나 지고의 존재자에 대한 믿음이 우리에게 여전히 중요하고, 우리는 그러한 믿음을 이 책에서 제시하는 방법에 쉽게 적용할 수도 있다. 불교에서 중요한 건 수행이다. 그 무엇도 믿을 필요가 없고 지킬 필요도 없다. 우리 자신의 체험을 따르기만 하면 된다. 고통에서 자유로워지고 행복해지려면, 이 책에 실린 수행법을 따라 하라. 나 자신을 직접 확인해보라.

● ● 심리학으로서의 불교

때때로 불교 신자들은 종교적으로 보이는 행동을 한다. 다른 종교인들처럼 승복을 입고, 향을 태우고, 불상 앞에서 절하고, 의식을 행한다. 그러나 문제의 핵심은 이런 종교 의식들에 있지 않다. 불교를 종교가 아니라고 말해도 지나치지 않다. 사실 불교는 어떤 종류의 '즈의ism'가 아니다. '부디즘Buddhism'

이란 단어는 서양에서 만들어진 것으로 불교를 신봉하는 국가들에는 그런 것이 존재하지 않는다. 우리가 부디즘이라고 부르는 것이 동양에서는 단순히 다르마dharma(法) 혹은 붓다 다르마Buddha dharma(佛法)로 불리며 '길' 혹은 붓다의 '가르침'을 의미한다.

사실 다르마는 고대의 지혜 그리고 고대의 심리학으로 볼 수 있다. 오늘날의 임상 심리학자처럼 붓다도 인간의 고통을 줄이는 데 관심을 집중했다. 그는 깨우침을 얻어 슬픔에서 벗어난 후, 45년 동안 사람들에게 각자의 능력과 성향에 맞게 스스로 깨우침을 얻는 법을 일러주었다. 이런 의미에서 나는 이 책에서 심리학으로서의 다르마로 접근한다.

이 책에서는 붓다의 깨우침이 어떻게 행복에 도움을 줄 수 있는지 살펴본다. 이런 도움을 받기 위해 불교 신자가 될 필요는 없다. 붓다의 통찰은 힘겨운 감정, 상실감, 질병, 그 밖의 어려운 문제들에 대처하는 데 도움이 되며 나아가 지혜롭고 품위 있게 죽음을 대면하는 데도 도움이 될 것이다.

1장에서는 다르마에 대한 통찰로서, 절망까지는 아니더라도 실망감을 주는 행복에 대한 우리의 기본 생각과 가설에 대해 고찰한다. 2장에서는 우리를 슬픔과 불행의 구렁텅이로 몰아넣는 '개념'이라는 덫의 정체를 살펴본다. 특히 큰 고통을 우리에게 안겨주는 영구성과 개별성이라는 개념에서 우리를 자유롭게 하는 붓다의 통찰을 주로 다룬다. 3장에서는 우리를 지배하는 습관 에너지를 다스리는 법을 배워 그것이 더 이상 우리를 지배하지 못하게 한다. 불행의 상당 부분은 우리의 생각 그리고 느낌과 관련이 있다. 4장에서는 행복을 추구하는 능력을 방해하는 생각과 감정을 변화시킬 수 있는 통찰력을 제시한다. 5장은 나와 다른 사람들의 관련성을 다룬다. 이 중 2장에서 소개할 붓다의 무아는 나와 다른 사람들의 관련성을 새로운 방식으로 살펴보게 할 핵심

개념이다.

6장은 슬픔과 고통에 대한 문제를 검토하고, 왜 이 문제가 행복을 설명하는 데 빠질 수 없는지 보여준다. 7장은 웰빙과 행복을 위한 구체적인 수행법을 제시한다. 여기서 행복이란 억지로 수행해서 얻을 수 있는 것이 아니라 근본 태도가 중요하다는 점을 강조한다. 8장에서는 어떻게 하면 일상에서 행복할 수 있는지에 대해서 다룬다. 마지막으로 9장에서는 삶과 죽음의 궁극적인 본질에 대한 불교의 통찰을 살펴본다.

이 책에서 나는 심리학자로 일하면서 경험한 것들을 종종 사례로 들었다. 이는 실제 경험을 바탕으로 한 것으로 특정 개인에 대한 기록이 아니다. 각각의 사례는 여러 사례들을 묶어서 만든 이야기다.

● ● 이 책을 읽는 법

모든 사람이 고통에서 해방되고 웰빙과 행복을 찾는 데 도움을 주고자 평화롭고 차분한 분위기에서 이 책을 썼다. 애쓰거나 서두르지 말고 평온한 마음으로 읽기 바란다. 이 책에 담긴 통찰이 서서히 부드럽게 여러분의 마음속에 스며들도록 하라. 당장 어려워 보이는 것도 나중에 다시 읽으면 이해가 될 것이다.

꼭 행복을 찾기 위해서가 아니라 행복과 평화가 우리 곁에 이미 있다는 의미에서 읽기 바란다. 행복으로 가는 길이 따로 있는 것이 아니라 행복 자체가 길이다.

1

행복한 상태

X X X

기쁨에서 만물이 생겨난다.
기쁨으로 만물이 존재하고,
기쁨을 향해 만물이 나아가며
만물이 기쁨으로 돌아온다.

문다카 우파니샤드Mundaka Upanishad

여러분은 행복합니까? 이 질문에 특별히 언짢은 일이 없는 한 우리 대부분은 "네, 행복합니다" 하고 긍정적으로 대답할 것이다. 우리는 이 문제에 대해 깊이 생각해보지도 않고 흔히 무의식적으로 그렇게 대답한다. 하지만 좀 더 깊이 생각하면, 그리 쉽게 대답할 수 없을 것이다. 사실 이 질문은 생각보다 복잡하고 다면적이다. 직장생활은 행복하더라도 주요 인간관계에서는 그리 행복하지 않을 수 있고, 여가에는 행복에 젖어 있다가도 근무시간 내내 비참한 기분에 빠지기도 할 것이다. 그리고 성생활에서는 행복을 느끼더라도 경제적인 문제에서는 불행할 수도 있다. 이러한 범위 내에서조차 단순히 '네' 혹은 '아니오' 하고 대답할 수 있을 만큼 이 문제는 간단치 않다. 인간관계에는 행복한 측면이 있는가 하면 불만족스러운 측면도 있다. 직장생활에서도 좋은 측면이 있는가 하면 우리가 걱정해야 되는 측면도 있기 마련이다.

우리는 실제 경험하는 현실에서 **반드시 행복해야 한다**는 믿음을 종종 혼동할 때가 많다. 자동차 범퍼 스티커에서 흔히 볼 수 있는 문구들 중 "궂은 날씨에 낚시하는 것이 좋은 날씨에 일하는 것보다 낫다"는 말이 있다. 하지만 곰곰이 생각해보면 반드시 그런 것만은 아니다. 즐거운 여가 활동에도 단점이 있을 수 있고, 직장생활에 장점이 있기도 하다. 흔히 주말에는 행복하고 평일에는 불행하다고 생각하지만, 실제로 조사해보면 정반대의 결과가 나오기도 한다. 실제 경험에 비춰볼 때, 특별한 일 없이 되는 대로 주말을 보내는 것보다 직장에서 성취감을 느꼈을 때 더 큰 만족감을 얻게 된다. 우리가 생각하는 것과는 정반대의 결과인 셈이다.

하던 일을 잠시 멈추고 스스로에게 물어보자. "나는 행복한가?" 우리는 자신의 대답에 깜짝 놀라고 말 것이다. 때때로 우리는 평소에 별로 즐겁지 않다고 생각했던 일을 할 때 행복을 느끼기도 하고, 반대로 평소에는 즐거운 것으로 여겼던 일을 하며 불행을 느끼기도 한다. 이런저런 감정들이 뒤섞여 있어 우리 자신이 행복한지 불행한지 모르는 경우가 많다.

생각만큼 행복하지 않을 때는 미묘한 징후들이 있다. 행복해질 미래에 대해 너무 많이 생각하면, 당장은 그리 행복하게 느껴지지 않을 것이다. 반대로 미래에 일어날지도 모르는 일에 대해서 너무 많이 걱정하면 우리의 현재가 불안할 것이다. 과거의 실수를 자꾸 떠올리면 현재에 만족하기 어렵다. 조금 더 깊게 생각하면 우리 자신이 불만족스럽고 공허한 감정에 빠져 있음을 깨닫게 될 것이다. 이러한 불만과 공허한 감정을 털어내기 위해 많은 사람들이 자신들의 목표에 집착한다. 그 목표가 무엇이든 상관없이 말이다.

인류는 오랫동안 이런 문제에 관해 진지하게 생각해왔다. 사실 행복에 대한 고민은 인류가 풀어야 할 오랜 숙제다.

● ● 오래 전, 먼 곳에서

약 2500여 년 전, 한 청년이 인도 북쪽 지방 어느 나무 밑동에 앉아 있었다. 청년의 얼굴은 뜨거운 햇볕에 새까맣게 탔고, 수염은 깎지 않아 덥수룩했으며, 머리는 헝클어져 있었다. 뼈만 앙상한 몸을 누더기로 겨우 가리고 있었다.

그 청년의 이름은 고타마 싯다르타였다. 감수성이 예민하고 명석한 이 청년은 몇 해 전, 맹렬한 힘으로 그를 덮친 인생의 냉혹한 현실에 부딪혀 인간의 존재에 대한 극심한 고통을 느꼈다. 싯다르타는 그 길로 자신의 신분을 버린 채 부유한 집을 떠났다. 인간의 고통에 대한 해결책을 찾아 그것을 끝내는 방법을 찾아낼 때까지 쉬지 않고 노력하겠다고 그는 맹세했다. 해결책을 찾기 위해 그는 당대의 위대한 영적 스승들의 가르침을 받았으나, 만족할 수 없었다. 그의 결심은 너무도 확고했으며, 자신은 물론 다른 사람들을 위해서라도 반드시 해결책을 찾고야 말겠다고 결심했다.

싯다르타는 꼭 필요한 만큼의 물과 음식만 섭취하며 철저한 금욕생활을 했다. 몸을 뉘일 수 있다면 그곳이 집이었다. 가녀린 생명의 끈을 잡고 간신히 연명해가던 어느 날, 그는 우유 한 잔과 쌀 한 줌을 얻게 되었는데, 얼마나 기분이 좋은지 스스로도 놀라울 뿐이었다. 마음이 훨씬 맑아지고, 몸속에 영양분이 들어가니 명상이 더 잘 되는 것 같았다. 그는 다시는 몸을 혹사하지 않겠다고 결심했다. 그리고 해결책을 찾을 때까지 나무 밑을 절대 떠나지 않으리라고 마음먹었다.

그날 밤, 싯다르타는 그토록 간절히 바라던 깨우침을 얻었다. 그리고 완전히 다른 사람이 되었다. 그때부터 사람들은 그를 만나면 자신들이 비범한 인물과 있다는 사실을 알고는 그에게 물었다.

"당신은 신입니까? 아니면 성인이나 천사인가요?"

하지만 싯다르타는 모두 부인했다. 그러면 사람들은 그럼 당신이 누구냐고 물었고 싯다르타는 단지 이렇게 대답했다.

"난 깨어 있을 뿐이오."

그 후 사람들은 그를 '깨어 있는 자', 붓다Buddha라고 불렀다. 붓다가 깨우침을 얻은 그날 밤, 대지의 축이 흔들렸다고 한다.

싯다르타의 깨우침은 무엇이었을까? 그가 발견한 행복이란 그야말로 놀라움 그 자체였다. 때문에 사람들은 그를 가리켜서 붓다라고 부르지만, '행복한 사람'이라는 뜻의 수가타Sugata라고 부르기도 한다. 붓다는 어떻게 해야 고통을 멈추고 행복을 찾을 수 있다고 가르치는가? 그가 말하는 행복이란 무엇인가? 정확하게 말하면, 그는 실재에 대한 인식의 오류를 바로 잡으면 실재의 본질을 알게 되어 행복이 빛을 발하게 된다고 말한다. 이제 우리는 붓다의 통찰을 살펴보고 그를 통해 어떻게 하면 고통을 변화시켜 행복을 발견할 수 있는지 살펴볼 것이다.

●● 지금 여기

최근 고속도로를 달리다 행복에 대한 우리의 생각을 잘 보여주는 광고판을 보았다. "행복을 여세요"란 간단한 문구와 함께 한 사람이 그물 침대에 누워 쉬고 있고 옆에 콜라 두 병이 놓여 있었다.

이 광고는 우리가 행복을 휴식과 관련해서 생각하고 있음을 보여준다. 대부분의 사람들이 휴식을 통해 행복을 즐기지 못하기 때문에 아이러니하다는 생각이 들었다. 우리 대부분은 휴식을 취하기보다는 무엇인가를 성취하는 데 더 익숙해져 있다. 휴식을 취할 시간이 생겨도 막상 편히 쉬지 못할 때가 허다하다. 목표를 이루기 위해 오랫동안 일한 후에는 좀처럼 마음의 안정과 평화를 찾기 어렵다. 몸이 바짝 긴장해 있고 마음도 늘 걱정 때문에 좌불안석이다. 온종일 정신없이 뛰어다니다가 갑자기 쉴 수는 없는 노릇이다. 지쳐서 쓰러지는 경우가 아니라면 말이다.

우리는 종종 영화나 텔레비전을 보면서 또는 소설이나 잡지를 읽으면서 휴식을 취한다. 그러면 최소한 일상의 집착에서 벗어날 수는 있다. 하지만 이런 매체를 무분별하게 받아들여 휴식을 취하려고 하는 바로 그 행동 때문에 오히려 우리의 몸과 마음이 스트레스를 받는다. 진정한 휴식은 그냥 가만히 있는 것이지만, 우리는 가만히 있는 데 익숙하지 않다.

앞서 광고가 암시한 행복이 휴식과 관련 있다는 개념이 사실이라면, 행복이 병에 담겨 우리에게 온다는 광고의 메시지는 분명 허튼 소리다. 이처럼 상업주의와 소비지상주의가 우리를 공허하게 만든다. 하던 일을 멈추고 잠시만 생각해보면 절대 이런 개념에 속지 않을 것이다. 교묘한 광고 메시지는 세심한 주의를 기울이지 않는 사이 우리의 마음속에 몰래 파고든다. 어떤 제품이 우리를 행복하게 한다는 개념은 언뜻 보아서도 사실이 아님을 알 수 있다.

● ● 행복은 가능하다

고속도로에서 본 광고판은 행복이 우리 외부에 있다는 또 다른 메시지도 암시한다. 우리가 오직 좋은 물건만을 사용하거나 소비하면, 좋은 사람들을 사귀고 만나면, 좋은 직장을 구하면, 좋은 심리요법을 찾으면, 돈이 충분하면, 그 밖의 여러 조건들이 갖춰진다면 행복해질 수 있다는 점을 암시한다. 물론 어떤 일은 즐겁고 도움이 된다. 하지만 바탕에 깔려 있는 '우리 자신 밖에서 행복이 발견된다'는 생각은 매우 위험하다.

그렇다면 어떻게 행복을 발견할 수 있을까? 먼저 행복은 늘 가능하다는 사실을 깨닫는 데서 시작할 수 있다. 이 사실을 깨닫는 순간 우리는 이내 행복해질 수 있다. 다른 무엇도 할 필요가 없다. 다른 곳에 갈 필요도, 자신을 변화시키거나 다른 사람이 될 필요도 없다. 행복은 매우 단순하다. 행복을 어렵게 하는 건 복잡하게 생각하려는 우리의 성향이다.

행복은 단순하다. 궁극의 진리가 단순하기 때문이다. "하느님의 나라는 너희 안에 있다"라는 예수의 말씀이나, 하느님께서 선지자에게 "너희는 가만히 있어 내가 하느님 됨을 알지어다"(시편 46:10)라고 하신 말씀을 들으면, 우리는 과연 그게 전부일까 하고 믿지 못한다. 힌두교 현자인 라마나 마하르시는 말했다.

모든 종교는 사람들이 정교하고 매력적이며 난해한 것을 찾기 때문에 생겨났다. (Mitchell 1991, 147)

온갖 종류의 복잡한 문제를 덧붙여야 하고 반드시 바른 믿음을 가져야 하며 특정한 규칙을 따라야 하지만, 이 모든 것이 근본 진리를 모호하게 만들며 때로는 번뜩이는 깨우침의 통찰을 얻는 데 도움이 되기보다는 오히려 방해물이 된다.

행복을 복잡하게 만드는 건 종교만이 아니다. 우리는 갖은 방법으로 행복을 복잡하게 만든다. 행복을 찾기 위해 선택한 방법이 행복을 찾는 일을 더 어렵게 만들고, 오히려 우리 자신이 훼방꾼이 되고 있다.

행복은 늘 가능하다. 이 말은 바로 지금, 있는 모습 그대로, 어떤 상황에 처해 있더라도 행복할 수 있음을 의미한다. 행복을 위한 전제 조건이란 없다. 무엇을 바꾸거나 다른 사람이 될 필요도 없다. 우리는 바로 당장 행복해질 수 있다.

행복이란 늘 가능한 것이므로 정녕 해야 할 질문은 당신이 행복해지는 것이 가능하냐는 것이다. 우파니샤드(2장 참조)가 말하듯이 기쁨은 만물이 지닌 근본 본성이므로 일부러 만들어낼 필요가 없다. 행복에 관한 검증되지 않은 개념을 비롯한 장애물들을 제거하기만 하면 된다. 행복이 가능해지는 방법을 익히면 이런 장애물들은 사라진다. 우리는 바로 당장, 바로 여기에서 행복을 느끼기에 충분하다는 사실을 이내 깨닫게 될 것이다.

행복은 이미 우리 가까이에 있다. 우리가 매일 사용하는 감관과 능력을 생각해보자. 우리에게는 멋진 형태와 색깔을 볼 수 있게 해주는 눈과 아름다운 소리를 들려주는 귀가 있다. 무엇이든 할 수 있게 도와주고 훌륭한 일을 얼마든지 해내는 두 손도 있다. 산책하는 즐거움을 주고 걸음마다 기쁜 마음으로 지면과 교감할 수 있게 도와주는 발과 다리도 있다. 그리고 신비스럽기까지 한 언어 능력을 지닌 우수한 지능도 있다. 이런 감관과 능력은 이미 기쁨의 엄청난 원천이다. 이 중 어느 하나 혹은 그 이상의 능력이 결여된 사람이 있더라도 나머지 능력에 감사하는 마음을 가지는 것을 배운다면 행복의 풍요로운 원천을 발견할 수 있다.

행복이란 다른 사람들을 위해서만 존재하는 것이 아니다. 행복해지는 능력은 우리 내면에 이미 존재한다. 행복은 뛰어난 유전자를 물려받고 좋은 인맥

이 있으며 잘생긴 외모를 갖춘 그런 특별한 사람들의 전유물이 아니다. 보통 행복을 느끼지 못하게 만드는 가장 큰 장애물은 행복할 자격이 없다는 생각이다. 그러나 행복은 자격의 문제가 아니라, 그냥 그 자체로 존재하는 것이다.

결론적으로 말하면 행복은 늘 가능하므로 바로 지금 행복해질 수 있다. 사실, **바로 지금**이 우리가 행복할 수 있는 유일한 시간이다. 붓다의 가르침에 따르면 과거는 지나갔고 미래는 아직 오지 않았다. 살아 있는 유일한 시간은 지금뿐이다. 지금이 바로 생명이 존재하는 시간이다. 과거 어떤 시점에서는 행복했는데 지금은 아니라고 생각하는가? 과거는 지나갔다. 행복은 과거에 존재하지 않는다. 기분을 상쾌하게 만드는 시원한 물 한 잔을 즐기고 싶은가? 그렇다면 물 마실 시간은 지금뿐이다. 어제의 물은 마실 수가 없다. 진정한 행복의 원천은 바로 지금 우리와 우리 내면과 주변에 존재하는 것들이다.

미래에 행복할 거라고 생각하는가? 여기에 미래란 없다. 미래는 결코 여기에 없다. 내일의 한 잔 물을 우리가 즐길 수 없듯이 미래에 행복을 미리 누릴 수는 없는 노릇이다. 지금 이 순간에 행복해지는 방법을 모른다면 미래에도 행복해질 수 없다. 지금 이 순간에 행복해지는 방법을 알지 못한다면, 미래에도 행복해질 수 없을 것이다. 우리가 마실 수 있는 신선한 물은 과거는 물론 미래의 한 잔 물도 아니다. 과거와 미래는 모두 구름이나 그림자처럼 실체가 없는 공허한 허상에 불과하다. 과거는 망령이고 미래는 꿈이다. 생명의 물은 우리 앞에 구체적이고 생생한 실재로 존재하지만, 바로 지금, 여기에만 있을 뿐이다.

우리가 바로 지금, 바로 여기에서만 살아 숨 쉴 수 있다는 생각은 매우 심오하다. 그러나 불행히도 우리는 이런 통찰을 당연하고 대수롭지 않은 것으로 치부해버린다. 이런 통찰을 확실히 그리고 완전히 이해해야만 행복의 길로 진입할 수 있다. 그래야만 삶이 우리에게 인식되고 우리 또한 삶을 진정으로 체험할 수 있다. 현재에 살고 있다는 생각을 피상적으로 단지 하나의 개념으로만 받아들인다면 별로 도움이 되지 못한다. 실행의 개념으로, 삶의 한 방식으로 생각해야만 이 신선한 물을 마시는 체험에 이를 수 있다. 현재에 우리가 충실할 때, 우리의 의식이 이전에 있었던 일이나 이후에 일어날 일에 허비되지 않을 때, 우리가 온전히 살아 있는 것이다.

붓다의 유일한 목표는 고통에서 헤어나오는 것이었다. 그는 종교를 창시하거나 철학을 세우는 일 또는 형이상학적 진실을 추구하는 데는 관심이 없었다. 오로지 인간의 고통을 끝내기만을 바랐다. 고통에서 벗어난다는 것은 행복을 발견하는 것을 의미한다. 이러한 사실을 이해하는 가운데 붓다의 깨우침을 찾기 위해서 우리가 행복의 본질을 이해할 필요가 있다.

● ● 행복 이해하기

행복을 가로막는 주된 장애는 행복에 대한 우리의 개념이다. 우리는 행복해지기 위해서 특정한 조건이 갖춰져야 한다고 생각하는 경향이 있다. 특정한 인생의 목표를 달성하기 전까지는 행복해질 수 없다고 생각한다. 이런 미래 지향적인 사고방식은 우리를 행복하게 만들기보다는 불행하게 만드는 원인이 된다. 더욱이 지금 당장 행복하지 않으면서 다가올 행복만을 기다린다면, 행복은 점점 더 먼 미래로 멀어질 뿐이다. 다시 말해서 우리는 끝없는 기대와 거듭되는 좌절을 거듭하며 평행선을 달릴지도 모른다. 언젠가는 목표점에 도달할 것이라고 늘 기대하기 때문에 절대로 그 지점에 이르지 못한다. 아름다운 산길을 걷는다고 가정해보자. 웅장한 산과 싱그러운 풀밭, 시원한 냇가와 잔잔한 호수 그리고 더없이 아름다운 나무들이 반겨주지만, 우리는 불행하다. 조금만 더 걸어가면 이보다 더 빼어난 풍경을 감상할 수 있을 거라는 기대에 사로잡혀 현재 우리를 둘러싼 빼어난 경치를 돌아보지 않고 지나치기 때문이다.

행복이란 특정한 조건을 충족시키는 것이 아니라 현재의 좋은 것들에 마음을 열고 받아들이는 것이다. 현재의 순간을 받아들일 때, 우리 자신을 둘러싸고 있는 따뜻하고 긍정적이며 놀라운 치유의 체험을 하게 된다. 산책할 때 들리는 새들의 노랫소리는 경이로움 그 자체다. 하지만 내가 현재에 충실하고, 마음이 열려 있을 때만 그 소리를 들을 수 있다. 식탁 위에 있는 백장미는 놀랍도록 아름답더라도 실제로 보지 않으면 그 아름다움을 알 수 없다.

미국 독립선언서에는 행복추구권이 명시되어 있다. 그런데 이 **행복의 추구**가 오히려 우리를 힘들게 만든다. 우리는 평생 행복해지려고 애쓰지만, 이런 노력은 행복을 발견하는 일이 결코 아니다. 행복을 쫓아가야 한다는 생각은 우리의 삶과 자유, 그 밖의 양도할 수 없는 권리를 빼앗고 바로 여기에 있는 삶의 경이로움을 느끼지 못하게 만든다. 자기 꼬리를 쫓는 개처럼 우리는 빠르게 반복되는 악순환을 거듭한다. 하지만 아무리 빨리 달린다고 해도 우리는 목표에 결코 도달하지 못한다.

일상적인 평일 아침을 생각해보자. 요란한 알람시계가 우리를 잠에서 억지로 깨운다. 우리는 몇 분만이라도 더 자려고 이불을 머리끝까지 끌어당기며 버틸 것이다. 그러나 이내 출근해야 한다는 사실을 깨닫고 그날 해야 할 일들을 모두 검토한다. 처리해야 할 목록을 하나 둘 떠올릴수록 그날 하루를 시작하기도 전에 피곤해진다. 날마다 변함없는 아침 시간을 보내면서 우리는 거의 아무것도 의식하지 못한다. 샤워기에서 뿜어져 나오는 물의 따스함도, 아침을 깨우는 커피의 향긋함도 느끼지 못한다. 샤워를 하는 동안 우리는 머릿속으로 오늘 어떤 옷을 입을까 고민한다. 커피를 마시면서도 머릿속은 앞으로 해야 할 일에 대한 근심과 걱정으로 가득하다. 차를 몰 때는 혼잡한 교통 상황 탓에 찬란한 아침 태양과 황홀한 구름, 싱그러운 나무와 푸른 하늘을 보지 못한다. 직장에서는 더 고단하다. 회사에 들어서면서부터 서둘러 업무를 처리하고 또 그 다음 업무로 넘어가느라 우리는 이 순간에서 종종 완전히 동떨어져 있다. 한 업무를 다 마치기도 전에 다음에 해야 할 일을 미리부터 생각한다. 그리고 걱정을 앞세운다. 오늘 그 업무를 모두 다 처리할 수 있을지, 업무평가를 잘 받을 수 있을지, 상사와 동료들이 자신을 좋아할지 걱정이 많다. 하루가 속히 지나기를 바랄 뿐이다. 우리는 기진맥진해 있지만 일 때문에 지친 것이 아니다. 오히려 우리 자신을 앞질러 초조하게 미래로 달려가는 모든 근심과 걱정이 우리를 지치게 만드는 것이다.

퇴근길에 운전을 하면서도 한시라도 빨리 집에 도착하고 싶어 안달이다. 하지만 정작 집에 도착해서도 우리는 이 순간에 충실하지 않다. 저녁에 해야 할 일을 미리 생각하거나 직장에서 있었던 일을 되돌아보기 때문이다. 이 모든 것이 시간을 낭비하는 행동이다. 이렇게 시간을 보내는 동안 우리는 완전히 깨어 있을 수도 살아 있을 수도 존재할 수도 없다. 하지만 이런 행동은 습관처럼 우리 내면에 깊이 뿌리 박혀 있다.

행복해지는 방법은 간단하지만, 우리는 흔히 그것을 망각하며 살아간다. 행복해지려면 샤워기에서 나오는 따뜻한 물과 커피 그리고 아침의 따사로운 햇볕 앞에 온전히 존재해야 한다. 근심 속에서 길을 잃고 헤매지 말아야 한다. 삶을 스스로 포기하지 말아야 한다. 업무를 한 번에 하나씩 처리해야 한다. 퇴근길, 집으로 돌아가는 길에서는 그 순간에만 집중하라. 그리고 주어진 저녁 시간을 즐기면 된다.

어렸을 적 우리는 현재의 순간에 온전히 존재하는 방법을 알고 있었다. 아침식사를 맛있게 먹었고 비와 물웅덩이를 유심히 바라보았다. 그때 부모님의 목소리가 들려온다. "서둘러! 학교에 늦겠다." 물론 늦지 않고 시간을 지키는 일은 어린이가 배워야 하는 것이지만, 이런 경험은 습관적 에너지를 형성하여 끊임없이 우리를 미래로 달음질치도록 몰아넣는다. 성인이 된 후 우리는 아침식사를 즐기지 못한다. 물웅덩이는 길을 가는 데 방해가 될 뿐이다.

불교의 우주론에서 육도六道에는 '배고픈 망령'(아귀餓鬼)이라는 생존 상태가 있다. 배고픈 망령은 배불뚝이에 탐욕스러운 식욕을 가졌지만, 입과 목구멍은 바늘구멍처럼 좁아 제대로 먹을 수 없다. 그것이 우리의 삶을 빼어 닮았다. 우리는 원하고, 원하고, 또 원한다. 우리는 끝없이 원하며 결코 만족을 모른다. 풍요로운 선진국에 살면서도 죽기 살기로 더 많은 것을 원할 뿐이다. 현재가 부족해서가 아니라, 있는 것을 받아들이고 즐기는 능력을 상실했기 때문이다.

행복은 우리가 가진 것보다 현재를 받아들이는 능력과 더 관련이 있다. 행복이란 마음을 열고 받아들이는 것이며, 쉬는 법을 배우고 모든 것을 즐길 수 있도록 그 작은 입과 목구멍을 완전히 열어젖히는 일이다. 행복은 한마디로 현재의 순간에 일어나는 일을 온전히 받아들이는 것이다.

● ● 행복은 마음챙김이다

행복에는 여러 종류가 있다. 특별한 여행을 하면서 느끼는 행복, 무엇인가를 만들면서 느끼는 행복, 무엇인가를 성취하면서 느끼는 행복 등이 있다. 이런 행복은 모두 좋은 것일 테지만, 여기서 비롯되는 긍정적인 감정은 일시적이다.

현재의 순간에 행복을 느끼고 깨어 있는 법을 배우는 수행을 붓다는 정념正念(smṛti), 곧 마음챙김이라고 했다. 마음챙김은 안정된 상태의 행복이고 평온과 만족을 수반하기 때문에 우리가 신뢰할 수 있는 행복이다. 마음챙김은 조건과 환경이 아닌 우리 자신의 의지에서 비롯되는 것이므로 신뢰할 수 있다. 마음챙김은 인생의 모든 순간에 깨어 있는 것이다. 늘 여기가 아닌 다른 곳, 이 순간이 아닌 다른 시간에 얽매여 있었던 탓에 우리가 놓친 삶과 그 밖의 모든 것을 삶을 마감하는 순간에 이르러서야 깨닫는 일이 없도록 말이다. 현재의 순간에 발생하는 일이 우리로서는 이해하기 어려울지도 모른다. 그러나 이런 일을 받아들이지 않기 때문에 우리는 주변에서 일어나는 기적 같은 일들을 놓치는지도 모른다.

행복은 흥분되는 일이 아니다

누군가는 마음챙김이 그리 신나는 일이 아니라고 말한다. 맞는 말이다. 마음챙김은 만족과 관련 있기 때문이다. 마음챙김은 휴식을 취하고 평온한 상태에서 마음을 여는 일이다. 신나지만 결국에는 공허감과 언짢은 느낌을 주는 것에 중독된 우리를 풀어주는 것이다. 그렇기 때문에 마음챙김이 행복의 튼튼한 토대가 되는 것이다.

붓다의 행복은 심오한 것으로 신나는 경험과는 전혀 관련이 없다. 현재에 오롯이 존재하는 행복이며 낡은 벽의 작은 틈새에서 자라나는 꽃을 감상하는 행복이다. 평온과 만족 그리고 평화와 편안함이 없다면 우리는 현존할 수 없으며, 꽃을 볼 수도 없다.

높은 자리로 승진하는 순간, 대학원에 합격하는 순간, 좋은 회사에 입사하는 순간 또는 인생의 동반자를 맞이하는 순간은 모두 기분 좋은 순간들이다. 그러나 이런 순간들의 기분 좋은 감정은 이내 사라진다. 인간의 뇌는 흥분 상태로 오래 있지 못하고 마음의 안정을 다시금 찾으려고 한다. 이런 과정을 항상성이라고 한다. 즐겁고 신나는 일이 생겼을 때 우리는 마음챙김을 통해 좀 더 충분히 즐거움을 누릴 수 있다. 보통 우리는 시간이 흘러 더 이상 즐겁지 않을 때 일상으로 돌아오기 마련이다. 하지만 마음을 챙기면 일상에서도 경이로움이 발견된다.

진정한 행복은 소리 없이 우리에게 다가온다. 우리가 목표와 계획에서 벗어날 때, 그리고 흥분과 지루함이 모두 사라질 때 온다. 방안에 들어서면서 흘러 들어오는 햇살을 발견할 때 마음에서 조용한 기쁨이 일어나고 거실 화초에 푸른 이파리가 무성한 것을 보면서 깊은 만족을 느낀다. 단순히 점심식사를 할 때도 진정으로 그곳에 존재하고 음식이나 주변 환경, 주변 사람들에게 충실하다면 깊은 행복을 느낄 수 있다. 그러나 점심시간에 근심거리만 생각하고 대화한다면 우리는 행복할 수 있는 점심시간을 놓치는 것이다. 마음을 고요하게 다스리고 다른 일에 정신을 팔지 않아야만 행복을 즐길 수 있다. 흘러 들어오는 햇살, 푸른 화초, 즐거운 점심시간을 즐기려면 받아들일 준비가 되어 있어야 한다. 이것이 유일한 전제 조건이다.

꽃에 관심 가지기

어느 날 아침, 나는 정원 연못에 있는 나무에서 아름다운 오렌지 꽃을 처음 발견했다. 이런 단순한 일에서 나는 마음속 깊이 고요한 행복을 느꼈다. 꽃에 다가가면서 나는 다른 무엇도 하지 않았고, 그저 숨 쉬고 미소 지으며 이 아름답고 여린 꽃을 느끼는 데 마음을 열었을 뿐이다. 행복을 느끼려고 했기 때문에 그 순간 나는 행복해질 수 있었다.

여러분도 할 수 있다. 빛과 광채가 여러분 내면에 있다. 행복과 평화가 여러분 내면에 있다. 행복을 좇지 마라. 지금 이 순간 여러분이 있는 곳에서 행복에 마음을 열어라. 그리고 미소 지어라. .

● ● 시간 낭비하지 않기

우리의 문화는 시간을 낭비해서는 안 된다고 가르친다. 이는 언제나 생산적인 일을 하고 무엇인가를 성취해야만 하는 걸 의미한다.

하지만 심오한 행복의 본질, 즉 붓다가 우리에게 제시하는 행복을 알게 되면 시간 낭비란 이제껏 생각했던 것과는 다른 의미를 지닐 것이다. 우리는 현재에 충실하지 않거나 마음을 열지 않을 때 시간을 낭비한다. 어떤 활동을 하느냐는 별로 상관없다. 우리가 마음을 열고 의식하며 살아 있다면 아무것도 하지 않은 채 앉아 있더라도 소중한 시간인 반면, 책을 읽더라도 책에 충실하지 않고 그저 빨리 읽어버리려고 서두른다면 이는 시간 낭비에 지나지 않는다.

우리는 가치 있는 삶을 살고 있다. 어떤 불교 신자들은 우리가 지옥계, 축

생계, 아귀계, 심지어 천신계에서 각기 다른 형태로 수백만 가지 생을 살지만, 이 모든 것이 결국 인간으로 태어나기 위해서라고 말한다. 오직 인간의 삶에서만 성장하고 자비를 베풀며 행복하고 현명할 수 있다. 인간의 삶에서만 우리는 깨어 있을 수 있으며 붓다가 될 수 있다. 의식하지 않고 잠에 취해 있거나 마음이 닫힌 상태로 지금 하는 일과 이 순간을 받아들일 준비가 되어 있지 않다면 인간으로 태어난 기회를 낭비하는 것이다.

● ● 모두 다 최상이야

선禪에 진전이 없어 실의에 빠진 한 학생이 있었다. 오랜 시간 명상했지만 아무런 발전이 없었다. 바뀌는 것도 없었고 여전히 행복하지 않았다. 어느 날 그는 사원에 필요한 음식을 구입하려고 시장에 갔다. 그가 상점 주인에게 최상품만 달라고 하자 상점 주인이 말했다. "모두 다 최상일세!" 바로 그 순간 그는 깨우침을 얻었다.

모두 다 최상이라는 것을 아는 건 모든 것에 대한 판단을 멈추고 현재 부족한 것에 대해 초점을 맞추는 걸 중단하며 단순히 그 자체에 대한 체험에 마음을 여는 것을 의미한다. 우리의 경험을 상상 속의 이상과 비교하는 일을 멈추고 살아 있다는 그 자체로 위대하다는 사실을 깨달을 때 모두 다 최상이 된다.

물론 이 말은 우리가 보는 주변의 모든 것이 완벽하다는 뜻이 아니다. '완벽하다'는 말은 단지 우리가 그렇게 되길 바라는 상태를 의미할 뿐이다. 보는 행위 자체가 놀라운 일이다. 우리 주변의 소리가 늘 기분 좋은 건 아니지만, 듣는다는 그 자체가 놀라운 일이다. 보고, 느끼고, 맛보고, 만지고, 냄새 맡고 생각하는 그 자체가 만족을 주며 기적과도 같다. 모든 것이 그렇게 되어야 하는 문제가 아니다. 만사가 원하는 대로 되어야 성이 차는 성향은 **행복을 가로막고 매 순간 완전히 살아서 경험하는 데** 우리를 완전히 뿌리 내리지 못하게 방해한다. 주변 환경이나 자신에 대해 완벽을 추구하는 건 시간을 낭비하는 것이다.

불완전함과 다투지 않기

나는 어렸을 적 즐거워야 할 순간에 엄지손가락에 생긴 거스러미가 신경 쓰여 유쾌하지 못했던 경험이 있다. 그때 난 무슨 일에나 거슬리는 게 꼭 있다는 생각이 들었다. 모든 일이 우리가 원하는 대로 되지는 않는다. 꿈에 그리던 생일선물을 받았는데 건전지가 들어 있지 않을 수도 있고, 멋진 자전거가 있지만 타이어에 펑크가 났을 수도 있다. 인생에는 늘 불완전한 무엇인가가 우리의 마음을 불편하게 만드는 것만 같다. 이런 불완전함에 집착하고 집중하면 불완전함이 우리의 의식을 완전히 점령할 수도 있다. 심지어 이를 의식하지 않으려는 노력조차도 상황을 악화시키고 우리를 깊은 수렁에서 빠져나오지 못하게 한다. 이것은 시라노(추한 외모 때문에 다른 사람의 이름을 빌려 사랑을 고백한 프랑스 극작가 에드몽 로스탕의 희곡 주인공)의 큰 코가 거슬려서 보지 않으려고 하나, 결국 온통 이 코만 떠올리는 것과 같다.

이 모든 것의 공통 맥락에는 저항과 다툼의 요소가 있다. 우리는 완벽하지 않은 것과 맞서 다투려고 한다. 하지만 정작 다툼을 시작하면 그렇게 다투는 자신이 싫어져 어려움이 몇 배로 증가한다. 슬픔, 분노 또는 당황스러움 같은 감정은 그 자체로 나쁜 건 아니지만 우리는 그런 감정 상태에 맞서 다투려고 한다. 행복해지는 것은 모든 것을 자신이 원하는 대로 만드는 것이 아니라, 경험의 불완전성에 느긋해지는 것이다. 행복이란 불완전성을 기꺼이 받아들이는 것이다.

● ● 내가 깨우침을 얻게 된다면

불완전성에 대한 저항은 단순히 외적인 것뿐만 아니라 우리 자신에 대한 것이기도 하다. 사실 이것은 **주로 우리 자신**, 즉 현재 우리와 우리가 원하는 자신의 모습 사이에서 벌어지는 다툼에 관한 것이다. 우리의 지고지순한 열망조차도 현재의 순간을 즐기지 못하게 하는 방해물이 된다. 우리는 마음을 다스려 흠 없이 완전하고 진실한 상태에 이르게 될 때에 모든 것이 좋아지고 정말로 행복할 것이라고 생각한다. 완전함에 대한 추구는 화를 잠재적으로 키우는 원인이 되어 언행에서 드러나고 자기도 모르는 사이에 불만과 근심이 생겨나는 경우가 있다. 많은 사람들에게 영적 깨우침이 이런 개념의 궁극적 형태가 된다. 하지만 깨우침을 포함하여 이런 모든 개념은 마음을 열고 현재의 순간을 받아들이며 의식하고 살아 있는 우리의 능력을 떨어뜨리는 장애물이 되기도 한다.

붓다는 자신의 깨우침에 대해 심오한 말을 남겼다.

나는 월등하고 완전한 깨우침에서 아무것도 얻은 바 없으며 그렇기 때문에 이것을 '월등하고 완전한 깨우침'이라고 한다. (Watts 1957, 45)

대단히 놀라운 말이다. 붓다는 왜 이런 말을 했을까? 그의 뜻을 헤아려볼 수 있는 여러 가지 방법이 있다.

우선 붓다는 깨우침이란 하나의 아이디어나 개념에 불과한 것임을 우리가 알기를 바랐다. 우리가 인식하고 있는 깨우침이란 아이디어는 단지 아이디어일 뿐 실재와는 거리가 멀다. 불교에서 깨우침을 얻은 사람의 경지를 **열반**이라고 하며 이는 '절멸'을 의미한다. 우리 존재의 절멸이 아니라 우리 고통의 절멸을 의미한다. 사물의 경이로운 본질을 있는 그대로 직관하지 못하게 방해하는 개념과 생각의 절멸을 의미한다. 이것을 붓다는 '본질(진여眞如)'이라고 했다.

심리적인 완전함과 웰빙이란 개념도 우리에게 방해물이 될 수 있다. 우울증에 걸린 사람은 슬픈 생각과 감정을 지워버리려다가 더 깊은 슬픔에 사로잡힌다. 슬픈 생각에서 벗어나려는 데 사로잡혀 슬픈 생각에 더 집착하게 되는 것이다. 슬픈 생각을 모두 없앨 수 있다는 생각은 단지 생각일 뿐이다. 이것은 실패했다는 감정을 부추겨 오히려 더 슬퍼지고 더 심각한 우울증에 빠지는 악순환을 되풀이하게 만든다.

깨우침에서 아무것도 얻은 바 없다는 붓다의 말은 깨우침이 다른 경험의 영역에서 비롯된다는 사실을 알려준다. 산스크리트어 "가테 가테 파라가테 파라삼가테 보디 스바하*Gate gate paragate parasamgate bodhi svaha!*"는 『반야심경*Heart Sutra*』의 구절로 "가자, 가자, 피안으로 가자, 피안으로 완전히 가자, 아 깨우침이여!"란 의미다.(틱낫한, 1988, 2) 이런 의식은 강 너머로 간다는 뜻으로 전경이 배경이 되고 배경이 전경이 된다. 깨우침이란 개인의 목표나 꿈을 비롯한 우리의 조건에 휘둘리지 않는 마음의 상태다. 우리의 목표와 꿈이 훌륭하고 건전하며 합리적일지라도, 이것들에는 현재의 순간에서 우리를 멀어지게 만드는 부정적 측면이 있다. 깨우침, 행복 혹은 완전함 자체를 목표로 삼으면 또 다른 문제가 발생한다. 이는 다른 세속적인 목표에 집중하는 것과 근본적으로 다를 바가 없으며 어떤 면에서는 더 좋지 않다. 아무 의심 없이 받아들이는 선善이 더 위험하다. 우리는 우리 자신과 행복 사이에 무엇인가 다른 것을 끼워 넣는다. 그리고 목표를 이루기 위해 스스로 다그치면서 지나치게 무리하고 애쓴다.

찾는 것은 발견하는 것이 아니다. 무리한 노력은 평화에 반하고 그렇기 때문에 깨우침에도 반한다.

붓다는 깨우침을 다른 목표들과 마찬가지로 하나의 목표로 삼거나, 가장 정제된 개념조차도 하나의 개념임을 알지 못한 채 취한다면, 우리가 그 덫에 걸린다고 가르쳤다. 깨우침은 목표가 아니다. 깨우침은 불교에서 말하는 '목표 없음' 또는 '목적 없음'(무원無願)에 관한 것이다. 이것은 좀 더 현존하는 것이며, 욕망이나 혐오로 왜곡하지 않는 가운데 대상 그 자체를 기꺼이 받아들이는 것이다.

행복도 마찬가지다. 행복을 목표로 삼으면 복잡해지기만 할 뿐이다. 행복을 위해 마음챙김을 수행하지 마라. 붓다가 되려고 하지 마라. 그냥 지금 이 순간의 몸과 마음으로 돌아와서 우리의 불성이 빛을 내도록 하라. 이미 와 있는 행복에 다가가라.

얻는 것이 아니다

붓다는 완전한 깨우침에서 아무것도 얻은 바가 없다고 말했다. 완전한 깨우침은 얻는 것이 아니기 때문이다. 완전한 깨우침은 분명 깨우침이라고 불리는 어떤 것을 획득하는 일이 아니다. 열반은 얻고 잃음의 영역 밖에 있다. 주머니 속에 넣고 다닐 수 있는 것이 아니며 시장에서 사고파는 물건도 아니다.

이력서에 써 넣을 수도 없다.

　이런 덫에서 벗어나는 방법은 단순히 현재의 순간을 늘 편안하게 받아들이는 것이다. 그리고 우리가 염원하는 모습이 현재의 모습이라는 사실을 깨닫는 것이다. 염원하는 순간 우리는 서서히 그 길을 가고 있는 것이며, 우리가 되고자 하는 모습이 그 순간에 이미 실제로 표현되고 있는 것이다. 미국의 인본주의 심리학자 에이브러햄 매슬로는 이를 잘 설명했다.

　인간은 현재의 자신인 동시에 염원하는 미래의 자신이기도 하다.
　(Maslow 1968, 160)

　불교에서는 이를 우리 안에 불성이 있다는 말로 표현한다. 따라서 영적 수행이란 현재의 모습이 아닌 다른 모습이 되려고 노력하며 우리 자신을 몰아가는 것이 아니라, 현존하는 우리 자신의 모습으로 나아가면서 장애물을 제거하는 것이다.

● ● 왜 개가 우리보다 행복한가

　개가 노는 모습을 보면 웃음이 절로 나온다. 개는 무엇이든 즐긴다. 먹이와 물을 주면 기뻐하고 머리를 쓰다듬어주거나 귀 뒤를 긁어주면 행복해한다. '산책'이란 말만 들어도 좋아서 어쩔 줄 모른다.

　개는 그리 깊이 생각하지 않아서 행복한 것 같다. 반면 우리는 완전히 다르다. 우리의 뇌는 크기 때문에 사용하는 데 신진대사의 3분의 1이나 사용해야 한다. 뇌는 우리가 생존하는 데 매우 중요한 역할을 하기 때문에 딱딱한 두 개골에 싸여 있다. 우리는 이 큰 뇌로 숫자와 단어, 생각과 은유 같은 상징들을 만들어내며, 이런 상징들을 실제로 존재하는 것들로 여기므로 때때로 놀라운 결과를 초래한다.

그렇지만 이런 상징들은 실제로 존재하는 것이 아니다. 이 점을 망각하면 피해가 그치지 않는다. 상징들을 실재로 간주하는 성향 때문에 누가 특정한 말을 하거나 특정한 행동을 취하면 우리가 지나치게 감정적으로 반응하는 것이다. 슬픔, 화, 부끄러움 같은 고통스러운 감정이 일어나며, 때로는 너무 속상해서 그런 감정이 몇 시간 혹은 며칠간이나 지속된다. 그리고 이런 감정은 마음속으로 동일한 상징들로 되풀이되면서 지속된다. "그가 내게 이런 말을 하다니. 그녀가 내게 그렇게 대하다니. 그녀가 어떻게 그럴 수 있지? 그가 어떻게 내게 그런 말을 할 수 있지?" 우리는 논리적인 반론과 응수를 생각해내 문제를 해결하려고 하지만, 그런 시도는 상황만 더욱 악화시킬 뿐이며 우리를 더 깊은 덫에 빠뜨린다. 우리가 상징과 실재를 혼동할 때 우리의 고통과 불행은 더 커질 것이다.

한 번은 어떤 사람이 붓다의 면전에서 욕을 해댔다. 붓다가 가만히 있자 그 사람은 대꾸도 하지 않는다고 더욱 열을 내며 욕을 퍼부었다. 마침내 그 사람은 제풀에 지쳐 두 손을 들고 말았다. 훗날 제자들이 그런 지독한 모욕에도 어떻게 침착할 수 있었는지 붓다에게 물었다. 붓다는 "선물을 받지 않으면 그것을 준 사람이 도로 가져가야 한다" 하고 말했다. 붓다는 그 사람이 사용한 상징과 말에 화낼 필요가 없다는 사실을 알고 있었다. 결국 욕설은 소리였을 뿐이다. 소리는 바람처럼 스쳐지나갈 뿐, 그 이상의 의미가 없다.

상징들을 조작하기 때문에 우리는 과거나 미래에 관해서 생각하게 된다.

과거나 미래에 관해서 생각하는 건 일종의 상징적 과정이다. 이는 물론 과거를 돌이켜보고 이해하거나 앞으로의 계획을 위해 미래를 예측하는 일과는 전혀 다른 문제다. 과거나 미래에서 길을 잃고 헤매는 것은 물을 움켜쥐려는 것과 같다. 삶 자체가 손가락 사이로 빠져나간다.

●● 낱말과 신념의 덫에 빠지지 마라

붓다는 우리가 행복해지는 데 언어가 방해된다는 사실을 알았다. 우리는 언어가 경험을 직접 가리킨다는 사실을 망각하고 언어 자체에 집착한다. 붓다는 이런 통찰을 독특한 방식으로 가르쳤다.

『뱀을 더 잘 잡는 법에 관한 경Sutra on the Better Way to Catch a Snake』에서 붓다는 세 가지 비유를 들어 영적 가르침의 본질을 밝혔다. 그는 자신의 가르침이 뗏목과 같고, 달을 가리키는 손가락과 같으며, 또한 독사를 잡는 것과도 같다고 말했다.

첫째, 붓다의 가르침은 강을 건널 때 사용하는 뗏목과 같다. 사용하고 난 후에는 소중한 재산처럼 굳이 머릿속에 담아둘 필요가 없다. 뗏목은 이미 그 쓰임을 다 한 것이므로 버려두면 된다. 다른 사람들이 사용할 수 있도록 물가에 그냥 두어라. 다시 말하면 가르침의 목적은 우리를 슬픔의 강가로부터 행복의 강가로 건너게 해주는 것이지, 뗏목 자체가 숭배나 존경의 대상이 되어서는 안 된다.

둘째, 붓다는 자신의 가르침을 달을 가리키는 손가락에 비유했다. 손으로 달을 가리킬 때는 손가락이 아니라 달을 보게 하려는 것이다. 가르침이란 실체를 바라보는 방법과 실체를 다른 각도에서 더 깊이 파악하는 방법을 보여 주기 위한 것이다. 가르침 자체에 연연해서는 안 된다. 가르침 자체에 완고하게 집착한 나머지 그 가르침을 지키려그 싸우는 불행한 사람들을 우리는 너무 많이 보았다. 붓다는 우리가 이런 덫에 빠지지 않기를 바랐다.

마지막으로 붓다는 자신의 가르침이 독사 잡는 것과 같다고 말했다. 뱀을 잡는 바른 방법은 갈래가 난 막대로 뱀의 머리를 땅에 찍어 누른 후, 손으로 머리를 낚아채는 것이다. 이렇게 하면 뱀이 제아무리 몸을 비틀고 버둥대도 물리지 않는다. 하지만 우리가 꼬리를 잡는다면 뱀에 물리고 말 것이다. 붓다의 가르침을 잘 이해하는 방법은 무엇일까? 그것은 다른 사람들에게 자랑하기 위해서 지식을 습득하는 데 있지 않고 지식을 실천하는 데 있다. 바른 방법은 그 지식을 행복으로 실천하는 것이다.

가르침은 위험할 수도 있다. 사람의 사고 및 언어 구조를 보면 가르침에는 이루어야 할 목표가 있음을 알 수 있다. 예를 들어 수행의 여러 단계들에 대한 불교의 가르침을 보면, 앞으로 어떤 일이 있을 거란 예상이 되기도 하고 다른 사람들이 이미 지나간 길을 따른다는 생각이 들기도 한다. 그러다보면 다음 단계, 또 그 다음 단계에 도달해야 한다는 부담이 생기게 된다. 현재의 우리 모습에 실망해서 의욕을 잃을 수도 있다. 이는 현재의 순간을 자각하는 것에 반한다. 이는 행복에도 반하는 것이다.

얼마나 진전이 있는지 계속 평가하는 일은 우리의 정원에 있는 아름다운 꽃을 뿌리째 뽑아 잘 자라고 있는지 확인하는 일과도 같다. 그러므로 우리가 이루어낸 '성과'를 확인하고, 우리의 능력이 신장되어 전에 못했던 일을 이제 할 수 있음을 확인하고 싶어질 때 매우 슬기롭게 대처해야 한다. 뱀에 물리지 마라! 깨우침은 얻는 것이 아니고 수행디 비수행임임을 명심해야 한다. 목표를 지향하는 건 영적 수행 중에 생명을 교살하는 일이다. 그것이 우리의 행복을 교살한다.

● ● 즐거운 마음으로 수행하라

우리의 축복을 헤아려 보는 것은 좋은 일이다. 우리 삶의 긍정적인 측면을 아는 것 또한 좋은 일이다. 문제는 우리가 열의도 없이 산수 숙제를 하는 아이처럼 마지못해 이런 수행을 강요받아 기계적인 방식으로 하는 데 있다. 이런 식으로 수행을 할 경우 효과가 있기나 한지 알 수 없으나 있다고 하더라도 극히 제한적일 것이다. 기쁜 마음으로 수행하지 않으면 성취하기를 바라는 바를 이루지 못할 것이다.

어렸을 적 저녁식사를 하다가 인도에서는 아이들이 굶고 있는데 음식을 남긴다고 주의를 받은 경험이 있을 것이다. 부모의 그런 명령의 이면에 좋은 의도가 있었더라도 그 결과는 좋지 않을 수도 있다. 우리는 음식에 대해 감사함을 느끼기보다는 억압을 받는다고 느낄 수 있다. 음식에 대해서 깊은 고마움을 느끼기보다는 즐거움에 대해 반역할 것이다. 결국 아이는 리마콩을 먹는 것이 멀리 떨어진 어느 누구에게도 도움이 되지 않을 거라고 생각할 것이다. 음식을 먹는 것이 즐겁기보다는 고통스러울 것이다.

심리치료를 받는 환자들은 종종 이런 식으로 자신들을 괴롭힌다. 이들은 다른 사람들이 직면하는 고통에 비하면 자신들이 겪는 어려움은 아무것도 아니라고 생각한다. "수단의 난민들에 비하면 내가 이혼한 것쯤이야 별거 아니잖아?" "불치병에 걸린 사람에 비하면 내가 실직한 건 아무것도 아니지 않나?" 이런 식으로 생각하는 것은 바람직하지 않다. 고통의 크기를 재는 것이 자비의 출발점이 될 수는 있겠으나, 자기 자신도 자비의 범주에 포함시켜야만 한다. 우리는 흔히 이런 통찰을 스스로를 나무라는 데 사용한다. 스스로를 불행하게 느끼긴 하지만, 다른 사람들이 나보다 훨씬 더 어려운 상황에 처해 있기 때문에 불행할 자격도 없다고 보는 것이다! 이런 통찰을 사용하는 건 괜찮지만, 자신을 그런 식으로 취급하지 말아야 한다. 우리가 받고 있는 고통도 문제가 된다. 잊지 마라. 이런 식이라면 우리는 행복할 수 없다. 오히려 고통을 가중시킬 뿐이다.

위와 같은 사실들 그리고 행복을 찾기 위한 다른 다양한 방법들에 대해서 생각하다 보면 붓다가 왜 자신의 수행은 수행이 아니라고 말했는지 의문을 품게 된다. 그의 말은 명상하고 계율을 지키고 마음을 챙기며 수행을 빨리 하면 할수록 그에 따른 결과가 좋을 것이라는 일념으로 수행해서는 안 된다는 의미다. 우리 삶의 좋은 것들에 감사하고 우리가 먹는 양식을 고맙게 여겨야 한다. 명상하는 일도 좋지만 즐거운 마음으로 하지 않는다면 그 결과는 기쁘지 않을 것이다.

● ● 사물이 실제로 존재하는 방식

붓다는 우리가 행복하지 못한 이유가 세상이 존재하는 방식에 대해 깊이 오해하고 있기 때문이라고 가르쳤다. 우리는 우리 자신을 다른 존재와 별개로 인식하기 때문에 소외되고 외롭다고 느낀다. 다른 사람들과 분리되어 있다고 느끼기 때문에 다른 사람들을 불친절하게 대해도 된다고 생각하는 것이다. 이런 왜곡된 견해를 버릴 때 비로소 우리는 사물들의 근원적인 본성이 기쁨이라는 걸 알게 된다.

우리는 소외되지 않았다. 우리는 다른 사람들, 사람이 아닌 존재들, 지구, 태양 그리고 전 우주와 상호 연관되어 있다. 우주 만물이 함께 하므로 여기에 있을 수 있고, 살아 있으며, 의식하고 있는 것이다. 2장에서는 이런 통찰을 상세히 다루려고 한다.

● ● 행복 수련(마음챙김)

수련을 통해 행복해질 수 있을까? 물론 행복해질 수 있다. 그렇지만 수행을 하는 데 있어서 지혜롭게 행동해야 한다. 엄격하고 융통성 없는 방식으로 혹독하게만 수련한다면 어떻게 거기에서 기쁨을 얻을 수 있겠는가? 수단은 목적과 유사해야만 한다. 우리가 행복해지는 과정에 이미 행복이 내포되어야만 하고, 그렇지 않으면 성공할 수 없다. 붓다는 이런 방법이 시작에서 즐겁고, 중간 과정에서도 즐거우며, 마지막에서도 즐겁다고 말한다. 수행법이 즐거움의 길을 여는 것이다.

마음챙김이란 바로 이 순간에 행복해지는 수행이다. 마음챙김이란 일어나는 일을 받아들이고 그 경험에 우리의 마음을 여는 것을 의미한다. 즉 우리 주변의 좋은 것들과 교감하는 것이다. 마음챙김을 실행하는 것은 단순하고 직접적이며 강력한 방법으로 실행함을 의미한다. 강제와 엄격함 그리고 집착은 우리에게 도움이 되지 않는다.

마음챙김은 시인의 눈으로 사물을 바라보고 지금 이 순간의 흥미롭고 경이로운 것을 발견하는 것을 의미한다. 냉철한 지성으로 꽃을 각기 다른 부분과 기능에 따라 분석하며 바라보는 식물학자의 시각이 아니라, 마음으로 꽃을 바라보는 것이다. 마음챙김은 세상을 따뜻하고 살아 있는 존재로 바라보고 우리 자신과 다른 사람들을 자애로움과 통찰, 연민이 담긴 시선으로 바라보는 것이다.

● ● 부정적인 생각 바꾸기

진화는 살아 있는 유기체들이 생존을 위해 발달하고 그것들의 유전자를 전달한다고 가르친다. 사람의 뇌도 같은 방식으로 발달한다. 생존을 용이하게 하려는 성향으로 인해 뇌는 우리 주변에서 발생하는 일들 가운데 무엇이 옳은가보다는 무엇이 그른가에 더 초점을 맞춰 주의를 기울인다. 생존의 측면에서 보면 몇 시에 어디에 가면 기막힌 석양을 볼 수 있다는 사실을 기억하기보다 곰이 하루의 어느 시간에 특정한 절벽에 앉아 있다는 것을 기억하는 게 더 중요하다.

이러한 이유로 뇌는 나쁜 태도를 취하게 된다. 뇌는 늘 무엇이 그른가를 주시한다. 그렇지만 다행히도 우리는 뇌가 몰랑몰랑해서 변화할 수 있다는 걸 알고 있다. 인간의 뇌에는 약 1천억 개의 뉴런이라는 신경세포가 있으며 각각의 뉴런은 1만 개의 다른 뉴런들과 연결되어 있다. 뇌는 가만히 있는 게 아니라 살아서 활발하게 움직이고 끊임없이 형태를 바꾸면서 신경세포들을 새롭게 연결한다. 이런 이유로 우리는 부정적이며 생존을 우선시하는 뇌의 성향을 조정하는 법을 배울 수 있다.

마음챙김을 할 때 우리는 주변에서 일어나는 신비하고 놀라운 일들을 알게 된다. 모든 것이 분명하고 깊게 다가온다. 이것이 가능한 까닭은 우리가 유전적 성향이나 사회적 통념을 따르는 대신 우리가 바라는 방법을 배울 수 있기 때문이다.

우리가 집중하게 되면 그것은 현실이 된다. 우리는 마음챙김으로 삶의 여러 가지 어려움, 나쁜 소식이나 슬픈 일들을 헤쳐 나갈 수 있으며, 긍정적이고 치유의 힘이 되는 유익한 삶을 지속할 수 있고, 행복뿐만 아니라 어려운 문제들에도 대처할 수 있다. 억지로 과장되게 행복을 느끼려고 하기보다는 우리 내면과 주변에 있는 행복에 좀 더 마음을 열어야 한다. 그렇게 하면 더 많은 것을 알게 된다!

● ● 깨우침의 의미

붓다는 자신이 인간임을 늘 강조했다. 인간으로서 그는 인간이 할 수 있는 것을 보여주었다. 그는 그가 할 수 있다면 우리도 할 수 있다는 걸 우리가 알기를 바랐다. 실로 붓다가 신이었다면 신이 아닌 우리로서는 그가 할 수 있었던 일에 공감하기 어려울 것이다. 그가 인간이라는 사실이 우리도 행복하고 평온하며 자비롭고 현자가 될 수 있는 가능성을 보여준다.

이탈리아 피렌체의 아카데미아 미술관에 가면 미켈란젤로의 조각상 〈다비드David〉를 볼 수 있다. 사진으로도 접할 기회가 많지만, 실제로 그 조각상 앞에 서게 되면 사진으로 볼 때와는 다른 감동이 생긴다. 그것을 바라보면서 눈시울을 적신 건 비단 나만은 아니었을 것이다. 그러나 〈다비드〉로 이어지는 미술관의 긴 통로에는 그것만큼이나 놀라움을 안겨주는 미켈란젤로의 많은 미완성 조각상들이 있다. 각각의 작품은 완성되지 않았다. 그것들 하나하나는 갇힌 돌에서 튀어나오려고 애쓰는 모습이다.

이것이 조각가로서의 미켈란젤로가 자신의 작품에 대해 보인 정확한 이해였다. 그는 자신의 작업을 전에 없던 것을 창조하는 것이 아니라, 이미 대리석 안에 갇혀 있는 이미지를 자유롭게 해주는 것으로 보았다. 이와 같이 우리는 이미 붓다인 것이다. 우리 내면에 있는 행복한 사람으로서의, 지혜로운 사람으로서의, 친절한 사람으로서의 붓다를 자유롭게 하는 건 가능하다. 이것이 가능한 까닭은 우리의 본성이 그렇기 때문이다. 틱낫한 선사는 말했다.

> 붓다가 될 능력이 없는 사람이란 없다. …… 자기 주머니 속에 들어 있는 보석을 찾기 위해 세상을 샅샅이 뒤지는 어리석은 사람이 되지 마라. 돌아와서 여러분의 진정한 유산을 받아라. 자신 밖에서 행복을 찾으려고 하지 마라. 자신에게 행복이 없다는 생각을 버려라. 행복은 여러분 자신 속에 있다. (틱낫한 1998, 175)

깨우침은 섬에 존재하는 것과 같다. 우리는 우리가 잃어버린 것을 미친 듯이 찾다가 마침내 절망하고 좌절한다. 그러던 어느 날, 잠시 멈추고 조금 쉬면서 주변을 돌아본다. 그제서야 처음으로 섬이 아름답다는 사실을 깨닫게 된다.

행복에 마음 열기

아름다운 꽃을 한동안 자세히 들여다보라. 그리고 우리 자신의 들숨과 날숨 하나하나를 의식하라. 꽃을 이해하거나 분석하려 들지 말고, 꽃에 마음을 열고 바라보라. 꽃을 바라보면서 몇 차례 숨을 들이마시고 내쉬면서 우리 자신에게 "차분해지자", "마음을 열자", "아름답다"고 말하라. 그런 뒤 꽃과 연결된 느낌, 즉 일체가 된 느낌이 생기는지 보라.

이런 수행을 원하는 만큼 자주 하라. 우리가 언제 더 잘 받아들이고, 언제 그렇지 못한지 살펴보라. 나무, 산, 녹색 이파리, 또는 푸른 하늘처럼 다른 아름다운 대상으로도 수행할 수 있다. 중요한 건 무엇인가를 이루려는 것이 아니라, 꽃을 즐기고 우리 자신의 존재, 의식, 살아 있음을 즐기면서 현재의 순간에 행복해지는 것이다. 수행을 비수행의 정신으로 하라.

2

익숙한 개념에서 벗어나기

✕ ✕ ✕

자아는 우주의 춤 속에 있는 중심이며,
스스로 처음부터 끝까지 완전하다는 사실을
지각하고, 빈 공간으로 돌아가고 있다.
즐거워하라. 모든 존재를 찬양하고 감사하라.

토마스 머튼Thomas Merton(1915~68)

누군가가 대문을 두드리면서 "하늘에서 선인장이 떨어져요. 피하지 않으면 모두가 죽고 말 거예요!" 하고 말한다면, 우리는 분명 이 사람을 정신이상자로 간주할 것이다. 우리는 이 사람의 말이 현실과 동떨어져 있다는 걸 쉽게 알 수 있다. 잘못된 지각에 근거하여 우리는 이 사람이 끔찍한 공포에 시달리는 사람이라고 동정할 것이다.

붓다의 관점에서 보면 우리는 문 앞에 서 있는 이 불행한 사람과 유사하다. 우리도 그 사람처럼 망상에 사로잡혀 있기 때문이다. 인간의 고통은 깊이 몸에 밴 사물의 이치에 대한 잘못된 개념에서 비롯한다. 우리와 문 앞에 서 있는 사람의 차이는 우리의 생각만큼 크지 않다. 이것이 뜻하는 바를 살펴보자.

● ● 개념은 위험하다

    선불교 전통에는 이해하기 어려운 말과 행위들이 있다. 한 선사는 '붓다'라는 말을 할 때마다 입을 세 번 씻으라고 가르쳤다. 스승의 뜻을 알아차린 제자 하나가 '붓다'라는 말을 들을 때마다 귀를 세 번 씻어야 한다고 덧붙였다. 그 밖에도 과격하고 상식을 벗어난 선사들이 불상을 태우거나 방을 나설 때 신발을 머리 위에 얹는 식의 행동을 한 것으로 전해진다. 당나라 말의 고승 임제臨濟는 길을 가는 도중에 붓다를 만나면 붓다를 죽여야 한다고까지 말했다. 이런 스승들은 극단적이고 잊혀지지 않는 방법과 불손한 언행으로 우리의 모든 관념, 신념과 개념들이 단순한 관념, 신념, 개념에 불과할 뿐이라는 사실을 일깨워주려고 했다. 이 모든 것들이 현실의 참 본질인 경이로운 생성 앞에서 그 빛을 잃는다. 개념으로 실재를 담아내려고 하는 것은 손으로 물을 움켜쥐려 하거나 그물로 공간을 잡으려는 것과 같다.

    개념은 위험할 수도 있다. 땅과 재산을 차지하기 위해 전쟁을 벌이는 사람들은 땅과 재산을 파괴하지 않는데, 그것들이 그들이 얻으려고 하는 것이기 때문이다. 그러나 개념을 명목으로 싸움을 벌이는 이들은 모든 것을 파괴하고 자신의 이념에 반하는 사상을 모조리 없애버리려고 한다. 공산국가 중국이 티베트를 무참히 짓밟은 것을 한 사례로 들 수 있다. 중국은 티베트에 있는 둘도 없이 소중한 필사본과 사원을 파괴하고, 달라이 라마의 사진을 소지했다는 이유만으로 티베트 승려들을 수년간 옥에 가두고 고문까지 했다. 중국은 이념에 대항해 전쟁을 벌이기 때문에 무자비한 행동을 서슴지 않는다. 중국 당국은 불교의 이념을 공산주의와 유물론으로 바꾸기를 바란다.

    좀 더 성스러운 개념은 좀 더 위험할 수 있다. 붓다라는 개념조차도 우상이 될 수 있다. 실제로 붓다는 평온, 자애, 지혜, 행복을 위한 우리의 능력이다. 붓다를 우리 밖에 있는 실체로 생각하는 덫에 빠지면 붓다가 실제로 발견될 수 있는 곳을 결코 바라볼 수 없을 것이다. 몇 킬로미터 밖의 어두운 곳에서 잃어버린 열쇠꾸러미를 근처 가로등 아래서 찾는 사람과 같은 것이다. 그는 열쇠가 가로등 아래에 없다는 사실을 알지만, 가로등 아래가 더 밝기 때문에 그곳에서 열쇠를 찾는 것이다. 붓다가 늘 존재하더라도 붓다는 우리 자신 안에서 그리고 우리 자신의 삶에서 발견할 수 있다.

붓다를 우리 밖에 있는 어떤 존재로 인식한다면 우리는 늘 다른 곳으로 달려가게 될 것이다. 우리는 어떤 스승을 만나거나 특별한 수행을 한다면 붓다를 발견할 수 있을 거라고 생각한다. 그러나 우리 밖에 있는 붓다는 붓다가 아니다. 오직 우리 속에 내재하는 붓다만이 유일한 붓다인 것이다.

● ● 버리는 용기

우리가 우리의 개념을 버리는 데는 용기가 요구된다. 익숙해서 편안해진 개념들을 버리는 것은 엄청나게 충격적이다. 우리는 설 곳이 없다고 느끼게 된다. 개념이 우리를 실재에서 멀어지게 하고 진정으로 행복해질 기회를 없애버리지만, 편안하고 이해할 수 있고 예측할 수 있는 세계라는 의미에서 우리가 개념에 집착하는 것이다.

아름다운 고목 앞에 서면 우리는 생각한다. "그래, 나는 이것이 무엇인지 알아. 이건 나무라고 부르는 거야. 어디 보자. 여기는 줄기고 줄기에 가지랑 잎이 달렸네. 내가 생각했던 대로 이건 나무야." 이런 식으로 나무를 보는 건 죽어 있는 사물을 보는 것이다. 이는 우리가 알고 있는 사실을 단순히 확인하는 것에 불과하다. 이런 식으로 볼 때 우리는 우리 앞에 펼쳐진 기적과도 같은 살아 있는 과정을 놓치게 된다.

한 번은 틱낫한 선사가 교도소에서 강연한 적이 있었다. 청중 가운데 하나가 자신은 다른 사람들을 의식하지 않고 강연 전에 조용히 앉아 명상을 했다고 말했다(틱낫한 2002). 그는 전 세계에서 온 80여 명의 게스트와 120여 명의 재소자가 있는 자리에서 홀로 명상을 할 수 있었음을 대단한 것으로 여겼다. 하지만 선사는 단순히 그 자신으로 현존했을 뿐이며 그 순간에 집중했다. 그는 강연을 한다는 개념에 사로잡히지 않았다. 선불교의 말을 빌리면 '강연'이라는 것을 하는 '교사'라는 사람도 없고 '청중'이나 '재소자'라고 하는 사람도 없다. 틱낫한 선사는 분리된 자아라는 개념에 빠져 있지 않았다.

● ● 행복에 대한 선입견을 버리자

우리는 이야기를 말하는 걸 좋아한다. 이야기들의 내용은 달라도 그것의 구조는 예측할 수 있다. 이야기에는 주요 인물과 보조 인물들이 등장한다. 그들 가운데 하나가 주인공이고 이야기는 주로 화자의 관점에서 진행된다. 내용 전개는 곤경에 처하고, 위험한 여행을 떠나야만 하거나 미스터리가 풀려야만 한다. 우리는 그 곤경을 극복하고 해결해야만 집으로 돌아갈 수 있으며, 해결점에 도달할 수 있다.

붓다의 이야기는 영웅전으로 들릴 수 있다. 극복해야 할 난관(인간의 고통)이 있고 해야 할 탐구가 있으며 찾아야 할 해결책이 있기 때문이다. 우리는 이런 식으로 사물을 생각하는 데 매우 익숙해서 이런 기본 구조를 의심조차 하지 않는다. 그렇지만 붓다는 자신이나 자신의 이야기에 관해서는 조금밖에 말하지 않았다. 그는 자신이 특정 인물로서 특별히 중요하다고 여기지 않았다. 그에게 중요했던 건 그의 진리와 통찰 또는 가르침이었다. 역사가나 전기 작가에게는 매우 실망스러운 일이겠지만, 그는 자신의 가르침을 담은 불교 경전에서 사생활에 관한 기록을 거의 남기지 않았다. 깨우침을 얻기 전의 그의 삶과 죽음에 관해서는 알려진 바가 매우 적다. 남겨진 기록 대부분이 전기나 역사서라기보다는 우리가 알고 있는 것처럼 신화나 전설 같은 내용이다. 붓다의 삶과 가르침 전반에 걸친 내용과 그가 깨우침을 얻은 후부터 타계하기 전까지의 기록은 상대적으로 극히 적다. 그는 존경받기를 바라지 않았다. 다만 자신이 발견한 것을 사람들도 발견할 수 있도록 도와주려고 했을 뿐이다. 고통이 없는 영역, 즉 행복의 영역이 바로 지금, 여기에 있다는 사실을 우리가 보기를 바랐다. 우리가 마음을 열기만 하면 열반의 영역이 나타나는 것이다.

우리는 우리 삶의 드라마에 갇혀 있다. 흔히 행복을 찾는다고 하면, 용이나 괴물을 쓰러뜨리고 황금이나 공주를 찾는 것처럼 본능적으로 어떤 일을 겪는 가운데 그 어려움을 견디고 탐색해야만 한다고 생각한다. 그래야만 우리가 찾는 해결책과 평화를 얻을 수 있다고 믿고 있다. 행복이 바로 지금 존재한다는 말을 들으면 그것을 찾기 위해 무엇인가를 해야만 하고, 인내해야 하며, 투쟁해야 한다는 생각이 뇌리에서 떠나지 않는다.

삶을 '이야기'로 보기 때문에 우리는 행복하지 않다는 관념에 사로잡힌다. 우리는 어떻게든 행복을 추구해야만 한다고 생각한다. 큰돈을 벌거나 명성을 쌓는 것처럼, 깨우침을 얻어야만 하는 필요성도 마찬가지다. 깨우침을 얻으려면 악전고투하고 곤경을 이겨내야만 한다. 우리의 의식 구조는 이런 생각으로 가득 차 있어서 이런 생각을 의심조차 하지 않는다.

"내게는 그것이 없어. 매우 어려운 일이야. 난 그것을 위해 투쟁해야만 해." 우리가 '붓다'라고 말할 때 입을 씻어야 하는 이유는 이런 생각들 때문이다. 우리는 붓다가 위험하고도 어려운 일을 견디며 영웅적인 수행을 했기 때문에 깨우침을 얻은 것이라고 생각한다. 하지만 그는 마음이 편안했을 때 그리고 인간의 본성과 싸우기보다는 **함께 하려고** 결심했을 때, 열반이라고 부르는 상태에 빠져들 수 있었다. 휴식을 취하며 다음을 열었을 때 평화와 행복을 발견한 것이다.

숨을 들이마시고 내쉬면서 '나뭇잎'이라는 개념 대신 있는 그대로의 나뭇잎을 보면서 현재의 순간에 행복할 수 있다는 사실에 우리는 대부분 실망한다. 항상 대단한 성취를 기대하기 때문이다. 나뭇잎을 바라보면서 어떤 특별한 성취를 이루지 못하면 거기서 특별함을 느끼지 못하고 자아를 충족시킬 수 없다. 오히려 사물을 있는 그대로 바라볼 때 우리는 자아 밖으로 나아갈 수 있다.

이야기 1: 내게는 행복해질 자격이 없다

달라이 라마가 서양에 막 진출했을 무렵 그는 미국의 명상 교사들을 만났다. 그는 서양의 많은 사람들이 자기 자신을 부정적으로 바라보는 시각을 가지고 있음을 알고 깜짝 놀랐다. 처음엔 통역에 문제가 있다고 생각했다. 그는 명상 교사들이 하는 말을 전혀 이해하지 못했다. 티베트어에는 **낮은 자존심**을 의미하는 용어조차 없다. 마침내 그 뜻을 이해하고 나서 달라이 라마는 큰 충격을 받았다.

서양에서는 많은 사람들이 낮은 자존심으로 고통을 받고 있다. 그 원인이 무엇일까? 에덴에서 죄를 지어 쫓겨났다는 사실을 지나치게 강조한 종교의 유산 때문인지, 부모의 교육이 문제인지 알 수 없다. 이런 사고방식은 의식적으로 거부하려고 해도 서양 문화 곳곳에 스며 있다. 한편 자존심이란 개념 자체도 문제다. 자존심이 높다는 말은 낮은 자존심도 있음을 의미한다. 자존심을 키우기 위해 노력해야만 한다면 자존심이란 우리에게 없을 수도 있고 또 자존심을 키웠더라도 다시 잃을 수도 있다는 뜻이기도 하다. 우리가 눈에 띄게 우리 자신과 우리 개개인의 행복에 집중하는 까닭은 결국 스스로에 대한 불만족을 궁극적으로 보상받고 싶기 때문인지도 모른다. 자신에 대해 만족스럽지 않기 때문에 우리의 가치를 어떻게든 확인하게 해주는 시련과 곤경을 겪어야만 행복해질 수 있다고 생각하는 것이다.

불교는 자존심이 낮은 사람은 물론 높은 사람에게도 도움이 된다. 이를 제대로 인식하려면 붓다의 통찰이 얼마나 급진적이었는지 이해할 필요가 있다. 붓다가 인생을 바라보는 전혀 다른 방법을 이해해야 이미 존재하고 있는 행복을 발견할 수 있다. 그의 통찰은 비교라는 개념 자체가 우리 존재에 대한 잘못된 시각에서 비롯한 것이므로 많은 문제들을 야기한다는 걸 보여준다.

이야기 2: 내가 행복할 수 없는 까닭은 다른 사람들이 고통받고 있기 때문이다

여러 마을로 순회하던 티베트 승려 몇 분이 주최한 번영 기도회에 참석한 적이 있다. 강연자인 승려가 티베트어로 말하면 다른 승려가 영어로 통역했다. 강연자는 열정적으로 때로는 길게 때로는 짧게 말했고 통역사는 강연자의 말을 요약해서 전달했다. 하지만 강연자가 아무리 길게 말해도 통역사의 요약은 언제나 이런 식이었다. "선생님께서는 '가장 중요한 것은 바른 의

도'라고 말씀하셨습니다." 바른 의도란 모든 존재에 대한 사심 없는 사랑이다.

티베트 불교는 처음부터 끝까지 무아와 자애를 강조한다. 이는 대승불교의 훌륭한 전통이다. 대승불교에서 자신만을 위해 깨우침을 구하는 것은 작은 목표에 불과하다. 다른 존재를 도우려는 의도로 수행해야 모든 것이 변한다.

자애와 자비는 불교의 핵심 수행 과제다. 하지만 나는 강연 중에 우리가 마음의 평화를 느껴서는 안 되는 까닭이 세상 사람들이 불의로 고통을 받고 있기 때문이라고 말하는 사람들을 종종 본다. 내 강의의 주제는 마음을 챙기며 사는 삶 또는 마음챙김 요법이지 사회 정의나 평화 자체가 아니다. 그러나 사람들은 이런 태도를 불편해하고 염려한다. 이는 그림 수업을 들으면서 조각에 대해서는 왜 말해주지 않느냐고 질문하는 것과 같다.

우리는 어쩐 일인지 내부의 평화와 오부의 평화가 서로 상극이라고 생각하는 경향이 있다. 그러나 내부의 평화는 곧 외부의 평화, 즉 다른 사람들을 위해 봉사할 수 있는 탄탄한 토대가 된다. 스스로 평화롭지 않다면 다른 사람들에게 진심으로 충실하기가 어렵고, 말과 행동도 서투를 것이다. 그러면 틀림없이 다른 사람들에게 도움이 되기보다는 피해를 줄 것이고, 그들을 설득하는 대신 적대시하게 되며, 열린 대화를 나누기보다는 서로의 입장만 고수하여 역효과를 낼 뿐이다. 내부와 외부의 평화는 불가분의 관계다.

물론 평화와 정의에 대한 우리의 관심은 중요하다. 그러나 이 때문에 자신의 행복을 거부한다면, 먼 나라의 아이들은 굶고 있으니 음식을 남기지 말고 먹으라는 식의 죄책감을 조장하는 일이 생겨난다. 때때로 자격이 없다는 생각이 행복을 거부하는 태도의 밑바탕이 되기도 한다. 우리는 자격이 없다고 느끼기 때문에 평화를 누릴 자격이 없고, 모든 사람이 행복해질 때까지 행복을 느껴서도 안 된다고 생각하는 것이다.

우리의 행복은 다른 사람들의 행복과 분리될 수 없다. 그렇기 때문에 다른 사람들을 도울 수 있는 일이라면 무엇이든 해야만 한다. 동시에 우리의 행복은 다른 사람들에게 줄 수 있는 첫째가는 가장 중요한 선물이다. 우리가 행복하지 않으면 매일 말과 행동으로 세상의 불행을 가중시킬 뿐이다.

● ● 영구성과 자아 버리기

붓다는 우리에게 생각을 버리고 사물들의 실제 모습들을 보라고 독려했다. 특히 세상을 바라보는 시각을 완전히 왜곡시키는 두 가지의 생각, 즉 영구성과 자아라는 생각을 버리라고 했다.

영구성을 버리기

붓다가 살던 때는 독일의 실존철학자 칼 야스퍼스가 『역사의 기원과 목표 *The Origin and Goal of History*』(1949)에서 '축의 시대'라고 부르던 시대였다. 그때는 변화와 혼란의 시대였으며 사람들이 새로운 답을 구하던 시대였다. 고대 이스라엘의 히브리 선지자들은 유대인이라는 사실만으로는 구원을 받지 못하며 내면이 바뀔 때만 구원을 받을 수 있다고 하느님의 이름으로 선포했다. 구원받는다는 것의 의미는 적어도 스스로를 돌볼 수 있으며, 다른 사람들을 돌볼 수 있는 사람이 되는 것이다.

중국에서 공자는 다리 아래 흐르는 물줄기를 보고 "이처럼 밤낮으로 흐르는구나!" 하고 소리쳤다. 고대 그리스에서는 철학자 헤라클레이토스가 "모든 것이 흘러간다!"고 같은 의견을 말했다. 두 사람 각각 자신의 방식으로 실재의 변화무쌍함과 비영구성을 말한 것이다. 두 사람은 동시대에 살았지만, 멀리 떨어진 곳에서 각각 같은 통찰에 도달했다.

축의 시대는 인도에서도 격심한 변혁기였다. 기마민족이던 아리아인이 갠지스 평원을 침략했다. 사람들은 고대 종교 베다에 대한 믿음을 상실했다. 베다교의 의식은 더 이상 도움을 주거나 보호해줄 힘이 없어 보였다. 그래서 이를 대신할 급진적인 종교가 새로이 생겨났다. 이 종교의 교리는 힌두교의 경전 『우파니샤드Upanishads』로 알려지게 되었는데, 여기서 우파니샤드는 산스크리트어로 '나란히 앉음'을 의미한다. 스승이 제자에게 직접 가르침을 전수했기 때문이다. 『우파니샤드』는 아트만atman(자아)이 곧 브라만Brahman('영감을 받은 자' 혹은 '두 번 태어난 자'란 뜻)이라고 가르쳤다. 즉 우리 내면의 '자아'가 곧 '신'이라는 뜻이다. 신학적인 용어로 말하면 내재하는 신은 초월적인 신을 의미한다.

공자, 헤라클레이토스와 마찬가지로 붓다도 만물의 비영구적 본질에 관해 말했다. 만물은 비영구적이며 존속하는 것이라고는 없다. 만물은 항상 변화한다. 매번 같은 것이라고는 없다. 이는 찬물이 끓는다거나 사람이 죽을 때처럼 눈에 보이는 변화뿐만 아니라, 매초 수백만 혈액세포가 죽는 동안에 또 다른 수백만 혈액세포가 태어나는 것처럼 눈에 보이지 않는 변화도 포함된다.

죽음이 눈앞에 다가서는 순간뿐만 아니라 매 순간 생명과 죽음이 동시에 발생하며, 느낌과 생각이 매 순간 바뀐다. 생겨나는 것이 무엇이든 그것은 동시에 소멸 과정의 시작이 된다. 인간이나 나무처럼 정지되어 변하지 않는 것처럼 보이는 것 또한 실제로는 스스로 변화한다. 영구성은 단지 하나의 생각일 뿐 실재와는 관련이 없다.

그러나 비영구성은 하나의 생각 그 이상이다. 그것은 **통찰**, 즉 실재의 본질을 꿰뚫어보는 통찰이다. 슬픔에서 우리를 해방할 수 있는 힘을 지닌 통찰이다. 모호하고 추상적이나마 만물이 비영구적이며 변한다는 사실을 우리 모두 알고 있다. 하지만 붓다는 이 통찰에서 삶을 변화시키고 변형시키는 무엇인가를 볼 수 있었다.

비영구성은 교리가 아니다. 그것에 대한 어느 누구의 말도 우리가 받아들일 필요가 없다. 우리 스스로 비영구성을 쉽게 이해할 수 있다. 비영구성은 비관적인 것이 아니다. 그것은 비관적이지도 낙관적이지도 않다. 그것은 그냥 비영구성일 뿐이다. 비영구성에는 부정적 측면과 긍정적 측면이 공존한다. 너무도 당연한 사실이지만, 영원할 수 없으므로 우리는 모두 죽는다. 또 한편으로 이는 우리가 몹시 싫어하는 정권이 언젠가는 종식됨을 뜻하기도 한다. 비영구성 때문에 무지가 지식으로 바뀔 수 있고 아이는 어른으로 성장할 수 있으며 오렌지 꽃이 맛난 과일로 변할 수 있다.

생명 자체가 비영구성으로 가능해진다. 우리가 영원하다면 우리는 온기가 있고 살아 있는 것이 아니라 차갑고 죽어 있는 조각상과 같을 것이다. 겨울이 지나도 다시는 나무에 싹이 트지 않을 것이며, 햇빛은 결코 지구에 이르지 못할 것이다. 모든 것이 정지되고 생명력을 잃을 것이다.

비영구성은 우리가 겪는 고통의 원인이 아니다. 비영구성으로 인해서 고통을 받는 것이 아니라 만물의 본질이 비영구적이라는 사실을 우리가 좋아하지 않기 때문에 고통을 받는 것이다. 우리는 분명한 사실을 받아들이려고 하지 않는다. 이러한 진실과 다투기 때문에 우리가 고통을 받는 것이다. 우리가 진실에 대항해 다툴 때마다 진실이 항상 우리를 이긴다.

행복하기 위해서는 있는 그대로의 만물에 저항하는 일을 멈추기만 하면 된다. 이 사실을 받아들이는 것이 힘들어 보이지만, 실제로는 받아들이지 않는 편이 훨씬 더 어렵다. 우리는 변화와 상실에 고통받는다. 그런 일이 일어날 줄 몰랐다거나 혹은 그런 일이 적어도 내게 일어날 줄 몰랐다고 말하며 충격을 받는다. 그러나 만물에 비영구성이라는 꼬리표가 달려 있다는 사실을 알게 되면 이런 다툼을 멈추고 만물을 있는 그대로 인식할 수 있게 된다. 그리고 만물이 존재하는 방식이 바로 비영구성의 방식이며, 이는 모든 것이 한꺼번에 펼쳐지는 경이로운 생성의 방식이라는 사실을 알게 될 것이다.

행복해지려면 고요하고 열린 마음으로 만물의 본질이 비영구성이라는 점을 받아들여야 한다. 만물은 항상 흘러가며 변화한다. 붙잡을 수 있는 것이라고는 아무것도 없다. 우주는 창조와 파괴의 위대한 소용돌이치는 춤이다. 그 춤에 동참하라.

자아 버리기

비영구성의 통찰을 거부할 때 자아에 대한 붓다의 통찰은 더욱더 충격이된다. 자아에 대한 붓다의 시각은 문제의 근원, 즉 불행의 근원을 다룬다는 점에서 파격적이다. 고대 기록에 따르면 붓다의 가르침을 받은 많은 사람들이 이 통찰로 그 자리에서 불행을 영원히 떨쳐버리고 깨우침을 얻었다. 이것이 역사적 사실일까 하는 문제를 떠나서 이를 통해 우리는 변화, 고통에서의 해방, 행복을 위한 그의 통찰에 높은 가치가 부여되고 있음을 알 수 있다.

붓다는 우리가 자신의 경험을 깊이 들여다볼 때 자아라고 부를 만한 것이 전혀 없다는 점을 알게 된다고 말했다. 우리 내부에는 우리를 조종하는 호문쿨루스*homunculus*(라틴어로 '작은 생명체'라는 뜻), 즉 난쟁이가 없다. 우리가 의식할 수 있는 것은 나의 몸과 몸의 감관, 그리고 마음과 마음의 사고 과정뿐이다. 이 가운데 자아는 어디에 있는가? 신경심리학자로『붓다 브레인*Buddha's*

Brain』의 공동저자인 릭 핸슨은 말했다.

> 요컨대, 신경학적인 측면에서 보면 통일된 자아를 지니고 있다는 일상의 느낌은 완전한 환상이다. 일관성 있고 실체가 있는 듯이 보이는 '나'는 실제로 고정된 중심이 없이 발달 과정 내내 많은 하위 조직과 그 아래 하위 조직으로 생성되며 경험의 주체가 있다는 근본적인 감각은 서로 다른 무수히 많은 주관성의 순간들로 만들어진다.

깊이 들여다보면 '나'는 전적으로 무아의 요소로 구성된 것을 알 수 있다. 이 문장을 읽고 있는 지금 이 순간에도 '나'는 물질과 에너지를 주변의 환경과 교환한다. 예를 들면 음식을 먹을 때, 조금 전만 하더라도 자아가 아니었던 것이 이제는 자아의 일부가 된다. 마찬가지로 숨을 들이마시면 자아가 아니었던 공기분자들이 자아가 되고, 숨을 내쉬면 자아였던 공기분자들은 더 이상 자아가 아니게 된다. 화장실에서 일을 보면 자아였던 물질이 더 이상 자아가 아니게 된다.

우리가 분리된 자아가 아니라면 과연 우리는 무엇일까? 우리는 햇빛이다. 우리는 흙이다. 우리는 물이다. 우리의 모든 것이 이런 것들에서 유래했다. 우리는 그 밖의 모든 것과 분리된 정적인 자아가 아니라 주변의 모든 것 그리고 우주 만물과 밀접한 관계가 있는 동적인 생명 과정이다. 수없이 많은 인연들이 모여 우리라는 존재가 발현되는 것이다. 이 중 하나라도 없다면 우리도 존재하지 않는다. 우리는 이런 인연과 분리되어 있지 않기 때문이다. 사실 우리는 그 무엇과도 분리되어 있지 않다.

우리는 붓다가 살던 시대의 힌두교의 믿음과 수행을 배경으로 무아를 이해할 수 있다. 힌두교의 가장 심오한 진실은 앞서 언급한 바와 같이 아트만이 곧 브라만이라는 것이다. 즉 우리 자신이 신이라는 뜻이다. 붓다는 수년간 자기 내면에 있는 아트만을 찾으려고 했지만 찾을 수 없었다. 지쳐서 찾기를 포기하고 느긋하게 휴식을 취했을 때 비로소 깨우침을 얻었다. 자아 같은 것은 없다! 그 순간 붓다는 슬픔을 뒤로 하고 열반의 행복에 들어섰다.

이 충격적인 생각이 진정 자유로워질 수 있는 열쇠다. 우리 자신이 세계와 분리된 자아가 아니라는 사실을 깨닫게 되면, 자신이 소중하다거나 소중하지 않다는 생각 또는 자존심이 높거나 낮다는 생각이 그 실체를 드러내는데, 이것은 우리 의식 속에서 일시적으로 일어나는 단순한 생각일 뿐이다. 그리고 이런 생각은 단지 우리 의식 속에서 춤추는 우주의 에너지일 뿐이며 나타났다 다시 사라진다. 이런 생각이 사실인지 아닌지 마음속으로 고민하게 되면 점점 더 그 생각에 사로잡힌다. 하지만 그런 고민은 무아의 개념과 마찬가지로 곧 사라진다. 단지 좀 더 생각하는 것뿐이다. 우리는 이런 개념의 타당성을 고민하기보다는 그 본질을 이해해야 한다. 이런 개념은 나타났다 사라지는 생각일 뿐이며, 왔다가 가버리는 정신적인 현상일 뿐이다.

무아를 이해하는 데 중요한 두 가지 요소가 있다. 바로 자아에 집착하는 고통과 이 통찰을 우리가 거부하는 것이다.

자아에 집착하는 고통

붓다는 우리가 자신을 분리된 자아, 즉 시공을 통해 변치 않고 살아가는 독립체로 믿기 때문에 고통을 받고 있다는 사실을 깨달았다. 자신을 세계와 분리되어 있다고 바라보기 때문에 우리는 광활한 우주 속에서 소외감과 외로움을 느낀다. 개별적인 존재이기 때문에 우리는 필요한 것을 얻기 위해 경쟁하고 애를 써야 한다. 이런 패러다임의 감옥에서 탈출하여 우리 자신을 해방시킬 수 있다면 얼마나 다행일까!

고속도로에서 차를 몰다 심한 교통 체증으로 인해 꼼짝달싹할 수 없게 되었을 때를 생각해보자. 고속도로에 있는 모든 사람은 자신이 바라는 것만을 추구하며 다른 사람들을 희생시켜 서로 전진하려고 싸우는 분리된 개개인이다. 직장에서는 어떤가. 주변에 있는 동료는 경쟁자들이거나 잠재적 경쟁자들일 뿐이다. 우리는 원하는 바를 얻기 위해서라면 친구와 가족마저도 조종하려고 시도한다. 실제로 무아는 우리를 우울하게 만드는 개념이 아니다. 우리를 우울하게 만드는 건 자기 자신의 이익만을 추구하려는 고립된 자아로서 다른 사람들과 싸우고 경쟁한다.

경험에 자아라는 개념을 덧붙이게 되면 우리의 정체성 때문에 다시 고통을 받게 된다. 누군가 우리를 비난하고 화를 내며 상처를 준다면 분노 혹은 슬픔이 생길 것이다. 이것 자체는 자연스러운 것이며, 문제가 되지 않는다. 그렇지만 우리가 '나는 고통받고 있어! 난 슬퍼! 난 화가 나! 이건 정말 최악이야!' 하고 말할 때, 그것이 문제가 된다. 물론 우리는 불쾌한 느낌보다 유쾌한 느낌을 선호하지만, 이 느낌이 '나의 것'이야, 또는 이 느낌이 바로 '나'야 하고 불쾌한 느낌을 확인하게 되면 그것은 정말이지 끔찍한 것이 된다.

심지어 자아는 우리 자신, 우리의 유기체와 생각, 그리고 감각의 한계를 넘어선다. 우리의 구별은 우리 주변의 모든 것으로 확장된다. 나의 집, 나의 옷, 나의 일, 나의 차, 나의 음식, 나의 배우자 또는 나의 파트너, 나의 아이, 나의 부모, 나의 친구에까지 이른다. 자아의 정체성을 확대함으로써 우리가 불행할 가능성이 기하급수적으로 늘어난다. 나의 것으로 여기던 것들이 없어지거나, 문제가 생길 때마다 우리는 고통을 받는다. 상당히 과민한 더듬이들이 우리 몸 전체에서 튀어나온 것처럼 작은 일에도 엄청난 고통이 수반된다.

　이런 확대된 자아의 정체성으로 인해서 우리는 어떤 것들을 움켜쥐려고 한다. 우리는 자아의 느낌을 모든 사물, 사람에게 확대하기를 바란다. 더 많은 것들을 얻기 위해 자신을 혹사하고, 무엇인가를 잃으면 고통스러워한다. 그러나 이 모든 것은 결국에는 사라질 것들이다. 붓다는 우리에게 묻는다.

　불안, 고갈, 슬픔, 절망을 야기하지 않는 것을 네가 계속 보유할 수 있는가?

　일부를 자아로 간주한다면 나머지들은 자아가 아닌 것을 의미하므로 자아의 패러다임은 폭력을 영구화한다. 우리는 자아가 아니라고 보는 것, 동질감을 느끼지 못하는 것에 대해 우리와 분리된 이질적인 대상으로 받아들이고 의심한다. '나의 것'이 아니기 때문에 이것들은 위협적인 존재이며, 따라서 우리는 이것들을 양심에 거리낌 없이 가혹하게 다룰 수 있다. 전쟁이 한 예가 된다. '다른 사람'으로 보기 때문에 우리는 상대방을 경멸하고 상대방과 상대방의 아이를 다치게 하며 불구로 만들고 죽이기까지 하지만, 소위 전쟁에서 발생하는 부차적인 피해로 간주하고 양심에 가책을 받지 않는다. 물론 상대방도 같은 식으로 우리를 보기 때문에 양심에 거리낌 없이 같은 일을 우리에게 저지른다.

　이렇듯 우리는 우리를 제외한 모든 대상에 죄의식 없이 상처를 주며, 그 대상은 끊임없이 변한다. 친구가 우리를 화나게 했다면 그는 더 이상 우리의 친구가 아니다. 그렇게 되면 우리는 그를 무시하고 등한시하며 상처를 주기도 한다. 여동생이 우리가 듣기 싫어하는 말을 하면 우리는 그녀가 더 이상 동생이 아니라고 말한다. 그러고는 동생과 더 이상 대화하려고 하지 않는다.

우리는 다른 사람들의 불행에서 우리 자신을 보호하는 방법뿐 아니라 다른 사람들의 행운에서도 우리 자신을 보호하는 방법까지 찾아야 한다. 직업적인 성공이나 사랑 또는 그 밖의 무엇이든 친구에게 좋은 일이 생겼을 때 그 일이 우리 자신도 바라던 일이었다면 질투심이 생긴다. 이런 감정을 의식하게 되면 우리는 고통을 받는다. 그래서 이 불쾌한 감정에서 우리 자신을 보호하기 위해 우리는 심리적 방어 기제를 사용한다. 가장 원초적인 형태의 심리적 방어 기제는 부인하는 것이다. 우리는 우리 자신이 부러워하고 있다는 단순한 사실조차도 의식하려고 하지 않는다. 또는 어떤 식으로든 친구의 성과를 가능한 한 평가절하하거나, 친구에게 찾아온 좋은 일이 실제로는 그리 바람직하지 않다고 생각한다. 그럴 자격도 없는데 친구가 운이 좋았을 뿐이라고 생각하기도 한다. 이런 행동은 우리가 다른 사람들에게 일어나는 좋은 일에 진심으로 기뻐할 줄 모르기 때문이다.

자아라는 관념에서 자유로워질 때 비로소 우리는 집착에서 자유로워질 수 있다. 그리고 집착과 다툼을 멈출 때 우리의 고통도 사라진다. 우리는 다른 사람들에게 생기는 좋은 일을 자신의 일처럼 기뻐할 수 있고, 마찬가지로 다른 사람들이 어려운 일을 겪을 때 침착하게 그들과 함께 하는 방법도 배울 수 있다. 버리면 행복이 달아날 거라는 두려움에 차 있지만, 사실은 그 반대다. 더 많이 버릴수록 더 행복해진다. 자아의 구별을 종식시키는 것이 우리의 고통을 끝내는 일이다.

왜 우리는 무아에 저항하는가

자아로 존재하는 느낌이 우리 마음속 깊이 뿌리 박혀 있다. 이것은 매우 그럴듯하고 집요한 환상이어서 떨쳐버리기가 어렵다. 우리는 일찍부터 우리 자신을 분리된 존재로 생각하는 습관을 갖게 되었다. 그렇더라도 환상은 환상일 뿐이다.

앨버트 아인슈타인을 비롯하여 이론물리학자들은 시간을 환영이라고 말한다. 이렇게 말한 이가 아인슈타인이기 때문에 우리는 당연히 사실이라고 생각하고 겉으로는 그렇게 받아들이는 척한다. 하지만 생각해보자. 시간이 환영이라면 우리는 무엇이며, 자아란 또 무엇일까? 흐르는 시간 속에 존재한다는 느낌 때문에 지속적인 자아가 우리에게 있다고 생각한다면, 시간 자체가 실재가 아니라면 우리라는 존재는 무엇이란 말인가?

무아라는 통찰을 진지하게 받아들이면 조금 두려워질 수도 있다. 그런 두려움 때문에 우리는 자아라는 의식에 매달려 붓다의 통찰을 거부할지도 모른다. 그러나 붓다는 우리가 존재하지 않는 것이 아니라 우리가 일반적으로 생각하는 방식으로 존재하지 않을 뿐이라고 말한다. 무아를 이해해서 손해볼 건 없다. 실재하지 않는 것은 잃을 수도 없으니 말이다.

무아란 개념이 아니라 반反개념으로, 우리를 고통스럽게 만드는 구별과 집착에서 해방시켜 주는 붓다의 처방 중 하나다. 이를 통해서 우리는 마음을 열고 새로운 경험으로 다가갈 수 있으며, 폐쇄적이고 강박적이며 방어적인 경험들을 덜어낼 수 있다. 붓다는 무아를 절대 진리로 제시한 적이 없다. 다만 하나의 '능숙한 방법'으로 제시했다. 이것이 새로운 시각으로 바라볼 수 있도록 우리를 자유롭게 해준다. 개념에 집착하면 위험하다. 또한 붓다는 무아에 대한 집착이 자아에 대한 집착보다 훨씬 더 나쁘다고 경고했다.

자아를 버리는 두려움이 우리 내면에 깊숙이 자리 잡고 있다. 이 두려움에 맞서 자아를 버리는 일은 언제나 쉽지 않다. 지금 주먹 속에 쥐고 있는 무엇인가를 놓치면 모든 것을 잃을 거라는 두려움 때문에 그것을 더욱 꽉 움켜쥐는 것처럼 말이다.

인내심을 갖고 조심스럽게 손을 펴는 방법을 배워야 한다. 우리 자신을 혹독하게 다그칠 필요는 없다. 그저 손을 펴기만 하면 받을 수 있다.

● ● 오온五蘊

붓다는 자신의 내면을 들여다보았지만 자아를 발견할 수 없었다. 대신 그가 발견한 건 그가 오온skandhas이라고 부르는 것이었다. 오온이란 상호의존적인 요소들이 가득 쌓여, 점증적으로 자아처럼 보이는 무엇인가를 만들어내는 것으로 다음과 같다.

- 색온色蘊 form
- 수온受蘊 feeling
- 상온想蘊 perception
- 행온行蘊 mental formation
- 식온識蘊 consciousness

오온의 각 요소는 끊임없이 흐르며 변화하는 냇물과도 같다. 오온의 가르침은 실재를 엄밀하고 정확하게 서로 중복되지 않는 조각들로 분석하는 방법이 아니라 수행의 한 방법이다. 오온의 각 요소를 명상의 주제로 삼아 그것이 정확히 무엇인지 알아보고 그중 어떤 것도 견고하고 지속적인 자아를 형성하지 않는다는 사실을 깨닫자.

색온色蘊

색온에 모든 생리적, 육체적 현상이 포함된다. 수행의 측면에서 가장 중요한 점은 색온이 몸을 의미한다는 것이다. 마음챙김으로 몸을 돌보는 것이 마음챙김의 기초가 된다. 이 글을 읽는 순간 우리의 몸에 무슨 일이 일어나는가? 긴장이 되는가? 그 긴장은 정확히 어떤 것인가? 답할 필요는 없지만, 이런 질문을 통해서 우리 자신을 깊이 들여다보게 된다. 우리 자신의 몸을 깊이 들여다보는 것이 색온에 대한 마음챙김을 수행하는 것이다.

수온受蘊

수온은 느낌에 관한 것으로 유쾌, 불쾌 또는 그 어느 쪽도 아닌 중립적 감각을 의식하는 것이다. 발가락을 어딘가에 부딪쳤다면 우리 모두 불쾌한 감각을 느낀다. 그러나 호흡처럼 미묘한 감각을 늘 의식하지는 않을 것이다. 호흡을 의식하고자 하면 처음에는 아무 감정도 느껴지지 않는다. 그래서 지루하거나 불쾌한 느낌이 들 수도 있다. 하지만 우리가 마음을 챙겨 호흡에 집중하면 숨을 들이마실 때 무더운 날 시원한 물 한 잔을 마시는 것 같은 유쾌한 느낌을 경험할 수 있다. 또 숨을 내쉴 때는 우리의 몸과 마음이 정화되고 진정되는 듯한 기분 좋은 경험을 할 수 있다. 이런 식으로 숨쉬기에 집중하면 무감정했던 경험이 유쾌한 경험으로 바뀔 것이다.

우리의 감정을 유쾌, 불쾌 또는 무감정으로 판단하는 것을 불교 심리학에서는 자아의식manas이라고 한다. '나' 또는 자아, 즉 자아라는 감각이 생기기 시작하는 곳이 바로 자아의식이다. 자아의식을 통해서 유쾌하거나 불쾌한 감각을 경험할 때 우리는 단순히 감각을 의식하는 것이 아니라 자아를 개입시킨다. '여기에 불쾌한 감정이 있다'라고 하거나 '여기에 유쾌한 감정이 있다'

라고 하는 대신, '난 유쾌한 기분이야, 이게 내가 원하는 거야'라고 하거나 '난 불쾌한 기분이야, 이 기분이 빨리 사라졌으면 좋겠어'라는 식으로 생각하는 것이다. 그러나 사실 모든 감정은 그 감정에 대한 판단에 따라 생겨난 것일 뿐이다.

감정은 순간순간 일어나고 사라지기를 반복한다. 그리고 그 감정을 판단하는 과정이 뒤따른다. 어떤 감정이 불쾌하다는 느낌이 있다면 우리는 자동적으로 그렇게 판단하는 누군가가 반드시 있다고 추측한다. 그래서 실체가 있는 대상, 즉 '나', 자아, 자신이라는 환상을 만들어낸다. 이는 정지된 사진을 빠르게 돌리면 움직이는 것처럼 보이는 영화처럼 느껴진다. 감정과 그 감정에 대한 판단이 빠르게 흘러가며 자아라는 환상을 만드는 것이다. 그러나 실제로는 감정에 대한 판단에 따라 감정이 연달아 일어나는 것에 불과하다.

상온想蘊

모든 **상온**에는 무엇인가를 인식하는 지각이 포함된다. 우리는 구름을 보면 그것이 구름이라는 것을 알고 나무를 보면 그것이 나무라는 것을 안다. 그렇지만 이 과정은 여러 가지 측면에서 잘못되었다. 먼저 실제 나무는 우리가 이미 살펴본 것처럼 나무에 대한 생각과는 다르다. 불교 경전에 나오는 내용을 예로 들면 해질녘 땅 위에 있는 밧줄을 보고 그것이 뱀이라고 생각하여 두려움을 느끼는 경우가 있다. 이 두려움은 불완전한 지각에서 비롯된 것이다.

심리학 입문서를 공부하는 학생이라면 알겠지만, 우리의 지각은 놀라울 정도로 오류투성이다. 원처럼 보이지만, 실제로는 곡선의 양 끝이 서로 완벽하게 만나지 않는다. 또 우리는 연속해서 보이는 일련의 빛을 움직임이라고 생각한다. 다른 사람들과의 관계에서 이 왜곡된 지각은 특히 중요하다. 우리와 가까운 사람이 우리의 아주 기본적인 부분을 오해해서 깜짝 놀랐던 경험이 있는가? 이런 일이 빈번히 일어나지만, 우리는 종종 이를 의식조차 하지 못한다. 또한 상대방으로 하여금 우리를 바라보는 시각을 늘 바꾸게 할 수도 없다. 스스로 인식의 본질을 들여다보면 자신의 인식이 부정확하다는 걸 알 수 있다. 반복하여 자기 자신에게 "내가 확실히 알고 있는 걸까?" 하고 자문해 봄으로써 우리는 점차 더 깊고 정확한 시각에 이를 수 있다.

행온行蘊

모든 **행온**은 다양한 심리 상태들을 다룬다. 우리는 사랑, 평화, 행복, 기쁨 뿐만 아니라 질투, 시기, 분노, 증오, 슬픔과 같은 심적 형성도 가지고 있다. 이 중 어떤 건 유익한 것이어서 우리를 일깨우고 자유롭도록 도와준다. 또 어떤 건 유해한 것으로 우리를 구속하고 고통의 길로 이끈다. 행온이 유익한지 유해한지는 단순히 우리가 유쾌하게 느끼느냐 불쾌하게 느끼느냐 하는 문제가 아니다. 예를 들어 우리가 죄책감을 느낀다고 가정해보자. 그 죄책감이 신경 증적 자기 회의가 아니라 실재에 바탕을 둔 것이라면 우리에게 유익한 감정일 것이다. 그러므로 우리가 저지른 잘못에 죄책감을 느낀다면 그 감정은 우리의 행동을 변화시키기 때문에 유익하고 타당하다. 그 감정에 시달릴 필요가 없다. 그래봤자 전혀 도움이 되지 않는다. 대신 교훈을 얻고 변하면 된다.

식온識蘊

다섯 번째 오온인 식온은 수온, 상온, 행온을 담는 그릇이다. 식온은 유지, 인식, 비교, 저장, 기억하는 기능이 있다. 우리는 식온을 그 자체로 알기보다는 주로 그 내용을 통해서 알게 된다.

명색名色: 더욱 단순한 접근

오온이 복잡해서 이해하기 어려울 때, 붓다는 더욱 단순한 명색*Nāmarūpa*이란 용어로 압축해서 설명했다. 나마*nāma*는 '마음'을, 루파*rūpa*는 '몸'을 의미하므로 합쳐서 마음과 몸이다. 오온이나 명색 모두 수행에 관한 설명으로 명상의 주제가 된다. 우리 자신을 색온, 수온, 상온, 행온, 식온으로 살펴보거나 아니면 단순히 명색으로 살펴보면 된다. 명색으로 살펴본다는 건 지금 이 순간 우리의 마음이 무엇인지, 몸이 무엇인지, 이런 경험의 흐름 속에 안정되고 실체가 있는 나라는 무엇이 있는지 묻는 것이다. 이는 마음챙김의 중요한 수행이다.

붓다는 우리의 실체를 보는 유일하고 바른 개념적 도식으로 오온이나 명색을 가르친 것이 아니다. 다른 방법을 찾아도 무방하다. 하지만 요점은 우리의 실체에 대한 경험을 이런 식으로 분류해서 살펴볼 때, 이런 요소들 사이에 자아가 없음을 좀 더 쉽게 알 수 있다는 사실이다. 오온을 살펴봄으로써 우리는 자아라는 개념에서 벗어나 환상을 깨뜨릴 수 있다. 각각의 요소는 정적이고 변하지 않는 자아가 아니라 유동적이며 역동적인 과정이다.

● ● 무아에 대한 이해를 고양시키기

우리가 분리되어 있으며 변치 않는 독립체라는 믿음, 즉 자아가 있다는 믿음은 모든 불행의 근원이다. 이런 환상을 없애면 행복과 웰빙의 바탕을 마련할 수 있다. 이는 매우 중요한 사실이지만, 자아가 있다는 환상이 너무 집요하므로 이것에 대해 좀 더 깊이 살펴볼 필요가 있다.

무아의 핵심은 우리가 분명 존재하지만, 우리가 일반적으로 생각하는 방식으로 존재하지는 않는다는 점이다. "나는 존재한다" 하고 말하면, 이 짧은 '나'라는 단어에서 문제가 생긴다. 명사로서 '나'는 뭔가 단단하고 고정된 어떤 것을 가리키는 것처럼 보인다. 그러나 면밀히 살펴보면 '나'라는 단어가 전혀 우리의 실체가 아님을 알 수 있다. 우리는 살아 있고 변화하며 진화하는 과정이다. 우리가 무가 아니라는 뜻이 아니라, 하나의 사물이 아니란 뜻이다.

존재한다는 건 개별적이고 외부로부터 분리된 어떤 것의 근거로부터 두드러진다는 의미다. 그렇지만 그것이 우리의 진정한 모습일까?

붓다의 관점에서 보면 분리된 것이란 아무것도 없다. 모든 것이 그 밖의 모든 것에 상호 의존하기 때문에 틱낫한 선사는 그 자체로 존재하는 것이란 아무것도 없고 모든 것이 그 밖의 모든 것과 '상호 연관되어 존재inter-is'(1988)한다고 했다. 우리는 자신이 '존재한다'고 생각하지만, '상호 연관되어 존재'한다고 말하는 것이 더 정확한 표현이다. 우리는 자신을 앞마당의 나무와 분리된 어떤 것으로 보지만, 이는 그렇지 않다. 나무는 우리가 들이마시는 산소를 만들고 우리는 나무에 필요한 이산화탄소를 만든다. 또 우리는 구름과 분리되어 있다고 생각할지 모르지만 구름은 물이고 우리의 몸 대부분이 물로 구성되어 있다. 우리 몸에서 물을 없애면 남는 것이라고는 몇 파운드의 무기물뿐으로 더는 살아 있는 존재라고 말할 수 없다. 태양이 없다면 어떻게 될까? 태양 없이 우리가 존재할 수 있을까? 당연히 불가능하다. 우리와 태양은 상호 연관되어 존재한다. 우리가 보는 모든 것이 그러하다. 이런 방식으로 우주에 어떤 것이 존재한다는 건 그 밖의 모든 것이 존재함을 암시한다. 이런 관계들 중에는 물과 태양처럼 명백하고 잘 알려진 관계도 있고, 미묘하고 신비로운 관계도 있다. 궁극적으로 만물은 상호 연관되어 있으며 분리될 수 없다.

작은 조각 하나가 그 밖의 모든 조각이 있음을 암시하고 작은 조각 하나를 없애면 그 밖의 모든 것이 사라진다.

때때로 사람들은 무상의 개념을 받아들이지만 무아의 개념은 배척한다. 우리가 하나의 자아라는 사실은 매우 명백해 보인다. 그러나 다른 각도에서 보면 무상과 무아는 정녕 같은 것이다. 무상과 무아는 상호 연관되어 존재한다. 우리가 비영구적이기 때문에 우리는 불변하는 자아가 아니며, 그 밖의 모든 것과 상호 연결되어 있고 서로 의존하며 흘러가는 생명의 과정이다. 땅 없이 나무가 존재할 수 없는 것처럼 그 밖의 모든 것이 없다면 우리는 실제로 존재할 수 없다. 일반적이지는 않지만 이런 시각은 매우 흥미롭다. 무아의 눈으로 바라볼 때 우리가 보는 모든 것은 전체의 발현이 된다. 평범한 조약돌 하나는 경이롭고 고유하고 실재하며 두 번 다시없는 '고유한 조약돌'이지만 그것은 분리된 것이 아니라 전 우주의 발현이다.

진정한 우리의 모습

그렇다면 우리는 무엇일까?

우리는 시간의 시냇물 속에 있는 에너지 흐름의 한 유형이다. 물의 흐름을 생각해보자. 어떤 곳에서는 나무의 뿌리가 냇가로 뻗어 나와 소용돌이를 만든다. 물에 소용돌이 형태의 에너지 유형을 만드는 것이다. 에너지 유형에 말려든 특정 물 분자들은 끊임없이 변화한다. 그럼에도 불구하고 여기에는 또한 연속성이 있다. 물은 계속해서 거의 같은 방식으로 소용돌이치며, 이 소용돌이는 이러한 현상을 만드는 원인과 조건이 변할 때까지 지속될 것이다.

우리는 단지 이런 유형의 흐름일 뿐이다. 사람들은 매일 정해진 유형과 지속성을 충분히 인식하기 때문에 우리가 누구인지, 우리가 어떻게 말하고 행동할지 안다고 생각한다. 그러나 우리 또한 항상 변화하고 있다. 소용돌이가 냇가와 실제로는 분리되지 않은 것처럼 우리는 존재의 바탕으로부터 분리되어 있지 않다.

평범한 탁자를 보자. 탁자란 무엇인가? 탁자에서 다리 하나를 제거한다면 그것을 탁자라고 할 수 있을까? 다리 두 개를 제거한다면 어떨까? 여러 장의 나무 널빤지를 길게 이어 붙여 탁자의 윗부분을 만들었다고 가정해보자. 그 중 널빤지 한 장을 제거한다면 여전히 탁자라고 말할 수 있을까? 널빤지를 몇 개나 제거해야 더 이상 탁자가 아닐 수 있을까? 우리는 탁자를 일종의 자아, 즉 본래부터 존재했던 것으로 생각하지만, 좀 더 자세히 살펴보면, 탁자를 찾아보기란 매우 어렵다. 탁자에서 나무라는 요소를 제거하면 탁자는 더 이상 존재할 수 없고, 탁자에서 햇빛의 요소를 제거하면 나무도 없고 나아가서 탁자도 사라진다. 탁자를 만든 목수의 증조모를 제거해도 마찬가지다.

물리학자의 눈으로 보면 탁자는 형체가 있는 별개의 독립체라는 개념에서 점점 더 멀어진다. 물리학자는 탁자가 형체가 없으며 빠르게 움직이는 분자들로 이뤄졌다는 사실을 알고 있다. 분자 자체는 원자로 이루어져 있으며, 또 원자는 아원자 입자로 구성되어 있다. 탁자는 형체가 있는 물질이라기보다는 공간에 가깝다. 그리고 형체가 있는 가장 작은 조각조차도 형체가 있다고 말하기 어렵다. 그 조각을 구성하는 아원자 입자마저 매 순간 지속적으로 존재하는 것이 아니라 실제로는 나타났다 사라지기 때문이다. 현 차원에서 사라진 입자가 다른 차원에서 존재할 수 있다는 이론을 제시하는 물리학자들도 있다. 탁자는 우리가 보통 생각하는 것보다 더 신비롭고 흥미롭다.

바다의 파도를 생각해보자. 파도 또한 하나의 에너지 유형이다. 그것은 생성되고 일시적으로 존재하다가 더 이상 존재하지 않는다. 그러나 파도는 바다와 분리되어 있지 않다. 우리가 그것을 파도로 떠올릴 때 그것은 분리된 어떤 것으로 나타난다. 그러나 사실 파도는 물과 동일하며 일시적으로 물결치는 형태로 나타났다 사라지는 것뿐이다.

파도가 "다른 파도들보다 더 크니까 내가 그것들보다 나아!" 하고 말하거나 "내가 나아 왜냐면 다른 파도들보다 더 매력적이니까" 하고 주장한다면 말이 되는 소리일까? 혹은 "나는 다른 파도들만 못해" 하고 말한다면? 파도들이 모여서 어떤 파도가 자기들보다 못하다고 판정하고 그 파도와의 관계를 끊겠다고 말한다면 어떨까? 또는 한 파도가 다른 파도를 돕기로 마음먹었다면 이것이 뭔가 숭고하고 중요한 일일까? 모든 파도는 그 존재의 바탕, 즉 물에서 생성되고 물로 돌아가기 때문에 어떤 비교라도 말이 되지 않는다. 그리고 다른 파도를 돕는 파도 역시 결국 둘 다 물이라는 사실을 안다면 자기가 특별한 일을 한다고 생각하지는 않을 것이다.

붓다는 우리가 불과 같다고 말했다. 불도 분리된 하나의 자아처럼 보인다. 그러나 자세히 들여다보면 불이 항상 변한다는 사실을 알 수 있다. 불은 이리저리 일렁이며 불꽃 하나가 잠시 솟아났다가 사라진다. 불의 바탕이 되는 기존 연료는 소진되고 새로운 연료가 소모되는 에너지로서 매 순간 변화한다. 여기서 매 순간 모든 불이 같은 불일까? 같은 불이라고 말할 수 없다. 그렇다고 다른 불이라고도 단정 지을 수 없다. 불은 실제로 하나의 과정이다.

한 예를 더 들어보자. 우리가 양키스나 다저스의 팬이라고 말해보자. 양키스는 무엇이고 다저스는 무엇인가? 우리가 수년간 한 팀을 응원하는 동안 그 팀의 모든 것이 변화했다. 구단주와 감독, 선수들이 바뀌었고, 야구장과 유니폼도 바뀌었다. 심지어 지명타자 규칙도 새로 생긴다. 이처럼 야구 규칙마저 영원한 진리는 아니어서 수시로 바뀐다. 그러므로 양키스나 다저스를 응원하고, 자신이 응원하는 팀이 이겨서 신나거나 져서 풀이 죽어 있을 때, 우리가 실제로 응원한 것이 무엇일까?

그럼에도 불구하고 여기에도 지속성은 있다. 구단들에게는 모든 직원이 바뀐다고 하더라도 생각과 운영 면에서 일정한 유형을 유지하려는 경향이 있다. 양키스는 자부심과 뛰어난 성적이라는 기풍을 그리고 다저스는 위기를 잘 헤쳐 나가는 팀이라는 기풍을 유지하고 있다. 모든 것이 흘러가고 변화하지만 한편으로 지속성과 유형도 발견된다. 지속성이나 변화를 부정할 필요는 없지만, 우리는 보통 변화를 과소평가하고 지속성에 초점을 맞춘다. '팀'이라고 불리는 단어 때문에 우리는 고정되고 안정된 것을 떠올린다. 그러나 자세히 살펴보면 우리의 생각과는 다르다. 변화와 지속성의 세계는 우리가 일반적으로 살고 있는 곳보다 훨씬 더 흥미롭고 경이롭다. 평범한 사물들과 살아 있는 존재를 흘러가고 변화하며 이타적이고 서로 연결된 상태로 보는 것은 칠각지七覺支(불도 수행에서 참과 거짓, 선악을 살피어서 올바로 취사선택하는 일곱 가지 지혜) 중 하나로 붓다는 이를 '택법擇法(지혜로써 참과 거짓을 가림)'이라고 일컬었다.

근대 철학의 아버지로 불리는 르네 데카르트는 무아의 본질을 살펴보려고 했지만, 결국에는 자신이 발견한 공허의 직전에서 물러나야 했다.

데카르트는 왁스에 대해 곰곰이 생각해보았다. 그것은 말랑말랑하여 모양이 변하고 또 변하지만, 이 모든 변화에도 불구하고 우리는 그것을 같은 왁스로 생각한다. 그는 왁스가 변하고 또 변하지만 우리가 그것을 같은 왁스로 생각한다는 걸 알았다. 우리는 이 모든 변형을 통해서도 그것을 동일한 왁스로 생각하는 경향이 있다. 불교 신자는 우리가 왁스와 같은 자아상을 지녔다고 말할지 모른다. 데카르트는 두려웠겠지만 그 자신이 실제로 존재하는지에 대해서 더욱 곰곰이 생각했다. 그는 마침내 그의 유명한 공식인 코기토 에르고 숨_cogito ergo sum_, 즉 "나는 생각한다. 고로 존재한다"는 결론에 도달했다. 이 결론으로 그는 크게 안도했을 것이다.

그러나 정말 문제가 해결된 것일까? 우리는 생각하는 것이 존재하는 것이라고 자각할지 모르지만, 그것이 반드시 생각하는 사람이 있음을 암시하는가? '내가' 성립될 수 있는 것은 아니다. 우리가 실제로 아는 모든 것은 생각하는 것으로 불리는 과정뿐이다.

실제로 우리는 "나는 생각한다. 고로 나는 존재하지 않는다"고 말할 수도 있다. 우리는 생각에 미혹되어 진정으로 존재하지도 진정으로 살아 있지도 않다. 생각과 개념에 미혹되어 우리는 세계를 유령 같은 추상적인 것으로 본다. 날뛰는 생각을 가라앉혀야만, 우리는 살아 있고 호흡을 의식하며 나무를 보고 커피 맛을 느낄 수 있다.

때때로 인간은 스스로를 보고 '나'를 관찰하는 존재로 생각한다. 그러나 관찰을 멈추면 이 관찰하는 나에게 어떤 일이 생길까? 관찰하는 나 또한 왔다가 가는 영화 필름처럼 깜박이는 아원자 입자의 존재처럼 나타났다 사라진다. 다시 말하면 관찰하는 나 역시 실체가 있는 것이 아니라 하나의 과정일 뿐이다. 이는 단순히 또 하나의 행온이고 모든 행온과 마찬가지로 우리 의식 속에서 일어나 잠시 지속되다 사라진다.

● ● 자아의 세 가지 덫

불교의 가르침에는 자아의 관념에 갇히는 세 가지 덫이 있다. 첫째는 '나'

라는 덫이다. 예를 들어 우리 스스로 "나는 이 몸이야" 하고 말할 것이다. 이는 '여기 몸이 하나 있다'라고 하는 단순한 관찰과는 사물을 바라보는 방식이 사뭇 다르다. 이와 같은 방식으로 스스로를 규정할 때 우리는 엄청난 고통을 겪는다. 몸이 아프거나 나이가 들면 우리는 '나는 아프다', '내가 늙는구나'라고 느낀다.

두 번째 덫은 **자아의 대상**의 덫이다. 가령 "이 몸은 나의 것이야"라고 말할 때, 이러한 사고는 자신과 몸을 동일시하기보다는 우리가 몸을 소유할 수 있는 대상으로 생각하는 걸 의미한다. 그러나 무엇인가를 소유하면 무소유와 상실이라는 개념이 시작된다. 소유할 수 있다면 잃을 수도 있다. 나의 일, 나의 가족, 나의 배우자, 나의 아이, 나의 집 혹은 나의 차라고 말할 때도 마찬가지다. 그러나 우리가 소유했다고 생각하는 모든 것은 사실 지속성이 있는 것처럼 보이는, 흘러가는 변화의 과정일 뿐이다. 과정이 어떻게 '나의 것'이 될 수 있는가? 그리고 이 **과정**을 소유한 '나'는 누구인가? 이런 식으로 보는 것은 어떤 변화의 과정이 또 다른 변화의 과정에 대해 소유권을 주장하는 꼴이 된다. 정말 웃기는 이야기다.

자아의 세 번째 덫은 **상호 포함**의 개념이다. 이런 경우 우리는 "나는 이 몸 속에 있다"라거나 "이 몸이 내 속에 있다"고 말한다. 좀 더 미묘하지만, 이것 역시 하나의 식별의 형태다. 우리가 무엇을 식별할 때 슬픔이 생긴다. 식별하지 않을 때 자유와 기쁨이 생긴다.

자아를 버리고 자신을 포함한 주변의 모든 것을 우주에서 소용돌이치며 살아 있는 에너지의 일부로 볼 때, 우리를 괴롭히는 모든 것이 사라진다. 거기에는 기쁨이 있을 수 있다. 거기에는 평화가 있을 수 있다. 그리고 거기에는 행복이 있을 수 있다.

● ● 허무주의에서 벗어나기

무아가 허무주의적이라는 통찰, 붓다가 그 어느 것도 실재하는 것이 아니며 그 어느 것도 정녕 문제가 되지 않는다고 말한 데 대해서 우리는 쉽게 감명을 받을 수 있다. 이와 같이 생각하면 절망에 빠지게 되고, 어차피 내일 죽을 테니 먹고, 마시고, 즐기자고 말할 수도 있다. 모든 것이 무의미해진다. 이는 위험한 오해가 될 것이다. 그렇게 생각하는 것은 뱀에게 물리는 일이다. 명백히 붓다의 평화와 행복은 허무주의에 바탕을 두고 있지 않다.

실제로 『대보적경大寶積經』에서 붓다는 허무주의를 배척했다. 붓다는 다음과 같이 말했다.

> 공이라는 개념에 사로잡히는 것보다 [무아의 관점] 만물이 존재한다는 개념에 사로잡히는 [자아의 관점] 편이 낫다. 만물이 존재한다는 개념에 사로잡힌 사람은 아직도 풀어줄 수 있지만, 공의 개념에 사로잡힌 사람을 풀어주기란 쉽지 않다. (틱낫한 1993. 33: 괄호의 본문은 추가된 것임)

붓다가 잘못된 교리를 더 나은 것으로 대체하려고 시도하지 않았음을 상기하면 허무주의에 빠지지 않을 것이다. 그가 무상과 무아를 우리가 사용하고 고수해야 할 더 나은 개념으로 제시한 건 아니다. 이런 통찰이 반개념이란 사실을 기억하라. 이런 통찰은 세상을 바라볼 때 사용하는 왜곡된 렌즈를 부수기 위해 고안된 것이다. 반개념을 새로운 개념으로 여겨서는 안 되며 강을 건널 때 이미 사용한 뗏목처럼 머릿속에 담아두어서도 안 된다. 붓다는 이런 통찰을 제시하여 우리가 새로운 방식으로 보고, 사물의 실상에 마음을 열도록 돕는다. 분명한 건 붓다의 통찰을 좇아서 수행하던 새로운 방식으로 사물을 보게 될 때 고통에서 해방되고 행복해질 수 있다는 점이다.

중도中道

만물은 비영구적이지만, 지속성이 있는 것들도 있다. 우리는 자아가 아니지만, 여전히 존재한다. 때때로 붓다가 상반되는 것을 모두 말한 것처럼 보이기도 한다! 문제는 붓다의 가르침에 있는 것이 아니라 사고의 속성에 있다. 우리는 흔히 아리스토텔레스의 범주를 별개로 생각한다. 어떤 것은 이것이고 혹은 그것은 저것이다. 이것은 이 종류이거나 저 종류의 사물이지 둘 다는 아니다. A는 B가 될 수 없으며, B는 A가 될 수 없다. 이것이 세상을 바라보는 우리의 일반적인 사고방식이다.

불교의 전통적인 지혜는 A는 B가 아니다와 같은 갇힌 사고의 범주와는 매우 다르다. 대신에 A는 A가 아니라는 사실이 A를 진정한 A로 만든다는 깊은 통찰을 담고 있다. 가령 꽃(A)은 우리가 보통 의미하는 방식에서 꽃이 아니다. 왜냐하면 꽃은 또한 햇빛(B)이기 때문이다. 상호 연관해서 존재한다는 의미에서 꽃은 꽃을 꽃으로 만드는 햇빛과의 상호 관계를 말한다. 우리가 꽃을 그밖의 모든 것과 관련 없는 개별적 존재로 본다면 꽃은 환상에 불과하다. 그밖의 모든 것과 상호 연관해서 존재하는 꽃만이 진짜 꽃이다.

여름이 되면 나의 뒷마당에 있는 나무는 원뿔 모양으로 자라며 미묘한 보라색 꽃을 피운다. 이 꽃을 꿀벌들이 매우 좋아한다. 그것들은 꿀에 취해 꽃송이 주변을 춤을 추며 빙빙 돈다. 우리가 이 꽃과 벌을 보면 이것들이 각기 다른 두 사물이 아니라 하나의 사물이라는 걸 쉽게 볼 수 있다. 거기에는 하나의 과정이 진행되고 있다. 나무와 벌은 상호 연관해서 존재한다.

자아의 관점에 매여 있을 때 우리는 영구적인 자아, 혹은 소멸해가는 존재로서의 사물을 존재 혹은 비존재로 생각하게 된다. 본래 만물이 존재하는 방식은 존재와 비존재 그 사이 어딘가에 있다. 사물은 존재하나 그 존재 방식은 우리가 생각하는 것과 다르다.

　사물이 실제로 존재하는 방식에 대해 곰곰이 생각해보면 사물이 있다 혹은 없다는 말은 진리를 담아내지 못한다. 또한 사물이 영원하다거나 혹은 반대로 소멸된다는 것 역시 진리가 아니다. 하나의 과정으로서 그것은 어떤 형태로든 지속되기 때문이다. 여기에 대해서는 죽음과 부활을 다루는 9장에서 다시 살펴보기로 한다.

　불교에서는 실재(진여) 자체를 있는 그대로 본다. 붓다는 진리에 도달한 사람, 진여를 좇아 사는 사람을 의미하는 여래如來로 불리기를 바랐다. 실재는 세상 모든 것이 그 밖의 모든 것과 상호 연결되어 흘러가고 변화하며 살아 있는 역동적인 과정이다. 실재는 우리가 습관적으로 사용하는 개념에 포함되지 않는다.

　우리 몸의 70퍼센트 또는 그 이상이 물이라는 점을 상기하면, 물은 우리와 분리되어 있지 않음을 알 수 있다. 우리는 물이다. 그리고 우리가 물이기 때문에 냇물과 바다가 오염되면 우리 또한 무사할 수 없다. 우리가 스스로를 물과 분리된 존재로 본다면 물을 오염시켜도 괜찮다고 생각할 수도 있다. 그러나 냇물을 오염시키는 일은 우리 스스로를 오염시키는 것과 같다. 이렇게 보는 시각은 우리로 하여금 물을 다르게 보도록 하는 것을 의미한다. 우리 내부에 있을 때 물은 살아 있는 존재의 일부로 보인다. 그렇다면 우리 바깥의 물을 살아 있지 않은 것, 즉 죽은 것으로 생각할 수 있을까? 우리 내부에 있는 물이 실제로 존재하는 것이라면 우리 바깥에 있는 물 역시 실제로 존재하는 것이다.

따라서 살아 있는 존재와 살아 있지 않은 존재 사이의 차이가 붕괴된다. 사물들의 진여 안에서 그 사물들을 바라보는 것은 무상과 무아라는 만물의 본성을 받아들이고, 잡을 수 없는 물의 속성에 경이로움을 느끼며, 돌의 단단함에 놀라워하고, 나뭇잎의 싱그러운 푸름에 감사하는 것이다. 또한 나뭇잎과 돌, 물은 물론 그것을 바라보는 관찰자인 나 자신도 분리되어 있지 않다는 사실을 이해하는 것이다.

꽃을 볼 때 우리는 흔히 바라보는 나와 보이는 대상인 꽃이 다른 존재라고 생각한다. 우리가 개념의 렌즈를 통해 세상을 바라보기 때문이다. 그러나 본다는 행위가 있다면, 항상 보는 사람과 보이는 것이 있기 마련이다. 보는 것과 보이는 것이 함께 일어난다. 이 둘은 추상의 개념에서만 분리될 수 있다. 우리는 사고와 언어 안에서 이런 것들을 각각 분리한다. 영어 문법에서 동사는 주어를 요구한다. 그렇기 때문에 'raining'에 이미 우리가 알 필요가 있는 모든 것이 담겨 있는데도 우리는 "It's raining"이라고 말해야만 한다. 이런 이유로 우리는 '나'라고 불리는 어떤 것이 '꽃'으로 불리는 어떤 것을 본다고 말한다. 그렇지만 진여 안에서, 실재 안에서 우리가 가지고 있는 것은 '내가-꽃을-보고 있다'와 같은 하나의 분리할 수 없는 과정이다. 이런 시각으로 세상을 바라본다면 세상이 경이로운 실체임을 알기 시작하게 될 것이다.

이것이 우리가 보통 사물을 보는 시각과 다르기 때문에 이 장은 여러분이 시간을 좀 더 할애해서 천천히 읽어보는 것이 좋겠다. 중요한 구절을 억지로 이해하려고 하지 말고 그 구절이 자연스레 다가오도록 하라. 그리고 통찰이 스며들어 우리의 일부가 되도록 하라. 이 장에서 설명한 통찰이 우리 안에 스며들면 우리는 움켜쥐고 있던 슬픔을 서서히 놓게 될 것이다. 그리고 우리는 분명 더 행복해질 것이다.

수행

태양 아래의 버터(무아)

이 수행법은 티베트의 한 스승이 고안했으며, 무아를 깨닫는 데 많은 도움이 된다.

편안한 위치에서 명상에 들어가라. 앉는 자세를 취한다면, 힘을 빼고 머리와 목이 일직선이 되게 꼿꼿이 세워라. 한동안 같은 자세를 유지할 수 있게 되도록 편안한 자세로 앉아라. 바닥이나 매트 위에 누워도 되지만, 베개를 사용하지 마라.

눈을 감고 호흡에 집중하라. 호흡에 집중했다면 우리 자신을 여름, 따뜻한 태양이 내리쬐는 창틀 앞에 놓인 버터라고 상상하라. 빛, 온기, 에너지가 우리에게 관통하여 우리 자신이 녹아내리는 것을 느껴라. 누운 자세라면 우리의 몸이 녹아 바닥에 스며들도록 하라. 우리의 모든 근심과 두려움이 햇빛에 녹아 빛과 하나가 되도록 하여 우리를 삶의 나머지로부터 명확하게 분리시키는 자아라는 느낌을 없애라. 즐거움을 위해 수행을 한동안 지속하라.

3

습관에서 벗어나기

✕ ✕ ✕

얻어야 할 가치나 존재해야 할 가치란 전혀 없다.

아찬 붓다다사Achaan Buddhadasa
(1906~93)

마침내 시간이 나서 잠시 하던 일을 멈추고 옥외 테라스에서 휴식을 취한다고 생각해보자. 우리는 의자에 앉아 해방감을 느끼는 가운데 가볍게 한숨을 내쉰다. 드디어! 우리는 자유다. 마침내 우리는 행복할 수 있다. 하지만 우리 자신도 모르는 사이 이런저런 생각이 떠오르기 시작한다. 문득 정신을 차렸을 때, 우리의 마음은 이미 다른 곳에 가 있다. 의자와 테라스, 바깥 풍경이 더 이상 눈에 들어오지 않는다. 갑자기 어떤 에너지가 내부에서 일어나 무슨 일을 하는지도 모르는 채 우리는 마당을 쓸거나 정원을 가꾸거나 아니면 주변을 깔끔하게 정리하기 시작한다. 무의식적으로 우리는 스스로 작은 일거리를 만들고 다시 바쁘게 '행동하기' 시작하는 것이다.

또는 우리가 잠시 명상을 하려 한다고 생각해보자. 방석 위에 앉아 편안한 자세를 취한다. 잠시 호흡을 즐기는데 별안간 동일한 유형의 에너지가 나타난다. 마음은 옆길로 새고 표류하지만, 우리는 므슨 일이 벌어지고 있는지 알아차리지도 못한다. 갑자기 가려운 곳도 생기고 몸이 쑤신다. 우리는 꿈틀대고, 움직이고, 자세를 바로잡아 보지만, 움직이면 움직일수록 더 움직여야 할 것만 같다. 문득 전화할 데가 생각난다. 조금 있다가 전화해야겠다고 생각하지만, 이 생각을 마음속에서 몰아낼 수가 없다. 떨쳐버리려고 할수록 이 생각이 더욱 커질 뿐이다. "오, 전화만 하고 바로 돌아와 명상해야지" 하고 혼잣말을 하며 전화를 건다. 그러나 전화를 걸면서 다른 생각과 근심이 생겨나서 전화하기 전보다 더 마음이 편치 않다. 몸을 꿈틀거리며 가만히 있지 못한다. 결국, 우리는 명상을 포기하고 어떤 일이라도 하게 된다.

이런 일이 생겼을 때, 우리는 습관 에너지*vāsana*(습기習氣)에 빠져 시달린 것이다. 우리는 습관 에너지에 휘둘려 꼭두각시처럼 조종당하고 있다. 우리는 우리의 책임이라고 생각하겠지만, 그렇지 않다. 원인은 습관 에너지에 있다. 쉴 새 없이 활동하는 습관은 별로 해롭지 않아 보이지만, 때론 그렇지가 않다. 되기와 하기의 파괴적인 방식으로 우리를 밀어넣는 습관은 행복을 가로막는 가장 강력한 적이다. 이런 습관 에너지를 버리는 방법을 배우면 그 에너지가 행복 에너지로 변형된다.

붓다는 습관 에너지의 본질을 보여주기 위해 몇 가지 강력한 이미지를 사용했다. 첫째, 그는 습관 에너지를 불구덩이에 던져지는 여자에 비유했다. 건장한 두 남자가 양쪽에서 여자를 잡고 있다. 물론, 여자는 겁에 질려 있고 자신의 운명을 피하고 싶어 한다. 그러나 아무리 골부림쳐봐도 소용없다. 그 여자는 결국 불구덩이에 빠지고 만다.

둘째, 붓다는 습관 에너지를 병에 든 물을 막 마시려고 하는 매우 목마른 사람에 비유했다. 이 사람이 물을 마시려는 순간 누군가 물에 독이 들어 있다며 멈추라고 경고한다. 그러나 목마른 사람은 너무 심한 갈증에 죽을 줄 알면서도 독이 든 물을 마신다.

셋째로 붓다는 습관 에너지를 작은 새가 고기 조각을 훔쳐 하늘로 날아오를 때 벌어지는 일에 비유했다. 커다란 새가 와서 작은 새의 고기를 빼앗으려고 하면 작은 새는 포기할 줄 모른다. 커다란 새에게 죽을지도 모르는데 끝까지 고기를 놓지 않는다. 소중한 고기 조각을 버릴 수 없는 것이다.

현대 심리학에서는 이런 거부하기 어려운 힘을 길들이기라고 한다. 우리의 길들이기 때문에 우리는 과거와 유사한 상황이 발생하면 과거에 반응했던 방식대로 반응하려는 성향을 보인다. 긍정적이거나 부정적인 행동의 결과는 미래에 동일한 행동을 할 가능성의 정도를 결정한다. 만족스러운 결과를 초래하는 행동은 반복될 가능성이 높고 불리한 결과를 초래하는 행동은 반복될 가능성이 낮다. 더욱이 단기적인 결과는 장기적인 결과보다 더 큰 위력을 발휘한다. 이런 강력한 힘 때문에, 장기적으로 봤을 때 결과가 나쁠 것을 뻔히 알면서도, 당장에 즐거움을 주는 일을 참기란 쉽지 않다.

우리는 길들이기에 빠져서 헤어나오지 못할 수도 있다. 실험동물을 달아날 수 없게 해놓고 전기충격을 가하면, 전기가 흐르는 금속판 위에서 그 동물은 고통에 몸부림친다. 실험동물은 극도로 흥분하여 전기충격에서 달아나기 위해 무슨 일이든 해보려고 한다. 그러나 무슨 수를 써도 고통에서 벗어날 수 없다는 사실을 알게 되면 곧 포기한다. 그 후 실험자가 실험 조건을 바꿔 금속판의 반쪽에만 전기를 흐르게 하면 그 동물은 단지 금속판의 다른 부분으로 가기만 하면 전기충격을 피할 수 있으나 그 사실을 모를 수도 있다. 전기충격 앞에서 자신이 무력하다는 사실을 알았기 때문에 해결책을 찾으려는 시도조차 하지 않는 것이다.

습관 에너지는 매우 강력하다. 간혹 우리는 어렵게 그 굴레에서 벗어나 자유를 주장하고 의식적인 선택을 할 수 있을지도 모르지만, 때로는 속수무책으로 습관 에너지에 사정없이 휘둘린다. 습관 에너지는 변화하려는 우리의 의지보다 훨씬 강력해서 우리로 하여금 무력감을 느끼게 만든다. 그래서 때로는 그것이 해롭고 불행한 방향으로 흘러가도 어찌할 도리 없이 지속되어야 할 것처럼 보인다.

길들이기의 강력한 힘을 이해한다면 우리는 자신을 심하게 다그치지 못할 것이다. 자신을 다그치면 불구덩이에 기름만 더 붓는 꼴이고 갈증이 더 심해지며 위험한 줄 알면서도 집착이 더 심해질 뿐이다. 대신 우리가 이런 요인들의 강력한 힘을 명확히 이해한다면 스스로 길들이기에 얽매인 우리 자신과 다른 사람들에 대한 연민을 인정하는 방법을 배울 수 있다. 행복은 다툼이나 혹독함이 아니라 자애로움에서 비롯된다.

●● 새해의 굳은 다짐

우리는 종종 새해 첫날을 변화의 계기로 삼고 운동이나 다이어트, 금연, 건강 챙기기 등을 결심한다. 그러나 결심도 잠시뿐, 며칠 혹은 몇 주가 지나면 흐지부지해지다가 결국 다시 예전으로 돌아가고 만다. 이런 악순환은 매년 혹은 계절이 바뀔 때마다 혹은 심하면 매일 반복된다. 4월이 되면 "수영복의 계절이 오기 전에 살을 빼야만 해"라며 스스로 다짐하지만, 체중감량이 어렵다는 사실을 다시 한 번 깨닫는다. 또는 매일 아침 "오늘은 퇴근하고 운동하러 가야지" 하고 결심하지만, 하루 종일 스트레스에 시달려 지쳤기 때문에 어찌할 도리 없이 운동을 포기하고 오늘도 텔레비전 앞에 앉는다.

우리는 완벽주의와 절대주의 방식에 갇혀 있다. "매일 운동할 거야" 하는 식으로 스스로 규칙을 정한다. 그러나 이 규칙을 한 번 어기고 나면 무력감에 빠진다. 전기충격을 받은 실험동물처럼 모든 걸 포기하고 마는 것이다.

이렇게 포기해버리는 행동은 중독성 행동 심리에서 널리 알려진 현상으로 **금욕일탈효과**라고 한다. 금욕일탈효과란 반드시 지켜야 하는 규칙을 한 번 어겼다고, 계속 포기해버리는 성향을 일컫는다. 금주 결심이 깨진 알코올 중독자를 예로 들 수 있다. 한 번 실수로 술을 마신 알코올 중독자는 "희망이 없어. 나는 절대로 변하지 못할 거야" 하고 지레 포기한다. 그러고는 "에라 모르겠다, 난 이미 얼빠진 짓을 한 거야"라는 생각에 계속 술을 마신다.

흑백논리와 완벽주의는 변화하려는 우리의 의지를 좀먹는다. 습관 에너지가 약할 경우 우리는 어떤 행동이 행복에 방해가 된다는 사실을 이해하고 그 행동을 바꾸기만 하면 된다. 그러나 습관 에너지가 강할 경우에는 우리가 설령 계획에 차질이 생겨 이전의 나쁜 습관으로 되돌아가더라도 어떻게든 끈질기게 변화하려고 노력해야 한다. 물론 절망과 자포자기는 매우 고통스러울 뿐만 아니라 노력하려는 의지마저 꺾어버린다. 우리가 희망이 없다고 생각할 경우 시도조차 하지 않는 것을 당연시하게 된다.

일반적으로 변화는 당장 완벽하게 이루어지는 것이 아니라 인내와 끈기, 퇴보와 재도전의 과정으로 이해하는 편이 낫다. 변화란 실수를 저지르고, 그 실수에서 배우고 다시 도전하는 과정인 것이다. 우리는 분리된 자아가 아니라 하나의 과정이므로 우리의 습관 에너지를 바꾸는 일 역시 당연히 하나의 과정인 것이다. 엄격하게 완벽함을 강요하기보다는 바른 방향으로 천천히 나아가는 것이 좋다.

● ● 습관 에너지 다스리기

행복에 상반되는 방식의 행동을 하게 될 때나 단순히 습관이 너무 굳어져서 바꾸지 못할 때는 '다투지 않기'를 연습해야 할 중요한 시기가 다가온 것이다. 이 시점에서 우리는 스스로를 몰아붙이는 일에 이미 지쳐 있을뿐더러, 이러한 강박이 소용없다는 것 또한 깨달았을 것이다. 사실 몸부림을 치면 칠수록 상황이 더 나빠진다. 다투는 것은 우리를 더욱 긴장시키고 원치 않는 행동을 계속하게 하는 원인이 된다. 나쁜 습관과 다투면 행복에 이를 수 있다고 철석같이 믿고 있지만, 다툼은 저절로 지속되어 더 많은 다툼을 낳게 된다. 다툼을 걸면 우리는 점점 더 행복에서 멀어질 뿐이다.

다행히도 우리에게는 자신의 행동에 절망하거나 습관과 다투는 것 말고도 다른 방법이 있다. 습관과 다투는 대신 마음챙김으로 습관 에너지를 다루는 법을 배우는 것이다. 수용적 태도로 지금 일어나는 일을 의식하기만 하면 된다. 눈앞에 일어나는 일을 분명히 그리고 자애롭게 바라보자. 원치 않는 행동을 유발하는 외적 요인이 무엇인가? 계속해서 우리를 원치 않는 방향으로 몰아가는 내적 요인인 생각과 감정이란 무엇인가? 우리는 몸의 어떤 부분에서 습관 에너지가 꿈틀거리는지 느끼는가? 그리고 그 감각은 정확히 무엇인가? 습관 에너지를 그대로 두면 무슨 일이 발생하며 우리가 어떤 경험을 하게 되는가? 지금은 무슨 일이 생기고 있으며 나중에는 무슨 일이 생기는가? 원인과 결과를 따져보자. 자신의 호흡을 의식하면서 평온하고 분명하며 고요하게 이 모든 것을 살펴보자. 화가 나고 혼란스러우며 번민하는 마음에서는 긍정적인 변화가 일어날 수 없다. 마음챙김으로 성기는 에너지를 스스로 계속 유지하면 지금은 불가능해 보여도, 어느덧 변화와 행복이 가능해진다.

물질을 남용하는 습관

약과 술 또는 담배에 지나치게 의존하는 일은 반드시 고쳐야 할 가장 위험한 습관이다. 붓다는 기본 계율인 다섯 가지 계율(五戒) 중 하나로 취하게 만드는 것을 마시지 말라(不飮酒)고 가르쳤다. 그렇지만 오늘날에는 중독성이 있는 물질을 접할 기회가 예전보다 더 많아졌다. 우리가 알기로는 붓다가 살던 시대에는 코카인이나 필로폰 같은 마약이 없었다. 마약은 중독성이 매우 강해서 실험동물은 마약을 얻으려고 죽음까지 무릅쓴다.

어느 날 레베카라는 한 여성이 음주 습관을 고치기 위해 나에게 도움을 청했다. 이미 알코올 중독자 갱생회에 도움을 청해보았지만 소용이 없었다고 한다. 처음에 우리는 이 문제를 직접적인 방법으로 다뤘다. 현대 연구에서 가장 효율적이라고 알려진 방법에 따라 그녀의 문제를 고쳐보려고 한 것이다. 나는 변화에 대한 그녀의 각오가 어느 정도인지 가늠해 보고, 동기 유발을 돕기 위해 개입하기도 했다. 또한 변화를 위한 기술과 전략에 대해서도 의논해 보았다. 그러나 어느 것 하나도 도움이 되지 않았고 레베카는 계속해서 술을 마셨다.

그녀는 한동안 술을 끊거나 줄이기도 했지만, 이내 원래의 음주 수준으로 돌아갔다. 우리는 술을 마시는 악순환이 되풀이되는 원인을 분석하고 밝히려고 노력했다. 하지만 그녀에게는 거의 변화가 없었다.

다행히도 많은 사람들이 레베카보다 쉽게 자신들의 중독성 행동을 고친다. 사람들은 대부분 외부의 도움 없이 스스로 중독성 행동을 고칠 수 있다. 그러나 다수의 상담 심리치료사들은 대개 레베카 같은 고객들을 만나기 마련이다.

레베카와 나는 음주 문제에 점차 익숙해지기 시작했다. 그래서 한 발짝 물러서고 싸움을 멈추었다. 때때로 음주 문제가 불거져 나오기는 했지만, 그녀가 원할 때에만 음주 문제에 관해 말했을 뿐 강요하지는 않았다. 우리는 치료 시간에 어떤 주제라도 마음을 챙겨 그것에 집중했다. 그녀가 겪는 그 밖의 어려움이나 어린 시절에 관해 대화했다. 레베카의 내면 세계를 밝혀내기 위해 그녀의 꿈을 분석하기도 했다. 우리는 조금씩 음주 습관과 그녀와 관련된 상처와 약점을 더 깊이 이해하게 되었다. 아주 천천히, 우여곡절 끝에 우리의 관계가 진전을 보였고 그녀의 음주 습관도 개선되었다.

오늘날의 치료사들은 매우 교묘하고 기술적인 방법을 사용하지만, 레베카를 변화시킨 진짜 치료법은 그녀의 음주 습관에 대한 직접적인 공격을 멈추고 마음을 챙겨 함께 치유하는 인간관계를 맺는 것이었다. 시간이 흐르면서 레베카는 내가 그녀를 평가하거나 변하도록 강요하지 않는다고 믿게 되었다. 치료 과정 막바지에도 그녀는 여전히 술을 마셨지만, 전보다 양이 훨씬 줄었다. 어쩌다 한 번씩 과음했으나 그럴 때는 운전이나 위험한 행동을 하지 않게 되었으며, 술 때문에 생기는 위험이 상당 부분 줄어들었다. 중독성 행동을 고치는 효과적인 방법은 치열한 싸움을 멈추고 강력한 훈련에 대항해 싸우지 않으며 삶의 긍정적인 면을 즐긴 것이다. 이는 레베카가 스스로를 자애롭게 바라보게 되는 것을 의미한다.

과식하는 습관

현대인은 어릴 적부터 비만에 시달리고 있다. 여러 가지 원인들이 있겠지만, 그중 하나가 감정을 다스리는 법을 모르기 때문이다. 살이 쪘다고 크게 자책하지만, 사실 비만의 원인에는 환경 및 유전적인 요인을 포함하여 많은 요인들이 있다. 우리 자신이 잘못되었다고 믿는 건 지나치게 단순한 생각이다.

우리 몸은 지방을 축적함으로써 기근에도 살아남을 수 있도록 설계되어 있다. 물론 우리가 음식을 쉽게 저렴하게 구할 수 있는 시대에 살고 있지만 말이다. 현대의 사회생활은 활동적인 일보다는 음식과 술 위주로 돌아간다. 그래서 우리는 다른 사람들을 만날 때마다 살이 찔 위험에 처한다. 비만인 사람은 탈수 상태의 사람이 물을 애타게 찾듯 음식을 갈망한다. 이는 강력한 욕구다.

우리는 음식을 먹고 어느 정도 시간이 경과해야 포만감을 느낀다. 그렇기 때문에 음식을 빨리 먹게 하는 환경은 비만 예방에 도움이 되지 않는다. 흔히 우리는 견과류의 껍질을 까든가 고기를 자르는 등의 수고를 할 필요가 전혀 없다. 우리는 노력이나 주의를 기울이지 않는 가운데 한 손을 사용하여 정신 없이 음식을 먹는다. 식품업계는 어떻게 하면 쉽게 먹을 수 있는 음식을 만들어 관심을 끌 수 있을지 늘 연구한다. 또한 그들은 의도적으로 식욕을 자극하는 식품을 만들기 때문에 우리는 더 많이 먹게 된다.

그렇다고 식품회사를 나쁘다고 말할 수는 없다. 그들은 단지 이윤을 내려고 하는 것뿐이다. 단, 식품을 만드는 과정에서 소금, 설탕, 지방을 잔뜩 넣어 엄청나게 중독성이 강한 식품을 만들어내는 것이 문제다. 이러한 재료들은 식욕을 자극하기 때문에 먹으면 먹을수록 더 많이 먹고 싶어진다. 이런 식품을 많이 먹게 되면 우리의 정신 회로는 갈망의 습관 에너지를 점점 더 강화시킨다(Kessler 2009).

다이어트는 문제를 더욱 악화시킬 뿐이다. 잠시 몸무게가 빠졌다가 다시 고스란히 돌아오거나 오히려 조금 더 늘기도 한다. 따라서 일시적인 다이어트는 임시방편에 불과하다. 무엇보다 생활 습관을 고치고 음식에 대한 의식을 바꾸어야 한다. 이러한 문제들에 대한 새로운 사고방식이 요구되는 것이다.

만일 여러분이 비만과 싸우고 있다면, 여러분 자신을 책망해봐야 소용 없다. 그런 식으로는 변화를 이끌어내기 어렵다. 다이어트는 실패할 확률이 높으므로 여러분의 체중이 계속해서 증가할 가능성이 매우 크다. 여러분은 **몸무게를 줄일 수 있겠지만** 이는 하나의 과정일 뿐이다. 여러분은 계획을 수 정하여 성공과 실패의 과정을 끈질기게 반복하면서 습관 에너지를 건설적인 무엇인가로 바꿔야 한다. 흔히 완벽하게 날씬해야 한다는 생각부터 버려야 한다. 이런 생각은 오히려 해가 되기 때문이다. 그보다는 체중을 조금씩 줄이 고 건강해지는 데 집중해야 한다.

과식하는 습관을 버리기 어렵다는 걸 깨닫고 계획을 세워 죽자 살자 전력 을 다해 그 계획에 따를 수만 있다면, 그야말로 더할 나위 없이 좋겠지만 사람 들은 대부분 그렇게 하지 못한다. 보통 몸무게가 늘었다 줄었다를 반복하거 나 심지어 상태가 더 나빠지고 완전히 포기해버린다.

이럴 때 마음챙김이 도움이 될 수 있다. 한 입씩, 한 모금씩 의식하면서 더 천천히, 마음을 챙겨 먹는 법을 배워보자. 음식을 먹는 즐거움을 희생해야 한다고 느끼는 대신에 마음챙김을 통해 더 즐겁게 음식을 먹을 수 있다. 그리 고 고치기 어려운 과식 습관을 유발하는 스트레스가 무엇인지도 알아볼 수 있을 것이다.

수행

사과 명상

마음을 챙겨 먹는 연습을 하려면 이 명상을 따라해 보라. 우선 한가한 시간을 골라 예쁘고 맛 좋은 사과나 좋아하는 과일을 준비하라. 그리고 먹기 좋게 조각을 내라. 잠시 조용히 앉아 호흡에 집중하고 사과에 대해 곰곰이 생각하라. 천천히 하라. 무아의 상태에서 사과에 집중하라. 즉 사과 속에 담긴 햇볕, 흙, 물을 바라보라. 그런 다음 사과가 지금 내 앞에 있기까지 수고한 모든 존재를 생각하라.

움직임을 즐기면서 천천히 사과를 입으로 가져가 보라. 모든 것에 주의를 기울여라. 사과를 입으로 가져가는 동안 침이 고이는가? 사과 냄새는 어떠한가? 우리의 입, 혀, 입술, 치아를 여느 때처럼, 그러나 조금 느리게 움직여라. 사과를 씹으면서 맛과 과육의 질감이 어떻게 변하는지 주목하라. 서두르지 말고 꼭꼭 씹어 먹어라. 이때다 싶으면 사과를 삼켜라. 삼키기에 적당한 시간을 스스로 알게 될 것이다. 사과가 목으로 넘어가는 과정에 집중하라. 사과가 위로 내려가는 것이 느껴지는지 알아보라.

한 입을 베어 물기 전에 잠시 호흡을 골라라. 그리고 다시 사과를 그윽하게 바라보라. 한 조각을 다 먹기 전에 다음 조각을 입으로 가져가지 말라. 사과 하나를 즐기는 데 15분 또는 그 이상의 시간을 보내라. 사과를 먹는 동안 일어나는 모든 일에 주목하라. 마음을 챙겨 천천히 사과를 즐길 수 있다면, 전에 사과를 먹었던 방법대로 다시는 사과를 먹지 않을 것이다.

한 개의 사과를 마음을 챙긴 상태에서 먹을 수 있다면 이제는 한 끼 식사를 마음을 챙긴 상태에서 먹을 준비가 되었을 것이다. 식사를 시작하기 전에 차려진 음식에 대해 생각한다. 서두르지 말고 느긋하게 꼭꼭 씹어 먹는다. 중간중간 식사를 멈추고 심호흡한다. 식사하면서 포만감이 얼마나 느껴지는지 스스로 체크한다. 배가 너무 부르지 않고 딱 알맞게 먹었다는 만족감을 느끼는 시점이 언제인가? 그 시점에서 또는 그 전에 먹기를 중단할 수 있는가? 혹시 습관 에너지가 계속 먹으라고 우리를 부추기는가? 그렇다면 그냥 그 사실에 주목하라. 습관 에너지가 어떤 방식으로 우리에게 계속 먹으라고 재촉하는지 주목한다. 이 사실을 부인하려고 애쓰지 말고 마음을 챙겨 있는 그대로 받아들인다. 그냥 알아차리고 인식하는 것으로도 충분하다. 우리의 몸과 생각, 감정이 이 과정을 정확히 어떻게 받아들이는지 알아보라.

이런 식으로 식사할 수 있게 되면 먹고 마실 때마다 마음을 챙기도록 하라. 한 입, 한 모금 매번 먹고 마시는 행동에 의식을 집중한다. 사과를 먹을 때처럼 천천히 음미하고 서두르지 않는다. 수행이라기보다는 행복, 고요함, 평온함이라는 생각으로 한다. 정신없이 먹을 필요가 없다. 우리에게는 여러 가지 일에 휘둘리지 않고 식사를 즐길 권리가 있다. 이 시점에서 먹고 마시는 일은 단순한 즐거움이나 영양분을 공급하는 방식이 아니라 명상과 마음챙김을 수행할 기회이고 행복으로의 초대다.

마음을 챙긴 상태에서 음식을 소비한다는 생각에 문자 그대로 소비만이 아닌 우리가 느끼는 감관의 경험까지 포함시켜도 좋을 것이다. 여유롭게 물건을 고르면서 마음을 챙겨 쇼핑하는 수행을 할 수도 있다. 과연 이 물건이 필요한가? 건강에 좋을까? 때로 우리는 습관 에너지로 인해 필요 없거나 건강과 자연환경에 해로운 제품을 구입하기도 한다. 가능하면 그런 행동을 바꾸고 불가능할 때는 그냥 그 모든 걸 알아차리면 된다. 마음을 챙기면 현명한 선택을 하는 능력이 생긴다. 독서를 하거나, 텔레비전이나 영화를 볼 때, 또는 컴퓨터를 할 때도 마찬가지다. 이런 형태의 소비에서도 마음을 챙겨 의식하는 방법을 배워야 한다. 소비하는 행위가 몸과 마음에 어떤 영향을 주는지 주의 깊게 살펴라. 자신에게 해로운 소비 습관을 포기하라고 강요해서는 안 된다. 그저 자신의 행동을 의식하고 마음챙김이 가르치는 바를 받아들이는 것이다.

마음챙김은 우리 안에 있는 붓다의 부드러운 목소리로 고통을 뒤로 하고 웰빙과 행복을 누릴 수 있는 붓다의 정토로 우리를 인도한다.

행동하는 습관

우리 몸에 배어 있는 고질적인 습관들 가운데 하나는 가만히 있기보다는 무엇인가를 하려는 습관이다. 쉴 틈이 생겨도 우리는 휴식을 무엇인가를 하는 것으로 생각해서 더 많이 활동하고 휴식을 취하기 전보다 더 지쳐버리고 만다. 프랑스의 수학자, 물리학자, 철학자이자 종교사상가인 블레즈 파스칼은 우리의 모든 곤경이 방 안에 홀로 앉아 있지 못하는 데서 연유한다고 말했다. 이것을 나는 '원시적 근질거림'이라고 부른다. 이것은 우리가 눈치 채지 못하는 사이에 행동을 개시하고 무자비한 폭군처럼 군림하는 우리 내면에 있는 가만히 있지 못하는 에너지다. 무엇인가를 해야 하는 폭군이 우리의 웰빙과 행복을 앗아간다. 아무것도 하지 않는다고 생각하면 우리는 매우 불안해진다. 우리는 아무것도 하지 않으면 너무 불안해서 무엇인가를 늘 하고 성취함으로써 자신의 존재를 정당화하려고 한다.

✕ ✕ ✕

아무것도 안 하기

이 수행은 습관 에너지를 관찰할 수 있도록 고안되었으며 가만히 있고자 하는 능력을 향상시킨다. 타이머를 5분에서 10분 정도로 설정하라. 명상용 방석이나 의자에 앉아 몸을 세우되 편안한 자세를 취하라. 양손을 무릎 위에 올려놓거나 편하게 두라. 호흡에 집중하라. 숨을 들이마시며 '들이쉰다.' 내쉬며 '내쉰다'라고 속으로 말하라. 타이머가 울릴 때까지 그대로 있겠다고 다짐하라.

움직이고 싶은 충동이 생기면 참을 방법을 모색하라. 이런 충동이 어떤 느낌인지 주목하라. 우리 몸속의 습관 에너지가 어떤 것인지 살펴라. 잠시라도 움직이지 않고 이런 충동을 받아들일 수 있는지 스스로에게 물어라. 반드시 움직여야 한다면 천천히 마음을 챙겨 움직이면서 움직임의 의도, 몸속의 느낌, 움직임의 정확한 본질을 계속해서 의식하라. 움직임의 결과에 주목하라. 움직임으로써 마음의 안정을 찾았는가? 아니면 더 움직이고 싶은 충동이 생겼는가?

아무것도 안 하는 것이 말처럼 쉽지 않다는 것을 알게 될 것이다. 생각을 하게 되면 호흡을 의식하지 못한다. 호흡과의 연결 고리가 한 번 끊어지면 가만히 있으려고 한 다짐을 잊을 수 있다. 그래서 갑자기 움직이고, 긁거나 자세를 고쳐 잡거나 심지어 무의식중에 일어나 무엇인가를 할지도 모른다. 이 점에 대해 스스로에게 관대해야 한다. 우리는 다양한 오락 활동이 있는 문화에서 살고 있다. 우리 안에 도사리고 있는 강한 습관 에너지는 다양한 주변 환경의 영향으로 생겨난 것이다. 이 수행을 통해 무엇인가를 하게 하는 습관 에너지를 더 자세히 살펴볼 수 있다. 가만히 있지 못하는 이 에너지를 더 분명히 볼 수 있다면 우리는 이미 성공한 것이나 다름이 없다. 습관 에너지를 인정하고 의식할 때, 휴식을 늘 방해하던 불안함을 떨쳐내고 온전히 쉬는 길에 들어설 수 있다.

적합한 행동

우리가 특정 상황에 처하게 될 때 과거에 한 행동을 반복하는 성향을 보인다는 건 심리학을 통해서 알려진 사실이다. 그러므로 테라스에 앉아 쉴 때마다 무엇인가 해야 할 일이 생각나서 바로 일어난다면 그런 성향을 우리가 더 키우는 셈이 된다. 테라스에 앉아 있을 때마다 무엇인가를 하려는 근질거림이 지속적으로 생기며 그 강도도 점점 커진다. 앉아서 쉬고 싶다면 때로는 아무것도 하지 않는 방법을 연습해야 한다. 그렇게 되면 행동하지 않거나 행동하는 두 가지 선택권이 생긴다. 이제 우리는 자유롭다. 우리에게 선택권이 있다.

우리가 작업할 때 한 업무를 마치고 바로 다음 업무로 넘어가지 말고 업무 중간에 하던 일을 잠시 멈추고 쉬어보자. 잠시 마음을 챙겨 호흡한다. 다음 일을 하라고 집요하게 재촉하는 습관 에너지에 주의를 기울여본다. 우리의 생각이 어떤지, 어떤 감정을 느끼는지, 몸의 감관은 어떤지 자세히 살핀다. 어려움을 증가시킬 뿐인 이런 충동들에 대항하여 싸우지 마라. 그냥 알기만 하면 된다. 그런 충동을 단지 조금만 가라앉힌다. 이런 방법으로 우리는 자유의 구역을 열기 시작할 것이다.

갈망하는 습관

불교의 가르침에는 돈, 섹스, 권력, 명예를 위한 네 가지 갈망(taṇhā)에 관한 것이 있다. 승려가 되면 이 네 가지 갈망을 따르지 않겠다고 서약하는데, 이것을 제대로 이해하고 실천하면 기쁨이 없는 금욕이 아니라 기쁨과 자유를 누리는 금욕을 할 수 있다.

승려가 아닌 이상 돈도 필요하고, 살면서 성적 쾌락을 원하기도 하며, 권력과 명예도 마다하지 않을 수 있지만, 이런 것들을 지나치게 쫓는 건 우리에게 해롭다. "오늘은 죽어라고 열심히 일해서 돈을 벌자. 그리고 내일은 즐겁게 놀자"라는 생각은 지혜롭지 못하다. 내일이 어떻게 될지 아무도 모른다. 우리가 하는 일이 무엇이든지 우리는 오늘 행복해야 하고 오늘을 영영 오지 않을 수도 있는 미래라는 제단에 제물로 바쳐서는 안 된다.

갈망은 일반적으로 원하는 것과는 다르다. 목이 마르면 물을 마셔서 갈증을 해소하고 몸에 필요한 수분을 보충한다. 여기에는 전혀 문제가 없다. 하지만 갈망은 다르다. 갈망은 우리에게 만족을 주지 않는다. 갈망은 갈증을 해소하려고 바닷물을 마시는 것과 같다. 마셔봐야 여전히 목이 마르고 더 심한 갈증을 느끼게 된다.

갈망은 그것이 실제로 가져다주는 만족과 전력 어울리지 않는다. 욕심을 부리면 결코 만족감을 느낄 수 없다. 갈망은 행복으로 가는 수많은 길에 파 놓은 덫과도 같다. 우리는 갈망하던 대상을 손에 넣어야만 행복을 찾을 수 있다고 생각한다. 그래서 우리 앞에 있는 행복을 미처 보지 못하고 갈망하던 것을 손에 넣어도 결국에는 실망하고 만다.

갈망의 에너지와 항상 무엇인가를 하는 에너지 사이에는 긴밀한 연관성이 있다. 다시 말하면 갈망은 원시적인 근질거림과 관련 있다. 테라스에서 쉬려는데 잡초를 뽑게 만드는 습관 에너지는 완벽한 잔디밭을 갈망하는 데 그 뿌리를 두고 있는지 모른다. 물론 이것이 우리가 원하는 것이라면 문제없을 것이다. 마음을 챙겨 일어나서 잡초를 뽑으면 된다. 잡초를 뽑고, 현관에 조용히 앉아 행복을 누리려는 의도에 따르면 된다. 그러나 마음을 챙기지 못하면 다른 방향으로 나아가게 된다. 마음을 챙기지 못하면 잡초 하나를 뽑은 후에 다른 잡초를 발견하게 되어 뽑지 않을 수 없게 되며, 그렇게 계속 다른 잡초에 매달리게 된다. 그러면 갈망에 얽매이게 된다. 그리고 항상 무엇인가를 해야 하는 습관의 희생양이 되었음을 깨닫게 된다.

이렇게 하면 우리의 잔디밭이나 정원은 매우 아름다워질 것이다. 그렇지만 언제 일을 멈추고 잔디밭이나 정원을 즐길 수 있을까?

얻음의 정신성

현대 사회에서 사람들은 다른 사람들에게 과시하려고 자신이 원하는 것을 얻는 데 온 힘을 다 한다. 더 많은 돈, 더 좋은 직장 혹은 사랑하는 연인을 원하며 그런 것들을 인생의 목표로 삼고 거기에만 집중한다.

이를 붓다는 위험한 관행으로 보았다. 그렇게 해서 원하는 것을 얻을 수도 있겠지만, 그러면 우리는 너무 쉽게 자아의 영역, 즉 원하고 얻고 또 더 원하게 되는 위험한 악순환에 빠지게 된다. 이런 관행은 우리 삶에 이미 존재하는 좋은 것들을 의식하여 지금 여기에서 행복해지는 데 도움이 되지 않고 부족한 것만을 크게 부각시킨다. 목표에 집중하면서 살아갈 때는 그것에 대해 마음을 챙기고 균형을 유지해야 한다. 우리에게 정녕 도움이 되는지 아니면 더 많이 갈망하도록 우리를 자극하는지 확인해야 한다. 갈망보다는 감사하는 마음에 집중해야 한다. 욕심을 부려서 실망과 절망의 길로 빠지지 않도록 조심해야 한다.

● ● 마음챙김이 열쇠다

마음챙김은 변화의 근본이다. 무의식중에 원하지 않는 많은 습관들이 생겨난다. 금연하려는 사람을 예로 들어보자. 전화벨이 울리면 우리는 수화기를 들어 친구와 통화한다. 하지만 문득 담배를 물고 불을 붙였다는 사실을 깨닫게 된다. 이런 상황에 마음챙김을 적용하면 바로 변화가 시작될 수 있다. 우리가 자신과 전쟁을 벌일 필요는 없다. 그냥 마음을 챙겨 진행되는 일들을 받아들이면 된다. 그러면 언젠가 우리 자신이 바뀌게 될 것이다.

한 여성은 마음챙김을 수행하면서 육식하려는 욕구가 사라졌다고 말했다. 그녀는 이 결심을 지키려고 애쓰거나 힘든 시간을 보내거나 변해야 한다는 의도에 집착하지 않았다. 육식을 하지 않겠다는 결심은 마음챙김을 수행한 결과로 자연스레 생겨났다. 모든 사람이 채식을 해야 한다는 의미가 아니라, 마음 가는 대로 행동하는 대신에 마음을 챙기면 때로는 욕구가 쉽게 변화할 수 있다는 점을 지적하려는 것이다.

유사한 사례로 어떤 사람은 어느 날 화가 나 있는 깐깐한 아버지와 통화하던 중 갑자기 평온해지고 사랑하는 마음을 느꼈다고 말했다. 이런 변화를 이루기 위해 그가 안달한 것은 아니다. 그냥 갑자기 그런 능력이 생긴 것이다. 이런 능력은 마음챙김을 수행한 결과다. 그는 불과 몇 주 전만 해도 그렇게 할 수 없었다는 사실을 알고 있었다. 그러나 이제는 거의 힘들이지 않고도 할 수 있다.

우리는 우리의 의식을 훈련할 수 있다. 그러나 준비되지 않은 상태에서 어떤 일을 해내리라는 기대를 품어서는 안 된다. 언제나 자애롭고 관대한 마음으로 훈련하되 강요해서는 안 된다. 습관 에너지에 대항해 싸워야 한다는 생각을 버리고, 행복이 변화의 방법이라는 사실을 이해하고 수행해야 한다.

마약은 물론 알코올 중독만큼 습관 에너지와의 싸움을 잘 드러내는 건 없다. 이런 습관들은 갈증을 해소하려고 바닷물을 마시는 것과 같은 행동의 대표적인 사례다. 이런 습관들 때문에 우리는 만족하지 못하고 계속해서 더 원하게 된다. 마약이나 알코올 중독처럼 심각하지 않은 습관 에너지를 다룬다고 해도 중독을 치료할 때 사용되는 몇 가지 방법을 배우면 도움이 될 것이다. 이것은 마음을 챙겨 이런 문제들을 살펴보는 또 하나의 방법이다.

수행

중단해야 하는 이유 검토하기

해로운 행동을 중단해야 할 충분한 이유가 있겠지만, 습관 에너지의 공격을 받으면 우리는 그 모든 이유를 망각한다. 마음 한 방에 나쁜 습관을 고치려는 의도가, 완전히 분리된 또 다른 방에서는 이를 계속하려는 습관 에너지가 있다.

두 개의 방을 합치는 간단하고 직접적인 방법이 있다. 고치고 싶은 습관을 생각할 때, 앉아서 심호흡하며 바꾸려고 하는 모든 이유를 곰곰이 생각하고 목록을 만들어라. 딱 한 가지만 다짐하라. 습관 에너지가 공격해오면, 시키는 대로 그 행동을 하기 전에 그 목록을 주의 깊게 읽어 보는 것이다. 그렇게 하면 두 방을 연결하는 선이 개설된다.

예를 들어 담배를 끊고 싶다면 폐암과 같이 분명한 건강상의 문제와 그 때문에 잇따르는 모든 결과(예를 들어 오래 살지 못하면 자녀나 손자가 성장하는 모습을 볼 수 없다)를 목록으로 만든다. 객관적으로는 중요하지 않아 보이지만, 우리에게는 중요한 이유도 목록에 포함시킨다. 어떤 사람은 폐암 때문이 아니라 치아와 손가락에 생기는 니코틴의 얼룩이 싫어서 담배를 끊었다. 외모에 대한 집착 때문일지언정 효과만 있다면 그렇게 하라.

그 밖의 모든 수행과 마찬가지로 이것 또한 건성으로 하지 말고 집중해서 하라. 수행에 집중하기 위해서 심호흡하고 목록의 각 항목을 깊이 생각하라. 충동에 빠질 때 생기는 원하지 않는 결과를 마음속에 명확하게 그려보라. 충동을 거부할 때 생기는 바람직한 결과를 생각해 보라. 수시로 목록을 확인하고 또 항목을 추가하라. 가능한 한 많은 항목들을 삽입하라. 속히 끝내버리고 싶은 숙제처럼 수행해서는 안 된다.

✕ ✕ ✕

수행

미루기

어떤 갈망이 생기면, 그냥 나중으로 미루어라. 저녁에 텔레비전을 너무 많이 봐서 걱정인데, 아예 텔레비전을 보지 않는 대신에 그 시간을 줄이고 싶다면 미루는 방법이 도움이 될 수 있다. 퇴근해서 집에 오자마자 텔레비전을 보는 대신, 8시나 9시까지 기다려보라. 이렇게 하는 것이 완전히 끊도록 우리 자신에게 강요하는 것보다는 훨씬 쉽다. 그리고 바람직하지 못한 욕구를 부추기기만 하는 박탈감에서도 벗어날 수 있다.

건전하지 못한 행동을 하려는 욕구가 생겨날 때는 잠깐 멈추고 우리의 생각과 기분을 주의 깊게 살펴라. 습관 에너지는 우리가 경험하는 그 밖의 모든 것과 마찬가지로 우리 몸과 의식 속에 생기고, 한동안 더물다가, 다시 사라진다. 습관 에너지가 거부할 수 없을 정도로 강한 시간은 불과 15분에서 20분 정도밖에 되지 않는다. 어려운 시기는 매우 일시적이며 매우 무상하다는 점을 기억하라.

습관 에너지와 싸우는 대신, 마음을 챙기고 그것에 집중해서 몸과 마음이 정확하게 무엇을 체험하는지 알아보면 생각, 감정, 신체 감관이 변하는 과정을 지켜볼 수 있다. 습관 에너지가 오래 지속되지 않는다는 사실을 기억한다면 틀림없이 이렇게 해볼 수 있다. 습관 에너지는 저절로 생겨났다 사라진다. 습관 에너지를 받아들이면 그것에 휘둘리지 않을 수 있다. 만약 두려워서 체험조차 꺼린다면 그 두려움은 점점 더 커질 것이다. 반대로 습관 에너지를 받아들인 채로 있다면, 거기에 그리 두려울 것이 없다는 사실을 알게 될 것이다. 욕구가 있다는 사실을 부인할 필요는 없다. 현관에 앉아서 쉬려고 하는데 잡초를 뽑아야 한다는 욕구를 느끼게 될 수도 있다. 그럴 때는 습관 에너지가 생겼다 사라지는 걸 의식하고 계속해서 쉬겠다고 결정하면 된다.

✕ ✕ ✕

잠시 중단하기

알코올 중독을 치료할 때, 치료사는 때때로 평생 술을 끊을 생각이 없는 고객에게 일정 기간만 술을 멀리하고 술에 취하지 않은 상태를 체험해보라고 권한다. 중독 치료에서는 이런 방법을 맨 정신 샘플추출이라고 한다. 행동을 변화시키려는 사람 역시 습관을 잠시 중단하는 방법으로 같은 경험을 할 수 있다. 이런 식으로 한 번 변하면 돌이킬 수 없다는 두려움을 느끼지 않는 가운데 전혀 다른 자신을 체험해볼 수 있다.

이런 전략을 모든 습관에 적용할 수 있다. 저녁에 간식을 먹는 습관을 고치려면, 몇 주 정도의 특정 기간을 정해 그동안 간식을 끊으면 어떨지 체험해보라. 말할 때 심하게 빈정대거나 비웃는 버릇을 고치려면 짧은 기간을 정하고 그동안만이라도 참아보라. 이런 방법으로 습관의 사슬을 끊고 바라던 긍정적인 변화를 경험할 수 있다.

✕ ✕ ✕

대안 찾기

나쁜 습관을 버리는 것은 시작에 불과하다. 우리가 나쁜 습관을 완전히 끊으려면 다른 대안을 찾아야 한다. 즉 뭔가 다른 것을 해야만 한다.

우리가 술을 끊고 싶다면 그 대신 좋아할 만한 건강 음료를 찾아야 한다. 텔레비전을 그만 보고 싶다면 대신 저녁 시간에 할 재미난 일을 찾아야 한다. 대안을 찾게 되면 박탈감이 덜해진다. 박탈감을 느끼면 원하는 대로 행동을 변화시키는 데 성공할 수 없다.

대체로 대안 찾기는 지금과는 다른 자신을 상상하는 능력과 관련 있다. 우리가 텔레비전 없이 평화롭고 행복하게 저녁 시간을 보내는 것을 상상할 수 있는가? 술을 마시지 않고 혹은 우리가 고치려는 습관을 따르지 않고 즐겁게 저녁 시간을 보내는 일을 상상할 수 있는가? 과도하게 무엇인가를 '하는' 습관 에너지를 고치는 상상을 할 수 있는가? 박탈감을 느끼지 않고 이런 변화를 이루는 상상을 할 수 있다면 성공할 확률이 커진다.

● ● 마음은 주인이 아니다

우리는 때때로 이성적인 마음으로만 변화를 이루려고 한다. 이성적인 마음을 주인으로 모시고 모든 걸 맡기지만, 그렇게 하면 우리 내면에 많은 번민이 일어나게 된다. 우리 대부분은 이성적이지도 합리적이지도 않으며 명령을 받기 싫어한다. 이성적인 부분은 매우 작아서 그것만으로 변화를 이뤄내려 한다면 꽁꽁 언 호수를 손가락 온기로 녹이려는 것과 같다. 호수를 녹이기는 커녕 동상에 걸리고 말 것이다. 마음은 주인이 아니다. 그것은 우리의 일부일 뿐이다. 마음챙김을 연습하고 마음과 함께 할 때, 행동하고 느끼고 체험하는 각각의 일을 의식할 수 있다. 이런 식으로 의식은 나의 나머지 부분과 조화를 이룬다. 의식은 싸움을 벌이지 않고 각각의 체험을 살펴보게 한다. 우리가 스스로 주인으로 군림하려고 하면 저항이 뒤따른다. 하지만 마음을 챙겨 우리가 겪는 어려움을 꾸준히 의식하면 변화의 문이 열린다.

우리는 마음챙김을 통해서 그토록 간절히 바라던 것이 실은 그리 중요하지 않다는 것을 깨닫게 되기도 한다. 오랫동안 갖고 싶었던 스포츠카를 얻게 되면 정말 기쁠 것이다. 하지만 그 기쁨이 얼마나 지속될까? 결국 그 새 차도 늘 그렇듯이 일상의 배경이 되어버린다. 똑같은 거리를 통근해야 하고 길은 언제나처럼 막힌다. 교통체증 때문에 시속 10킬로미터로 기어가다시피 한다면, 새 BMW를 타든 낡고 투박한 쉐비를 타든 그리 중요하지 않을 것이다. 계속해서 마음을 챙겨 이런 체험을 한다면 우리가 갈망하는 것에 대한 진실을 알게 되고 좀 더 단순하게 사는 것이 자연스럽게 느껴질 것이다. 무엇인가를 포기하는 것이라기보다는 어떤 것이 떨어져나가도록 내버려 두는 것이다. 마음을 챙기고 살아갈 때 살아 있는 진리의 빛이 그 방법을 밝혀줄 것이다.

✕ ✕ ✕

내 안의 붓다와 소통하기

습관 에너지를 평화적으로 다루는 한 가지 방법은 우리 내부에서 다른 에너지를 집중적으로 키우는 것이다. 즉 부정적인 에너지를 제압하는 긍정적인 에너지를 키우는 것이다.

모든 사람에게는 불성이 있다. 이것은 그냥 하는 말이 아니다. 마음챙김이 나의 내면의 붓다. 우리는 우리 자신 안에 있는 붓다와 늘 소통함으로써 긍정적인 에너지를 키울 수 있다.

습관 에너지가 일어나 우리를 몰아붙인다면 잠시 멈추고 심호흡하라. 평온하고 자애롭고 지혜로운 붓다의 이미지를 떠올려라. 아니면 원하는 대로 자신의 종교나 전통에서 평온과 지혜를 상징하는 누군가를 떠올려도 좋다. 예수, 성인, 아니면 어떤 현명한 치료자의 이미지를 떠올려도 좋다. 우리가 그런 사람이라면 어떤 기분일까 상상해보라. 서두를 필요가 없다. 상상을 통해서 우리도 그런 기분을 경험할 수 있다. 우리 내면의 붓다를 경험하게 되는 것이다.

우선 앉아서 심호흡을 즐긴다. 마음속으로 '들이쉰다'라고 말하면서 숨을 들이쉬고 '내쉰다'라고 말하면서 내쉰다. 그리고 평화로운 붓다의 이미지를 떠올린다. 다음과 같은 항목을 생각하면서 심호흡한다. 각 항목을 원하는 만큼 오래 생각해도 무방하다.

◦ 나는 "내 안의 붓다"와 소통한다.

◦ 붓다와 소통하면 나는 "평화"를 느낀다.

◦ 붓다와 소통하면 나는 "평온"을 느낀다.

◦ 붓다와 소통하면 나는 내 안의 "지혜"를 알게 된다.

○ 붓다와 소통하면 나는 내 안의 "자애로움"을 키운다.

○ 붓다와 소통하면 나는 "확실해진다."

○ 붓다와 소통하면 나는 "자유롭다."

각 항목을 생각하면서 몇 차례 심호흡한 뒤, " " 안의 단어에 집중한다. 잠시 후 마음이 고요해지면 말없이 가만히 있겠다는 일념으로 그냥 조용히 앉아 있는다. 집중력이 떨어져 산만해지면 전체 문장으로 돌아간다. 그리고 다시 " " 안의 단어에 집중하다가 침묵 상태로 들어간다.

이렇게 한 후에 우리 자신을 살펴보라. 우리의 습관 에너지는 어떻게 되었는가? 그것이 어떻게 되었든 그대로 두라. 바로 효과가 없다 해도 연습했다는 사실만으로 자신을 칭찬해주어라.

● ● 마음챙김은 우리 자신을 평화롭게 하는 일이다

마음을 챙기고 행복하게 살아가는 방법을 수행할 때, 마음속에서 다툼이 일어나지 않으며 습관 에너지를 다루는 방법을 알게 된다. 습관 에너지와 맞서 다투면 고치려고 하는 성향을 더 키우게 된다. 습관 에너지를 감싸 안고 기꺼이 체험하며, 우리의 의식 속에 긍정적인 에너지를 키운다면 우리 자신을 자애롭고 평화적인 방법으로 대할 수 있다. 우리 자신을 일종의 비폭력으로 다루는 일은 마음챙김의 핵심이며 행복의 본질이다. 다음 장에서는 생각과 감정을 자애롭고 비폭력적인 방법으로 다루는 방법을 살펴볼 것이다.

4

생각과 감정을 변화시키기

✕ ✕ ✕

기쁨에서 만물이 샅겨난다.
기쁨으로 만물이 존재하고,
기쁨을 향해 만물이 나아가며
만물이 기쁨으로 돌아온다.

에픽테토스Epictetus
(50~135)

뉴멕시코 주의 마을 타오스 근처에는 아름답고 인상적인 협곡에 걸쳐진 다리가 하나 있다. 어떻게 해서 강물이 오랜 세월에 걸쳐 바위를 뚫고 길을 만들었는지 볼 수 있는 곳이다. 이 다리 위를 걸으면 숨 막히는 광경에 경외감이 절로 솟는다.

그러나 어떤 사람들은 이 다리를 보고 전혀 다른 감정을 느낀다. 해마다 이곳에는 협곡 아래로 뛰어내려 자살하는 사람들이 있다. 자신들의 불행을 극적으로 마감하려는 정신 나간 사람들에게 이 협곡은 샌프란시스코의 금문교나 뉴욕의 엠파이어스테이트 빌딩 같은 매력을 지니고 있다. 다른 곳처럼 타오스의 주민들은 최근에 이런 극단적인 행동을 막기 위한 일종의 보호 장치를 만들 것을 고려하고 있다.

그중에 안전망을 설치하는 건 좋은 아이디어로 보인다. 하지만 우리에게

절실히 필요한 안전망은 사실 다른 종류의 것이다. 우리에게는 지혜라는 안전망이 필요하다. 우리에게는 감정을 다스리는 능력이 필요하다. 감정은 사람이 죽어야 할 이유가 될 수 없다. 그 밖의 모든 것과 마찬가지로 감정에도 무상과 무아라는 꼬리표가 달려 있다. 그러나 사회적으로 성공했다 하더라도 우리는 우리 자신의 감정을 잘 다루지 못한다. 감정을 다스리는 방법은 일반적으로 학교 교육 과정에 포함되지 않는다. 그렇지만 우리는 어떻게든 그 방법을 배워야 한다.

다행히도 우리는 감정을 다스리는 법을 배울 수 있다. 불도에서는 바로 마음챙김이 정서적으로 우리 자신을 돌보는 기술의 열쇠가 된다. 최근 심리학 분야에서도 우리의 기분과 감정을 바꾸는 마음챙김의 효과가 발견되고 있다. 마음챙김은 강력한 방법이다.

이 장에서 우리는 생각과 감정의 본질을 살펴보고 이것들을 변화시키는 방법을 알아볼 것이다.

●● 우리가 우리의 세상을 창조한다

우리 모두 많은 요인들에 의해 만들어진 세계관에 좇아 행동하고 있다. 그 세계관을 형성하는 것들은 유전, 어렸을 적의 경험, 의심을 품지 않고 부모나 선생님에게서 그대로 받아들인 세상에 대한 미묘한 암시, 개인적인 역사와 공통의 역사에서 겪은 사건들이다. 이런 경험을 바탕으로 우리는 삶에 대한 기대치, 인간관계와 직장, 어떤 기분을 느껴야 하는지에 대한 기대치 그리고 그 감정을 다스리는 방법에 대한 기대치를 만들어낸다. 이런 기대치는 사람마다 다르다.

행복한 사람들은 항상 좋은 일이 일어나는 세계에서 산다. 사랑하는 사람들은 어디에서나 자애로움을 본다. 호기심이 많은 사람들은 삶을 끝없이 흥미롭게 본다. 그러나 화가 난 사람들은 항상 부당한 세계에서 살아간다. 샘이 많은 사람들은 모든 사람이 자기보다 더 많이 가진 세계에서 살아간다. 슬픈 사람들은 언제나 불행한 일을 당하며 살아간다. 근심하는 사람들은 무섭고 위험한 세계에서 살아간다. 어떻게 이런 일이 있을 수 있을까? 우리는 같은 세상에 살고 있지 않는 걸까?

이는 우리의 세계관이 지속적으로 우리의 삶에 영향을 미치기 때문이다. "구하라, 그러면 얻을 것이다"라고 신약 성서에 적혀 있다. 이처럼 우리는 자신이 찾고 있는 그 무엇을 얻게 될 것이다. 화가 난 사람들은 자신이 느낀 부당함에 집중한다. 그리고 그들의 경험에서 부당한 측면에만 집중하기 때문에 어디에서나 부당한 점을 발견한다. 더욱이 그들이 화를 내면 주변 사람들까지 화가 나기 때문에 부정적인 연쇄반응이 시작된다. 그런 부정적인 반응은 계속해서 불공평한 경험을 만들어내고 마침내 화가 난 사람의 세계관을 정당화하여 화가 날 수밖에 없는 충분한 이유를 마련해준다.

이와 비슷한 많은 유형들이 있다. 그 가운데 하나로 자신이 사람의 성격을 잘 판단한다고 생각하는 사람이 있는데, 그런 성향으로 인해 자신의 단점은 찾지 않고 다른 사람들이 지닌 성격상의 단점만을 찾는다는 사실을 깨닫지 못한다. 그가 사는 세계에는 모든 사람에게 커다란 단점이 있어서 거기서 그는 끊임없이 실망하고 화를 내며 많은 시간을 보낸다. 또 다른 유형으로 다른 사람들에게 이용당하지 않을까 걱정하는 사람이 있다. 그는 항상 다른 사람들에게 이용당하지 않나 살피고 자신이 이용당하고 있다고 생각한다. 모든 사람이 자신을 속이기 위해 존재하는 것이다.

화를 잘 내는 사람은 자신의 시각을 바꾸는 방법을 배워야만 즐거운 삶을 누릴 수 있다. 다른 사람들의 자애로움에 집중하는 방법을 배운다면 세상은 덜 적대적이고 덜 불공평해 보일 것이다. 다른 사람들의 선함을 보려고 노력한다면 사람들의 행동이 좀 더 타당하게 보일 것이다. 다른 사람들의 어려움과 고통에 집중하면 자신의 자애와 자비를 발견할 수 있고 다른 사람들의 자애와 자비도 인식할 수 있게 된다.

샘이 많은 사람들은 자기보다 덜 가진 사람들을 좀처럼 보지 못한다. 자신이 가진 것에 집중하는 방법을 배운다면, 얼마나 많은 사람들이 자기보다 덜 가졌는지 보기 시작한다면, 다른 사람들을 시샘하는 고통에서 벗어나 풍요로운 세계에서 살아갈 수 있을 것이다.

우리가 경험하는 세상은 단순히 감관의 경험으로 이뤄진 것이 아니라 태도, 믿음, 기대가 함께 만들어낸 세상이다. 우리가 사는 세상은 우리의 마음에서 나온 산물이다. 우리의 기분에 따라 세상이 얼마나 달라지는지 살펴보는 것만으로도 이 사실을 알 수 있다. 행복을 느낄 때 비는 부드럽고 친근하며 기운을 북돋아주는 단비가 되지만, 슬플 때 비가 오는 세상은 지금도, 과거에도, 미래에도 우울하고, 축축하고, 차갑고, 달갑지 않게 된다. 자애로움과 행복을 느낄 때는 도로 위의 다른 운전자들이 상냥하고 협조적으로 보인다. 다른 차가 들어오도록 속도를 늦춰주고, 깜빡이를 켜고, 다른 사람들의 실수를 눈감아주는 사람들의 친절함을 발견한다. 화가 나거나 슬플 때는 다른 운전자들이 하나같이 나쁜 놈들이다.

마음과 상황은 궁극적으로 하나다. 이는 우리가 생각하는 것보다도 훨씬 심오하면서도 광범위한 면에서 사실이다. 그래서 행복해지기 위한 가장 중요한 일은 우리 마음을 치료하는 것이다. 우리가 마음을 치료할 때 우리는 우리가 처한 상황을 변화시킬 수 있다. 마음과 상황은 궁극적으로 하나라서 분리될 수 없다.

●● 우리의 육감六感

불교에서는 사람에게 여섯 가지 감각이 있다고 말한다. 그중 여섯 번째 감각은 초자연적인 것이 아니라 단순히 우리의 마음이다. 듣고, 보고, 냄새를 맡고, 맛을 보고, 몸의 감각을 느끼는 것 외에 육감, 즉 생각하는 마음이 있다.

이것은 마음의 과정을 보는 독특한 방법이다. 생각할 때 무슨 일이 일어나는지 자세히 살펴보면 우리는 정말 생각이라고 말할 수 있는 것을 **하는가**, 아니면 생각이 우리의 의식 속에서 일어나는 것일 뿐인가? 그렇다. 어떤 관심사, 예를 들면 풀어야 할 문제나 답하고자 하는 질문을 향해 의식을 집중한다는 의미에서 우리는 '생각'이란 것을 할 수 있다. 그러나 그렇더라도 생각을 일으킨다는 의미에서 우리가 생각하는가, 아니면 생각 자체가 저절로 떠오르는 것인가?

시각에 대해서 생각해보자. 눈이 빛과 접촉해서 전기화학적 신호를 뇌에 보낼 때, 우리가 어떤 것을 '보는가', 아니면 보는 것이 단순히 일어나는가? 특정 시각적 대상에 자신의 주의를 기울인다는 의미에서 우리는 어떤 것을 볼 수 있다. 하지만 우리가 실제로 보고 있는가 보는 것이 단순히 발생하는 것인가? 이는 청각에서도 마찬가지다. 특정 소리에 주의를 기울인다는 의미에서 우리는 **들을 수** 있지만, 우리가 실제로 듣고 있는가 듣는 것이 단순히 발생하는 것인가?

실제 경험을 자세히 살펴보면 우리는 어떤 면에서 이런 현상들이 일어난다는 사실을 손쉽게 알 수 있다. 이런 현상들은 발생하여 잠시 지속되다가 사라지는 유기적인 현상이다. 그것들은 자아가 없고 비영구적이다. 그것들은 존속되지 않는다. 어느 누구도 보는 것, 듣는 것, 생각하는 것이라고 말할 수 있는 것을 행하지 않는다. 단지 광경과 소리 그리고 생각이 발생할 뿐이다. 어떤 관점에서 보면 이런 현상들은 그냥 발생하는 것이다.

여기에는 깜짝 놀랄 만한 암시가 담겨 있다. 이것은 어떤 조건이 생길 때마다 생각이 일어남을 의미한다. 이것을 각으려그 해도 소용이 없다. 빛이 망막에 닿고 그 신호가 뇌로 전달될 때 보는 것을 막을 수 없는 것처럼 생각 또한 막을 수 없다. 생각은 그냥 발생한다. 생각은 단지 일어날 **뿐이다.** 뒤에서 이와 관련된 실험을 할 테지만, 우리는 이런 현상을 다룰 수 있다. 그러나 생각하지 않으려고 노력해봤자 소용이 없으며 오히려 상황이 더 나빠질 수도 있다. 오만상을 찌푸리며 중국이란 나라로 곧바로 가려고 애쓰는 사람처럼 할 수 없는 일을 하려고 노력하면 에너지만 소모될 뿐이다. 진리란 강은 흐르고, 비는 내리고, 나무에는 이파리가 나며, 뇌가 생각을 하는 것이다. 우리가 피하려고 아무리 애를 써도 이런 일들은 지속될 것이다.

우리에게 근심이 있을 때, 사람들은 선의로 "근심을 당신 마음에서 몰아내세요. 그냥 생각하지 마세요" 하고 말한다. 그러나 생각은 자동으로 일어나기 때문에 생각하지 않는 것은 쉽지 않다. 실제로 생각하지 않으려고 노력할 때에도 생각은 여전히 일어나며, 더욱이 생각이 일어난다는 사실을 피하려고 한다는 생각까지 더해진다. 그러면 우리는 긴장하게 되고 소모적인 싸움으로 자신을 몰아가게 된다. 우리가 생각을 인정하든 안하든 생각은 일어나기 마련이다. 우리는 자신의 의식을 전쟁터로 몰아넣기만 할 뿐이다.

생각 실험

위와 같은 사실을 생각 실험을 통해 직접 확인할 수 있다. 아래 지시를 읽고 눈을 감는다. 눈을 감는 순간 전력을 다해 이 지시를 따른다. 준비되었나? 지시는 다음과 같다.

날아가는 돼지들에 관해 생각하지 마라.

30여 초 뒤 실험을 중단하고 눈을 뜬다. 자 이제 해보자.

다음 두 가지 중 하나가 일어날 것이다. 사람들 대부분이 날아가는 돼지들에 관해 그들이 생각하고 있음을 이내 발견한다. 얼마나 낯선 일인가! 우리는 날아가는 돼지에 관한 생각을 자주 하지는 않겠지만, 우리의 의식 속에 있는 날아가는 돼지들에 관해 **생각하지 말** 것을 요구한다.

더러는 다른 경험을 하게 된다. 이들은 실제로 자신들이 성공했다고 말한다. 날아가는 돼지들에 관해 전혀 생각하지 않았다고 말한다. 이것은 약간 미묘한 문제다. 그러나 우리가 여기에 해당한다면 자신에게 다음의 간단한 질문을 해보라. 날아가는 돼지에 관해 생각하지 않았다는 사실을 어떻게 알았는가? 그렇게 할 수 있었던 건 처음부터 우리의 생각 어딘가에 '날아가는 돼지들'이라는 생각이 있었기 때문이다. 우리가 성공한 것은 우리의 일부가 날아가는 돼지들이라는 생각을 사용해서 그 돼지들이 우리의 의식 속에 존재하고 있었는지 확인했기 때문이다. 우리가 무엇인가를 생각하지 않고 있다는 사실을 알려면 우리가 생각하지 않으려고 하는 바로 그것을 참고해야만 한다! 다시 말하면 어찌 되었든 머릿속 어디엔가 그것이 있다는 것이다. 이 실험에서 성공이란 곧 실패를 의미한다.

실패했다고 해서 기죽을 필요는 없다. 이 실험은 단지 우리의 의식이 어떻게 작동하는지 보여주기 위한 것이다. 생각하지 말자는 소용없는 짓을 하는 대신 우리는 우리의 의식을 다루는 법을 배워야 한다.

● ● 생각을 피해서 생기는 문제

상당수의 심리적인 문제들이 특정 내면 상태를 피하고, 생각하지 않으려고 해서 생긴다. 불쾌한 생각과 감정을 피하는 것이 우리의 삶과 의식을 왜곡할 수 있다.

우리가 집에 있을 때만 마음이 편하고, 집 밖에서는 때로 공포를 느낄 정도로 불안하다면 어떻게 할까? 먼저 비행기를 탈 때마다 굉장한 불안을 느낄 것이다. 공항 보안대를 지날 때나 짐을 찾아 다른 비행기로 갈아타야 할 때는 긴장감이 극에 달한다. 그래서 비행기를 타지 않게 된다. 이 단계에서는 직장에 다니고 간단한 볼일을 보는 데는 전혀 문제가 없지만, 그런 일이 없을 때는 점점 더 집에서만 지내기 시작한다. 시간이 지나면 직장에서도, 또 볼일을 볼 때도 불안해지기 시작한다. 우리는 불안하게 될까봐 불안하게 된다. 결국 직장을 그만두고 집 밖에 아예 나가지도 못하는 지경에 이를 수도 있다. 이 시점에서는 광장공포증이라는 정신질환이 이미 완전히 진행되어 돌이킬 수 없게 된다. 불안을 피했기 때문에 삶은 이제 뿌리까지 흔들릴 정도로 철저히 제한된 것이다.

생각을 피하는 것이 좋은 전략이라고 생각하는가? 다른 사람들에게 주는 피해는 제쳐놓고서라도 광장공포증에 걸린 사람이 그 공포를 피하려고 함으로써 덜 불안해진다고 생각하는가? 사실 그렇지 않다. 이런 장애를 지닌 사람들은 불안을 피하기 전보다 더 겁먹는다. 누구나 여행을 떠나거나 직장에 출근할 때 불안을 느낀다. 애초에 불안이 전혀 없을 것으로 기대하지도 않는다. 우리는 어느 정도의 불안은 괜찮다고 기꺼이 받아들인다. 불안을 기꺼이 받아들임으로써 우리 삶은 열려 있는 셈이다.

생각과 감정을 피하려고 할 때 우리는 '날아가는 돼지들'의 모순에 빠지게 된다. 날아가는 돼지들을 다루는 유일한 방법은 그 돼지들에 관해 생각해도 괜찮다는 태도다. 그래도 괜찮다고 결정하면 결국에는 그 돼지들에 관해 그리 많이 생각하지 않게 된다. 더 이상 그것을 하나의 문제로 규정하지 않기 때문이다.

비밀협상

여기에는 중요한 사실이 있다. 반드시 불편한 생각과 감정을 기꺼이 받아들일 용의가 있어야 한다는 점이다. 불편한 감정을 의식해도 좋다고 생각하는 척 자신을 속이지만, 실제로는 불편한 감정을 피하려고 그런 시늉만 한다면 그것은 비밀협상을 벌이는 것이다. 여전히 불편한 감정을 피하고 억누르는 데 지나지 않는 것이다.

나의 고객들은 종종 이런 숨은 의도를 무심코 드러낸다. 이들은 일주일 동안 자신들이 체험하고 있는 것들을 마음을 챙겨 의식하는 수행을 한 뒤 "효과가 없었어요" 하고 말한다. 어떻게 그걸 아느냐고 물으면 비밀협상이 분명히 드러난다. 그들이 말하는 '효과'란 불쾌한 생각과 감정을 느끼지 않는 것으로 이들이 여전히 불쾌한 생각을 회피하고 억압하여 상황을 교묘하게 처리하려고 했음을 보여준다.

우리들 가운데 많은 이들이 때때로 집을 나서면서 차고 문을 닫았는지 또는 커피포트를 껐는지 걱정한다. 그렇지만 그런 생각을 피하려고 하면 마음속에서 전쟁이 일어난다. 심하면 원치 않는 생각과 싸움을 벌이는 강박신경증에 걸릴 수도 있다.

우울증 병력이 있는 사람들은 우울한 생각을 피하려고 할 것이다. 슬픈 생각이나 감정이 들 때마다 그들은 걱정한다. 다시 우울증에 빠질까봐 겁이 나기 때문이다. 그것이 지독히도 괴로운 경험이었으므로 다시 우울증에 걸리지 않을 수만 있다면 무슨 일이든지 할 것이다. 그래서 그들은 슬픈 생각을 인정하려고 하지 않는다. 그러나 그러면 그럴수록 슬픔이 더 커진다. 우울증을 피하려고 하는 바로 그 노력이 실제로는 우울증을 키우는 주범인 것이다. 현실을 있는 그대로 경험하려고 할 때에만 불쾌한 생각과 감정의 수준이 심리적으로 자연스러운 균형을 이룬다. 비밀협상을 벌여 특정한 감정을 피하면 긴장과 번뇌를 느끼게 된다는 사실을 차차 배우게 될 것이다. 이제는 불쾌한 감정에 마음의 문을 여는 방법을 배우도록 하자.

내면 상태를 다루는 일은 우리의 주의를 끌려고 소매를 당기면서 "나 이거 할 수 있어! 와서 내가 하는 걸 봐봐!" 하고 말하는 어린아이를 다루는 일과도 같다. 나중에 보겠다고 미루면 어린아이는 더 세게 잡아당기고 더 크게 소리지르고 심지어 울먹이면서 더 간절하게 봐달라고 조른다. 아이를 피하면 피할수록 아이는 더 집요해진다. 손에서 내려놓고 싶지 않은 재미난 책을 읽고 있다 하더라도, 잠시 멈춰서 아이를 인정해주거나 아이가 보여주려던 것을 보아야만 다시 하던 일을 할 수 있다.

우리의 생각과 감정은 어린아이와 같다. 우리는 사람들이 보고 알아주고 느껴주기를 원한다. 우리가 피하려고 하면 할수록 상황이 더 나빠질 뿐이다.

마음은 열려서 자유롭게 흘러가길 바라며, 늘 변화하고 무상한 경험의 세계와 조화를 이뤄 나아가려고 한다. 그러나 우리는 믿을 수 있는 확실한 세계를 원한다. 늘 변화하는 불확실한 세계는 불안해서 피하고 싶어 한다. 이렇게 피하기만 하면서 늘 변화하고 무상한 경험의 본질에 저항하면 우리는 장애물에 가로막힌다. 그리고 이 장애물은 우리를 파국으로 몰아넣는다. 혈관에 장애물이 있다면 어떻게 될까? 심장마비나 뇌졸중이 일어날 수 있다. 마음속의 장애물도 마찬가지로 위험하다. 중요한 건 항상 실제 경험을 바탕으로 한 진실에 근거해서 생각해야 한다는 사실이다.

우리는 생각과 감정 앞에서 무력하지 않다. 우리에게는 생각과 감정을 다루는 방법이 있다. 그러나 무엇보다도 마음의 흐름이 원활해야 한다. 진실에서 출발해야 한다.

● ● 우리의 의식을 관리하기

우리의 의식은 하나의 정원이다. 정원에는 아름다운 식물이 많다. 사랑스러운 꽃, 아름다운 나무, 맛난 과일과 채소가 있다. 우리 의식 속의 치유 에너지에 자애로움, 지혜, 행복, 기쁨, 평온의 에너지가 상응하여 아름답게 나타난다. 그러나 아무리 부지런한 정원사가 가꾸더라도 잡초는 수시로 자라나기 마련이다. 당연히 우리 의식의 정원에도 자애로움, 지혜, 행복, 평온만이 자라나지는 않는다. 화, 슬픔, 짜증, 절망, 탄식, 좌절 등도 함께 자란다.

정원사라면 알겠지만 정원이란 땅 위만이 전투가 아니다. 땅 밑에 온갖 종류의 씨앗들이 잠자고 있다. 그중에는 우리에게 놀라움과 기쁨을 주는 갖가지 아름다운 꽃의 씨앗과 사랑스러운 식물의 씨앗들이 있다. 하지만 그리 달갑지 않은 기분 나쁜 식물의 씨앗들도 많다.

어느 봄, 나는 새로 채소밭을 가꾸려고 단단한 땅을 경운기로 헤집었다. 그러나 이 작업으로 땅속에서 잠자던 모든 씨앗이 휘저어졌다. 그해 여름 내내 나는 상추와 토마토가 잘 자라도록 잡초를 뽑아야만 했다.

살아가면서 어떤 일들은 경운기를 사용하는 것과 같다. 삶의 고난은 우리가 있는 줄도 모르거나 이미 해결되었다고 여긴 힘든 감정을 헤집어놓는다. 소중한 것을 잃게 되면 여태까지 경험했던 상실의 아픔이 되살아난다. 과거의 고통이 완전히 사라졌다고 생각했다면 크게 낙담할 것이다. 그러나 현명한 정원사는 준비가 이미 되어 있다. 그들은 정원에서 여러 종류의 씨앗들이 휴면하면서 나올 때만을 기다리고 있다는 사실을 알고 있다.

다행히도 어려운 일을 겪을 때는 놀랄 만한 기적이 일어나기도 한다. 또한 우리가 전에는 상상도 못했던 용기, 강인함, 인내, 혹은 자애로움을 발견하기도 한다. 그러나 그런 자질이 우리 내부에서 꽃을 피운다고 하더라도 커다란 상실, 좌절, 병, 혹은 다른 충격적인 일들을 당하면 감당하기 어려운 생각과 감정, 기억이 어김없이 되살아난다.

가장 중요한 수행은 훌륭한 정원사가 되어 우리의 의식을 관리하는 일이다. 그래서 훌륭한 자질이 꽃피울 기회를 늘리고, 가능한 한 의식 속에서 오래 자라게 하며 덜 훌륭한 자질은 눈에 띄지 않게 하는 것이다. 이런 방법으로 우리가 우리 의식의 정원을 가꾸면 아름답고 지혜롭고 진실한 요소가 자라날 것이고 덜 아름다운 요소들은 자라나기 어려울 것이다.

우리 의식의 정원을 가꾸는 데 가장 중요한 일은 충분한 햇빛과 물을 주는 것이다.

의식의 햇빛

긴 밤을 지새운 꽃 한 송이는 아침 해 뜰 무렵이면 완전히 꽃잎을 오므리고 있을지도 모른다. 그러나 서서히 햇빛이 꽃 속에 스며들면, 꽃은 저항하지 못한다. 꽃잎을 활짝 열고 아름다운 모습과 빛깔을 마음껏 뽐낸다.

의식이 꽃을 피우는 데 필요한 햇빛은 마음챙김이다. 마음챙김의 빛이 자애로움, 지혜, 평화, 행복의 아름다운 꽃을 비출 때 우리 내부에 그런 꽃이 피어나고 빛을 나타내게 된다. 이는 아이들이 부르는 노래 가사와 같다. "여러분이 행복하고 그것을 안다면, 손뼉을 치세요." 우리가 행복하고 또한 행복하다는 사실을 알면, 다시 말하면 우리가 행복하고 마음을 챙겨 행복을 의식한다면 우리는 훨씬 더 행복해질 것이다. 우리가 마음챙김의 빛을 우리 정원에 있는 사랑스러운 식물에 비출 때, 그 식물은 아주 잘 자란다. 그리고 자신의 참모습을 보여주고 번성하며 그렇지 않을 때보다 훨씬 더 오래 살아간다.

마음챙김에는 다른 중요한 특징도 있다. 의식의 햇빛을 우리가 감당하기 어려운 감정에 비출 때마다 그 감정이 약해진다. 우리가 슬픔, 근심, 화를 마음을 챙겨 의식할수록 이런 감정들은 다루기가 더 쉬워진다. 그리고 나타나는 빈도도 낮아지고, 힘도 약해지며, 지속되는 시간도 짧아진다.

물을 꽃에 주고 잡초에는 주지 마라

우리가 꽃밭에 물을 주러 나왔다면 예쁜 꽃에 물을 더 주고 당연히 물의 흐름에 신경을 쓸 것이다. 잡초가 자라는 곳에는 물을 허비하지 않는다. 가능한 한 잡초에는 물을 주려고 하지 않을 것이다.

우리의 의식도 마찬가지다. 주의를 기울여 우리 속에 있는 긍정적인 씨앗과 꽃을 선별하여 물 주는 법을 배워야 한다. 우리의 의식에도 잡초가 많다. 잡초에 물을 줄 필요가 없다.

우리가 이로운 정신 상태를 유지하려면 그런 상태로 이끌어주는 경험을 찾고 해로운 상태를 조장하는 불필요한 경험을 피해야만 한다. 긍정적이고 치유되는 무엇인가를 접하게 되면, 잠시 멈춰서 마음챙김의 등불을 켜고 그것을 맛보고 감상하라. 예를 들어 비오는 날, 우리가 신선한 비 냄새를 맡았다면 그 비를 깊이 감상하지 못하고 지나치는 대신 이 멋진 감각을 더 오래 느낄 수도 있다. 잠시 멈추고 비 냄새를 맡아라. 파란 하늘에 감명을 받았다면 잠시 시간을 내 마음을 챙겨 호흡하면서 멋진 하늘색을 마음껏 즐겨라. 이 놀라운 경험들을 사소한 것으로 치부하여 서둘러 지나치지 마라. 이런 경험들을 사소하게 여기는 건 결국 우리 자신을 사소하게 여기는 것과 같다. 우리의 삶이다. 우리의 삶을 즐겨라!

때때로 우리는 무의식중에 우리 의식 속에 있는 잡초에 물을 준다. 우리는 자발적으로 해롭고 파괴적인 것에 우리 자신을 노출시킨다. 슬픈 일을 당하면 슬픈 음악을 듣고, 과음하며, 마음속으로 슬픈 생각을 곱씹고, 우리의 이야기를 참고 들어주는 사람에게 하소연을 되풀이하며 더 큰 슬픔에 젖어들게 된다.

우리의 의식을 좀먹는 일을 멀리하라. 영화, 텔레비전, 책, 잡지, 심지어 대화가 우리 의식 속에 있는 부정적인 씨앗을 북돋을 수 있다. 우리가 어떻게 이런 것들에 영향을 받고 또 어떻게 그런 영향에서 벗어날 수 있는지 살피는 일이 중요하다. 비록 인기가 많고 비평가들이 예술성이 있다고 평하더라도 그것에 영합하지 않아야 한다. 그것들의 부정적 영향을 분명히 이해한다면 우리는 이런 종류의 경험을 가까이하지 않을 것이다. 세상에는 아름다운 일들이 많다. 우리 자신을 파멸로 이끄는 일에 그토록 집중해야 할 이유가 있을까?

●● 마음챙김 키우기

고통을 치유하는 마음챙김을 두 가지로 구분해 볼 수 있다. 그것은 단순한 인식과 깊은 수용이다.

단순한 인식

고통스러운 감정의 에너지를 체험할 때 우리는 내면에 있는 다른 종류의 에너지를 불러일으켜 이런 감정을 다스려야 한다. 이런 두 번째 종류의 에너지가 마음챙김의 에너지다. 우리 주변에 있는 것들을 살펴보고 단순한 인식을 연습해보자. "이건 뭐지? 내 몸, 내 마음속에서 내가 무엇을 경험하고 있지?"라고 스스로 질문하면서 관심과 친근한 호기심에 대한 느낌을 불러일으켜 보자. 일종의 떠오르는 생각에 주의를 기울여라. 우리의 현재 감정에 주의를 기울여라. 이런 생각과 감정에 연관된 신체의 감관sensations에 주의를 기울여라. 심호흡한다. 감관에 기꺼이 함께 하는 것을 연습해보자. 우리의 의식이 고요하고 맑은 산의 호수와도 같은 것들을 생각하게 하라. 우리는 생각과 감정이 그 밖의 것들과 마찬가지로 잠깐 나타나, 잠깐 머물렀다가, 이내 사라져버린다는 사실을 잘 알고 있으므로 그것들이 불쾌하더라도 두려워할 필요가 없다. 우리는 이런 생각, 감정과 함께 심호흡하면서 그것들을 받아들일 수 있다. 다음의 문구를 이용해서 그것들에 집중하라.

- 숨을 들이마시고 내쉬면서 나는 여기에 슬픈 감정이 있다는 것을 안다.
- 숨을 들이마시고 내쉬면서 나는 화나는 감정이 있다는 것을 안다.
- 숨을 들이마시고 내쉬면서 나는 상황이 절망적이라는 생각이 떠오르고 있다는 것을 안다.
- 숨을 들이마시고 내쉬면서 나는 내가 긴장했다는 것을 안다.

이러한 관찰들이 어떻게 문자화되는지를 아는 것이 중요하다. 자신에게 그냥 "나 화났어!"라거나 "나는 슬프다!" 또는 "절망이야!" 하는 식으로 말해서는 단순한 인식을 수행할 수 없다. "나 화났어" 하고 말하면 우리는 자신을 그 감정과 동일시하게 된다. 그 속에 녹아들어가 우리에게 있는 것이 화뿐인 것처럼 여겨진다. 우리가 화 자체가 된다. 그러나 "여기 화가 있다" 하고 자신에게 말하면 자유의 구역을 열게 되고 우리와 그 감정 사이에 공간이 생긴다. 화가 몸과 마음속에 일종의 에너지로 존재한다는 사실을 알 수 있으며, 또 우리가 화 자체가 아니라는 사실을 떠올릴 기회가 생긴다. 우리는 화가 영구적이거나 개인적인 것이 아님을 알고 있다. 화가 난 당시에는 화로 가득 차 있겠지만, 그렇다 하더라도 우리는 화 자체가 아님을 알고 있다.

마찬가지 방법으로 "이건 최악이야!" 하고 말하는 대신에 "나는 이것이 최악이라 생각하고 있어" 하고 말하라. 우리가 우리 자신에게 "이건 최악이야" 하고 말하면 그것이 궁극적인 진실처럼 보인다. 우리는 그것에 이의를 제기하지 않을 것이다. 하지만 우리가 마음을 챙겨 일어나는 일을 살피고, "나는 이것이 최악이라 생각하고 있어" 하고 자신에게 말하면, 이것은 단지 하나의 생각일 뿐이라는 사실을 알게 된다. 이것은 사실일 수도 거짓일 수도 있고 아니면 그 중간일 수도 있다. 그렇지만 이것을 우리가 맹목적으로 받아들일 필요는 없다.

에즈라 베이다 선사는 고통스러운 생각이 일어날 때, 참을 수 없다고 **믿게 되는** 생각을 하고 있다고 자신에게 말함으로써 그것에 주목하라고 제안한다. 이 단순한 단어 '믿게 되는'은 흥미롭게도 효과가 매우 좋다. 우리가 그 생각을 믿게 된다는 사실에 주목하면 그 이면에 그것을 믿지 않을 수도 있는 가능성을 열어둘 수 있기 때문이다. 이것은 고통스러운 생각과 싸움을 벌여 다시 자신을 전쟁터에 보내는 위험을 감수하는 것보다 훨씬 현명한 방법이다. 자신과 싸움을 벌이면 우리는 무엇인가를 믿는 나와 믿지 않는 나 사이에서 다투게 되어 평화가 좀처럼 찾아오지 않을 것이다. 그래서 베이다는 '믿게 되는'이라는 단어를 사용하라고 가르친다. 그 감정과 다투지 말고, 그 감정이 흘러가게 버려두라.

깊은 수용

첫 번째 전략은 단순히 알아차리는 연습 또는 단순한 인식이다. 이는 그 순간에 느껴지는 감정과 다투지 않고 그냥 알아차리는 것이다. 우리에게 걱정이 있고, 걱정이 있다는 사실을 알아차린다면 어느 정도 마음챙김을 이미 하고 있는 셈이다. 하지만 마음챙김이 더욱 견고해지고 안정되면 명료함, 고요함, 받아들임이라는 강한 요소를 더해 마음챙김의 질을 높이는 방법을 배워야 한다. 우리가 겪는 고통의 영역을 **수용**함으로써 명료함과 고요함을 일으킬수 있다. 처음에는 마음챙김이 쉽게 무너지기도 할 것이다. 그러나 수행이 심화될수록 마음챙김이 강해져서 매우 어려운 감정까지도 고요히 감싸 안는 능력이 생기게 된다. 때때로 현재에 충실할 수 없게 방해하던 것들이 더 이상 그렇지 않게 되는 것을 깨닫게 된다. 이것이 우리에게 수행을 계속하게 하는 힘을 준다.

이런 수행을 익히기 위해 심호흡한다. 우리의 평온하고 고요하며 지혜로운 면을 살펴본다. 첫째 이것이 어렵다면 아름다운 호수나 산과 같이 고요한 감정을 불러일으키는 무엇인가를 생각함으로써 시작한다. 그런 다음 고요함의 이미지를 버리고 고요함만 그대로 유지한다. 그리고 이 에너지로 다정하고 자애롭게 우리의 감정을 수용한다. 우는 어린아이를 매우 부드럽게 안아주는 어머니처럼 우리의 아픔을 감싸 안아라. 어머니는 아이를 강압적으로 안지 않는다. "조용히 해! 참을 수가 없잖아! 철 좀 들어라! 나이 값 좀 해!" 하고 아이에게 말하지 않는다. 아이와 아이의 고통을 모른 처하지 않는다. 대신 어머니는 평온, 명료함, 마음챙김으로 참을성 있게 아이를 안고, 우는 모습을 지켜보고 아이가 겪는 고통의 본질이 무엇인지 살펴본다. 때때로 자상한 어머니의 이미지를 의식적으로라도 불러내어 고통을 이렇게 감싸 안고 치유의 마음가짐이 생겨나게 하는 것도 도움이 될 것이다.

평온하고 수용적인 마음의 상태를 불러일으키기 위해 종교적 요소를 사용해도 좋다. 불교 신자들은 흔히 그런 방법으로 붓다의 이미지를 사용해왔다. 고요하고 아름다운 불상을 바라보면 큰 효과를 볼 수 있다.

한 번은 가톨릭 신자인 한 여성 고객에게 성모 마리아의 이미지로 이렇게 해보도록 권고한 적이 있다. 나는 그녀에게 평온하고 사랑을 떠올리게 하는 성모 마리아의 이미지를 깊이 생각해보고, 성모 마리아가 그녀를 안고 고통을 진정시켜 주는 모습을 상상하도록 제안했다. 이것은 그녀에게 꽤 효과가 있었다. 자비로운 관세음보살이나 예수, 성인 또는 평온, 자애로움, 지혜를 나타내는 이미지라면 그 어느 것이라도 좋다. 그러한 이미지를 활용하여 의식 속에 이런 자질이 나타나도록 하라. 그 이미지가 고통을 감싸 안도록 하라.

이러한 이미지에서 연상되는 고요함을 통해 평온한 마음을 불러일으켜서 고통스러운 감정과 다투게 하려는 마음을 없앨 수 있다. 다툼은 없다. 억압도 없다. 우리의 고통을 감싸 안아주는 평온하고, 끈기 있고, 자애로운 의식만이 있을 뿐이다. 손가락을 베였을 때 세포에게 강요해서 상처를 치료하지 않듯이 강요하지 않는다. 상처를 닦아내고 보호해 줌으로써 치료할 뿐이다. 억지로 낫게 하지 않는다. 그냥 저절로 치유될 수 있는 환경을 만들어주기만 하면 된다.

우선 이 수행은 가벼운 감정적 장애를 해결하는 데 도움이 된다. 이대로 하면 많은 자신감을 얻을 수 있다. 우리는 이 수행을 신뢰하게 되고 직접 그 효과를 경험하게 될 것이다. 심한 감정적 장애라면 더 힘들 수 있겠지만 적용되는 원칙은 같다. 좀 더 인내심을 갖고 반복적으로 우리의 고통을 꾸준하게 그리고 다정하게 돌보아주면 된다. 우리가 작은 어려움에서 힘을 길렀다면 필요한 통찰력을 얻게 될 것이다. 그렇지만 감정이 미미해서 우리가 이런 수행을 하지 못했다면 좀 더 강렬한 감정이 솟아오를 때까지 기다려야 할지도 모른다.

마음챙김이 점점 강렬해지면서 우리는 일상생활의 어려움이나 커다란 변화 같은 삶의 장애물 앞에서 강해진 자신을 경험하게 된다. 자신을 엄청나게 괴롭히던 것들이 이전만큼이나 강렬하지 않고 고통받는 시간도 줄어들었다는 사실을 깨닫게 된다. 강렬한 감정 때문에 잠시 아니 며칠, 몇 주, 또는 그보다 더 오랫동안 고통을 겪더라도 절대 실패했다고 생각하지 마라. 하지만 그 고통이 너무 강렬하고 너무 오래 지속된다면 전문 치료시설에서 심리치료사에게 도움을 받아라. 다른 사람들의 도움을 받는 건 실패가 아니다. 높은 경지에 오른 마음챙김 수행자들도 자주는 아닐지라도 동일한 고통을 겪는다. 진짜 실패는 수행을 중단하는 일이다. 힘든 경험으로 자책하며 시간을 낭비하지 말고 가능한 한 속히 마음챙김을 통해 고요하고, 자애롭고, 받아들이는 에너지를 키워라.

● ● 해독제로서의 역할

마음챙김의 명료함과 고요함은 일반적으로 고통스러운 정서 상태를 치유할 수 있다. 마음챙김이 우리의 뒤흔드는 감정을 고요하게 해준다. 마음챙김으로 그 감정을 수용함으로써 우리는 모든 어려움을 헤쳐나가는 길을 점차 발견하게 된다. 그러나 붓다의 가르침에는 좀 더 구체적인 전략이 있다. 일반적인 치료법으로 이용하는 마음챙김과 더불어 더욱 구체적인 방법을 사용할 수 있다. 그것이 바로 해독제로서의 역할이다.

예를 들어 증오나 분노를 느낄 때, 사랑과 자비가 해독제 작용을 할 수 있다. 증오나 분노를 없애려면 우리를 화나게 한 사람도 우리처럼 고통을 피하고 행복해지려고 한다는 사실을 분명히 인식해야 한다. 그 사람의 행동은 단지 스스로 행복해지려는 의도에서 비롯된 것이다. 비록 그 행동에 대한 그의 생각이 매우 왜곡되어 있더라도 말이다. 이 통찰의 이면에는 반드시 어떤 에너지가 있어야 한다. 그러나 위와 같은 사실을 충분히 생각하고 분명하게 알게 되면 우리의 화가 누그러질 것이다.

"적의 비사를 읽을 수 있다면, 우리는 모든 적가심을 누그러뜨리기에 충분한 슬픔과 고통을 보게 된다"고 미국의 시인 롱펠로(2000, 797)는 적었다. 살아 있다면 언제라도 경이로운 경험을 많이 할 수 있다. 그렇다고 이 말이 어려움을 겪지 않는다는 뜻은 아니다. 이런 어려움을 잘 이용하면 자비를 배울 수 있다. 우리는 고통받는 것이 무엇인지 안다. 최선을 다하지 못하고, 결국은 지혜롭지 못한 언행을 하거나 위험한 일을 하고 마는 것이 무엇인지 안다. 이런 성향을 매우 명료하게 알면 다른 사람들에게 자비를 베푸는 데 적용될 수 있다. 조금만 훈련하면 된다.

우리는 무상에 대한 가르침으로 화를 누그러뜨릴 수도 있다. 누군가에게 화가 난다면 우리와 그 사람이 죽고 없을 미래를 상상해보라. 나처럼 그 사람도 결국 뼈나 흙에 불과하다는 사실을 깨달으면 영원의 렌즈를 통해 화가 난 상황을 살펴볼 수 있다. 이 사실을 분명하고 깊이 있게 인식한다면 우리의 화는 사라지고 말 것이다.

슬픈 감정이 생긴다면 우리 삶의 좋은 것들을 상기하여 해독제를 준비하라. 현재 상황에서 좋은 것들을 마음에 떠올리고, 그것들에 집중하여 깊이 생각하라. 다시 말하지만 이것은 우리 속에 다툼을 일으키려는 의도가 아니다. "내게는 슬픔을 느낄 자격이 없어. 왜냐면 다른 사람들이 가져본 적조차 없는 이렇게 좋은 것들 모두를 내가 누리고 있으니 말야" 하고 자책할 필요도 없다. 단지 슬픔에 주목하고, 마음을 챙겨 그 슬픔을 감싸 안고, 동시에 다른 종류의 에너지를 키우면 된다. 슬픔 그리고 고통과 더불어 행복이나 감사의 에너지를 키우고 그 행복한 감정이 자연스럽게 불행한 감정을 돌보도록 하면 된다.

우리가 아주 슬플 때 소외되고 분리되어 홀로 슬픔에 잠겨 있다고 느끼기도 한다. 내 고통과 내가 견디고 있는 상황을 다른 사람들은 전혀 겪어보지 못했을 것처럼 느낀다. 그런 감정은 망상이지만 어떤 때는 주체하기 힘들 정도로 강렬하다. 그럴 때는 우리와 동일한 어려움을 겪고 있는 세상의 모든 사람을 생각하고 그들 모두에게 자애로움의 빛을 보낸다고 상상하라. 유산한 적이 있는 여인은 같은 일을 겪은 모든 여인에게 자애로운 빛을 보낼 수 있다. 이혼한 사람은 같은 이유로 슬퍼하는 많은 사람들에게 자애로운 빛을 보낼 수 있다. 심지어 특별한 이유 없이 슬픔에 빠졌다고 할지라도 이유 없이 슬픔에 잠긴 모든 사람에게 자애로움의 빛을 보낼 수 있다. 우리는 이렇게 곧바로 기분전환을 할 수 있다. 이제는 슬픔이 아직 남아 있더라도 그 슬픔의 성격은 이미 전과 다르다. 그 슬픔이 나와 다른 사람들을 분리하는 대신 나와 다른 사람들을 **연결해주기** 때문이다.

그렇다면 질투가 날 때는 어떤 종류의 에너지가 필요할까? 우리의 친구가 더 좋은 차나 집을 갖고 있다고 해보자. 아니면 우리가 관리자인데 우리의 동료가 표창을 받거나 큰 액수의 보조금을 받았다고 해보자. 또는 우리가 작가인데 친구의 책이 베스트셀러가 되었다고 생각해보자. 우리도 사람이기에 "왜 내가 아니지? 왜 그런 좋은 일이 내게는 일어나지 않는 걸까?" 하는 감정이 들 것이다.

마음챙김은 "나는 이것이 무엇인지 안다. 이것은 부러움이다.", "부러움이란 감정이 여기 있다" 하고 진실을 인정하는 데서 시작된다. 일단 부러움을 인식하고 나면, 이런 감정에 빠지는 것이 고통스러우며 도움이 되지 않는다는 사실을 깨닫게 된다. 물론 이런 감정은 당연하고 자신을 탓할 필요도 없다. 이미 언급했듯이 이런 생각은 저절로 생기기 때문이다. 그러나 이 사람이 얼마나 운이 좋은지, 이 사람의 좋은 일이 내게 생긴다면 얼마나 좋을지, 이 사람은 얼마나 기분이 좋을지 깊이 생각해보자. 또한 이 사람의 어려움을 알게 되면 좋은 일이 이 사람에게 생겼다는 것은 정말로 반가운 일이 될 수도 있다. 다시 말하면 무아의 연습을 통해 우리는 다른 사람들에게 생기는 좋은 일이 내게 생긴 것이나 다름없다는 사실을 깨닫고, 그들의 행복과 나의 행복이 서로 연결되어 있다는 사실을 배우게 된다. 결국 누군가에게 좋은 일이 생기면 내게도 같은 일이 생길 수 있는 것이다.

마찬가지로 창피를 당하거나 당황하게 될 때 최고의 나, 즉 우리의 좋은 성품과 우리가 이루어낸 성과를 떠올려라. 우리 내면의 불성을 떠올려라. 실망을 느낄 때는 우리 삶의 좋은 것들을 생각하고 감사하는 마음을 이끌어내라. 고통스런 감정이 일어날 때는 그 감정과 다툴 필요가 없다. 대신 무엇이 해독제가 될지 찾아보고 지혜와 명료함으로 그 해독제를 불러와 그 해독제가 스스로 고통을 치료하도록 내버려두라.

● ● 감정을 다루는 두 가지 단계

감정을 다루는 데는 본질적으로 두 단계가 있다. 하나는 느끼고 체험하는 것을 마음을 챙겨 인정하는 일이고 다른 하나는 그 감정을 다스리는 일이다. 불필요한 고통은 대부분 이 두 단계 중 하나가 잘못되었거나 또는 완전히 무시되었기 때문에 생긴다.

스티브와 카린

스티브는 스포츠용품점 주인으로 많은 사람들이 그를 회복력이 있고 성공한 사람으로 여긴다. 사업에 어려움이 생기면 그는 문제 해결 모드로 당당히 맞서고 자신의 감정에 빠져 헤어나지 못하는 일이 없다. 하지만 그는 이런 방식으로 사는 가운데 어떤 면에서는 모든 일이 잘 풀렸지만, 어떤 면에서는 전혀 그렇지가 못해서 치료를 받으러 왔다. 사업에서는 잘 통하던 것이 인간관계에서는 문제가 있었다. 이 때문에 스티브는 가까운 친구나 배우자가 없었다. 친구나 배우자는 그에게 매우 중요한 존재인데 말이다.

카린은 스티브와 정반대되는 어려움을 겪었다. 그녀는 유명한 법률회사에서 잘 나가는 변호사로 거대한 조직에서 많은 사람들과 함께 지내야만 했다. 그러나 회사가 언제나 카린을 지지하는 건 아니다. 그래서 그녀는 자신이 맡은 업무에 대해 극찬에 가까운 평가를 받지 못할 때마다 의기소침해진다. 이런 스트레스는 그녀의 직장 생활뿐만 아니라 사생활에도 영향을 미쳤다. 친구와 동료가 그녀의 심한 감정 기복에 질려서 그녀를 떠나버리는 것이다.

스티브는 두 번째 단계, 즉 감정을 다루는 일에는 문제가 없었지만 첫 번째 단계, 즉 마음을 챙겨 자신의 감정을 인정하는 데 문제가 있는 것이 분명했다. 그는 어려운 상황을 수습하고 처리하느라 매우 바쁘게 시간을 보내지만, 문제의 정서적인 측면은 거들떠보지도 않기 때문에 자신에게 무슨 일이 일어나는지 좀처럼 의식하지 못했다. 대처 능력이 뛰어난 것이 겉보기에는 스티브의 장점으로 보인다. 그러나 그는 자신이 실제로 느끼는 감정을 피한다. 자신의 감정에 제대로 주의를 기울이지 않기 때문이 그의 대처 방법은 결국 헛다리만 짚는 것이다. 그는 나약한 감정을 인정하지 못하기 때문에 대인관계 능력이 떨어진다. 친해지는 데는 자신의 나약함을 드러내 보이는 것보다 더 좋은 방법이 없기 때문이다.

반면 카린이 대처하는 방식은 스티브와는 전혀 달랐다. 그녀 역시 첫 번째 단계에 문제가 있다. 강렬한 감정이 일어나는 걸 알지만 그 감정에 완전히 사로잡혀 버린다. 어느 정도는 그 사실을 알지만 마음을 챙겨 의식하지는 못한다. 자신의 감정을 의식하여 감싸 안지 못하고 그 감정에 함께 휩쓸려 가버린다. 폭풍같이 휘몰아치는 감정에 너무 심하게 시달린 나머지 자신의 감정을 다스리는 두 번째 단계로 넘어가지 못하기 때문이다. 그녀는 심지어 "나 자신을 위해 어떻게 해야 하지? 이런 감정을 내가 어떻게 다뤄야 좋을까?" 하고 단 한 번도 자문해보지 않았다.

스티브와 카린은 매우 달라 보이지만, 사실 두 사람 모두 마음을 챙겨 자신들의 감정을 인정하는 첫 번째 단계에 문제가 있었다. 스티브는 자신이 느끼는 감정을 전혀 알려고 하지 않은 반면 카린은 자신의 감정에 빠져 헤어나지 못했다. 두 사람 모두 마음을 챙겨 감정을 의식했다면 겪지 않았을 일이다. 심리치료사가 카린에게 감정을 의식해보라고 말하면 그녀는 웃을 것이다. 하루 종일 하는 일이 감정을 느끼는 것이라고 말할지도 모른다. 그러나 사실 그녀는 마음을 챙겨 자신의 감정을 의식하지 못하고 그 감정에 묻혀 헤어나지 못한다. 마음챙김이란 한쪽에는 거부 그리고 다른 쪽에는 히스테리나 혼란이 있는 길에서 중도를 지키는 것이다. 마음챙김은 생각과 감정에 빠져 길을 잃고 헤매지 않으며, 생각과 감정은 무상하고 무아라는 것, 그리고 지속되지 않으며 우리가 아니라는 진실을 깨닫는 것이다.

스티브와 카린은 어느 정도 자신들에 대한 생각 때문에 그와 같은 반응을 보인 것이다. 스티브는 자신을 강하고 현실적인 사업가로 생각하기 때문에 쓸데없는 감정에 허비할 시간이 없었다. 도대체 감정이 무슨 도움이 된단 말인가? 그에게 감정을 느끼는 것은 곧 나약함을 의미했다. 한편 카린은 자신을 나약하다고 생각했다. 자신을 그런 식으로 보기 때문에 대번 강렬한 감정이 일어나면 그녀는 그 감정을 자신이 나약한 증거로 치부했다. 자기감정에 사로잡혀 희생양이 된 것이다.

무상과 무아의 시각으로 보면 카린과 스티브가 자신들에 대해 품은 생각은 만들어낸 이야기에 불과하다는 사실을 알 수 있다. 스티브가 좀 더 주의를 기울인다면 우리 모두가 그렇듯 그도 자신의 나약함을 때때로 느낄 수 있을 것이다. 그런 감정은 그가 자신을 강하고 유능한 사람이라고 생각하는 감정과 마찬가지로 나타났다가 사라진다. 감정은 그를 약하게 혹은 강하게 만들지 못한다. 사람이라면 누구나 이런 감정의 기복을 겪는다.

카린 역시 자신이 강하다는 감정과 더불어 약하다는 감정도 느낀다. 그러나 자신이 약하다고 스스로 만들어낸 이야기 때문에 강하고 유능하다는 감정이 거의 겉으로 드러나지 않는다. 그녀는 약한 감정을 느낄 때마다 두려워하고 피하려고 했으므로 오히려 약한 감정을 더 강하게 느끼게 되었다. 작은 감정의 물결이 거대한 지진해일로 둔갑해 그녀가 지닌 긍정적인 감정을 모조리 쓸어버린 것이다.

마음을 챙기면 한쪽으로 치우치지 않고 중도를 지킬 수 있다. 생각이란 일어났다가 사라진다는 사실을 우리는 안다. 가장 심오하고 완전한 의미에서 생각이란 결코 진실이 아니란 것도 안다. 생각은 모두 일방적이며 부분적이다. 약하고, 두렵고, 외롭거나 슬픈 감정을 전혀 느끼지 않는 사람이란 없다. 그러나 이런 감정은 자연스러운 과정에서 나오는 결과물이며 우리가 누구라거나 세상이 어떻다는 식의 궁극적인 진실이 아니라는 사실을 알고 있기 때문에 살아갈 수 있는 것이다. 이런 감정에 휩쓸려 웰빙과 행복까지 사라지게 할 필요는 없다.

두 단계 따라 하기

첫 번째 단계는 우리가 실제로 경험하는 것을 자각하게 하는 일이다. 단순한 인식과 명료하고 고요한 의식을 활용하여 마음을 챙기고 정확하게 무슨 일이 일어나는지 보라. 마음챙김으로 우리가 느끼는 감정을 감싸 안는다. 현재 경험하는 감정을 분명히 인식한 후에 두 번째 단계로 넘어가야 한다. 충분한 시간을 두고 연습해보라. 마음을 챙기면 안전하게 행동하기에 감정이 너무 강한 때를 알 수 있다. 말하거나 행동하기 전에 평온하고 명료한 상태가 될 때까지 기다려라. 성급하고 충동적인 언행은 전혀 도움이 되지 않는다.

사람들은 종종 마음챙김이 수동적인 수행법이라는 생각에 사로잡혀 있다. 그러나 그런 생각은 사실과 거리가 멀다. 마음을 챙겨 살아가면 생각이 명료하고 깊은 가운데 행동하게 된다. 반대로 감정에 얽매여 살아가면 상황을 악화시키기만 하는 수많은 언행을 저지르게 된다. 보통 맨 처음 생각나는 말이나 행동은 매우 위험하다. 그러나 무슨 일이 일어날지 깊이 있고 명료하게 의식하면 자연스럽게 그 의식을 바탕으로 행동하게 된다. 이렇게 명료함과 고요함을 바탕으로 하면 우리는 좀 더 적절하게 행동할 수 있다. 내 언행으로 나 자신과 남에게 상처를 주는 일이 적어진다. 마음챙김을 바탕으로 한 행동은 그 자체로 정당성을 가진다.

야구에서 가장 중요한 피칭은 스트라이크 원이라고 한다. 투수가 첫 번째 공을 스트라이크에 넣으면 그만큼 유리해진다는 뜻이다. 마찬가지로 첫 번째 단계가 핵심이다. 첫 번째 단계를 제대로 따르고 저절로 일어나는 감정을 억누르거나 그것에 휘둘리지 않고 충분히 깊게 의식하면 자연스럽게 두 번째 단계로 넘어갈 수 있다. 무엇을 하고 하지 말아야 할지 알게 되는 것이다. 일단 평온하고 명료한 상태가 되면 어떻게 행동해야 상황을 개선하고 좋은 기분을 느낄 수 있는지 알게 된다. 마음을 챙겨 알아차리고 그 의식을 바탕으로 효과적으로 행동한다면 힘이 생기고 안정과 치유를 경험하게 될 것이다.

반복적 사고를 중단하기

감정을 다루는 두 번째 단계는 우리가 겪고 있는 어려움에 대해 심각하게 고민하고 그 속에 빠져 헤어나지 못하는 경향에서 탈피하는 것이다. 고민을 멈추기 위해 우리는 어떤 활동에 참여하는데, 그런 활동에는 두 가지 종류가 있다. 하나는 장악력, 즉 성취감이고 또 하나는 적극적인 참여를 이끌어내는 즐거운 것, 즉 **몰입감**을 주는 것이다.

장악이란 어떤 일을 해내는 것과 관련이 있다. 요금이 체납되었거나 집 청소를 해야 할 때, 정원을 손질하고 전화를 걸어야 할 때, 그런 일을 마치고 해야 할 일 목록에 줄을 그어버리면 기분이 나아진다. 성취감과 미루던 일을 했다는 생각에 바로 기분이 좋아지는 것이다. 해야 할 일을 했다는 안도감과 더불어서 그 일을 하는 동안 근심을 잊어버린다. 감정이 강해져 점점 더 고통스러워지는 악순환을 되풀이하지 않는다.

몰입감이란 우리가 완전히 참여할 수 있고 우리 수준에 적당한 활동을 할 때 일어나는 것으로 특정 활동을 언급하는 것이 아니다. 예를 들어 탁구나 테니스를 하면서도 몰입을 경험할 수 있다. 상대와 실력이 비슷하면 우리는 게임에 완전히 몰입할 수 있다. 생각이나 근심이 떠오를 겨를이 없다. 게임에 집중해서 상대편 공격에 재빨리 응수해야 하기 때문에 우리는 현재의 순간에 살아 있음을 느낀다.

때때로 그런 활동은 고통스러운 감정 상태에서 벗어나게 해준다는 의미에서 기분전환으로 불린다. 그러나 기분전환의 효과를 톡톡히 보려면 그런 활동을 하는 동안 정신을 팔아서는 안 된다. 몰입할수록 좋다. 그러므로 집중하라. 지금 하는 일에 모든 집중력을 쏟아부어라. 우울하거나 다른 고통스러운 감정 상태에 쉽게 빠지는 경향이 있다면 미리 몰입감을 주는 활동목록을 작성하라. 이미 슬픈 감정에 빠져 있거나 근심이 있는 상태에서는 무엇을 해야 할지 생각하기가 어렵기 때문이다. 미리 목록을 준비하면 어떤 기분에 빠져 속수무책으로 있는 대신 무엇인가 할 수 있는 일이 생긴다.

활동을 마친 후에는 어떤 감정이 느껴지는지 살펴보라. 보통 우리의 감정은 강도가 약해져 있을 것이다. 적어도 그 감정의 성격이 달라진 것을 알 수 있다. 이런 식으로 우리는 생각과 감정의 무상함을 확인할 수 있다.

심리학자는 등급 매기기를 좋아한다. 그리고 그 자체가 마음챙김의 연습이기도 하다. 과학자처럼 생각하기 좋아한다면 어떤 활동을 하기 전과 후에 우리가 느끼는 고통의 정도를 0에서 10까지 숫자로 나타내보라. 미묘한 변화를 느끼는 데 도움이 될 것이다. 어떤 활동을 하기 전에 좀 우울했는데 지금도 좀 우울하다고 대충 생각하는 대신에 숫자로 등급을 매겨 슬픔이 6에서 5로 줄어들었다고 한다면 비록 작은 변화라도 알아차릴 수 있을 것이다.

활동의 효과를 살펴봄으로써 어떤 활동이 가장 도움이 되는지도 알 수 있다. 그래서 활동이 필요한 경우 효과가 가장 큰 것을 선택하고 효과가 없는 것은 피하면 된다. 이는 우리가 의식의 정원을 가꾸는 중요한 일이다.

● ● 우리의 의식 보살피기

우리의 의식을 보살피는 일은 매우 중요하기 때문에 쉽게 참고할 수 있도록 이 장에서 그 전략들을 요약했다. 고통을 느낄 때는 이 요약본을 참고로 필요한 수행을 실천하라.

- 우리의 생각이 현실을 인식하는 데 생각보다 많은 영향을 준다는 점을 기억하라. 고통을 받을 때, 보이는 것보다 상황이 그리 절망적이지 않을 수도 있다.
- 단순한 인식을 연습하라. 억누르거나 피하지 마라. 생각, 감정 그리고 신체 감관에 주의를 기울이면서, 경험하는 것을 인정하라. "여기에 _____의 감정이 있다." "나는 _____으로 믿어지는 생각을 하고 있다." "내 몸에서 _____을 느끼고 있다". 이런 경험을 하는 동안 마음을 챙겨 호흡하라.
- 깊게 수용하기를 연습하라. 우리의 마음을 고요하게 하는 이미지(아름다운 호수나 산, 나무나 꽃, 붓다나 예수 같은 이미지)를 떠올려 마음을 평온하게 하고 의식 속에 지혜를 불러와 어린아이를 품에 안은 자애로운 어머니처럼 부드럽게 고통을 감싸 안도록 하라.
- 어려운 일이 생기더라도 굳세게 헤치고 나갈 수 있도록 삶의 긍정적인 요소들을 의식하는 연습을 하라.
- 심리적 방어를 연습하라. 자신을 보호하고 주위의 해로운 심리적인 요인들은 가능하면 피하라.
- 해독제를 사용하라. 화가 날 때는 사랑과 자비를, 슬플 때는 행복을, 불안하고 근심이 있을 때는 고요함을 불러내고, 시기심이 생길 때는 다른 사람들의 행복이 내 것인 양 느끼고 함께 기뻐하라.

- 마음을 챙겨 감정을 인식하고 그 감정을 다스리는 두 단계를 따라 하라. 상황에 대한 새로운 시각을 가지거나 행동을 취하기 전에 실제로 느끼는 감정을 반드시 인정하라.

- 고립과 소외감에서 벗어나도록 나와 비슷한 상황으로 고통을 겪는 모든 이에게 자애로움의 빛을 비추어라.

- 본질적으로 만족감이나 성취감을 주는 활동에 참여함으로써 반복적인 사고를 중단하라.

- 무상함을 확인하라. 시간에 따라 감정이 어떻게 변하는지 살펴보라. 예를 들어 어떤 활동을 하고 그 활동의 전과 후에 고통스런 감정의 강도를 0에서 10까지 등급을 매겨라.

5

자아, 무아, 그리고 타인

✕ ✕ ✕

자신을 사랑하는 일이
얼마나 중요한지 알게 되는 순간
여러분은 다른 사람들에게 고통을 주는 일을
멈추게 될 것이다.

붓다

우리 문화는 너무나 자기중심적이다. 모두가 자기만족에만 몰두하고, 자신을 아끼며 저마다 앞다투어 자신의 욕구를 적극적으로 표현한다. 자신의 기대에 부응하는 직업과 인간관계만을 원한다. 좋은 옷과 잘 꾸며놓은 집, 최상급 원두커피, 고급 승용차, 환상적인 여행을 원하고 거의 쓰는 일이 없더라도 최고급 장비를 구비해야 한다. 우리는 분명 욕망의 영역으로 불교의 세계관에서 맨 아래에 있는 욕망이 존재하는 세계인 욕계欲界에서 살고 있다. 그러나 아이러니하게도 한층 더 깊이 들여다보면 우리는 자기 자신을 사랑하고, 자신에게 자애로우며, 진정으로 자신을 존중하는 데는 매우 서투르다. 자기중심적인 성향을 과도하게 표출하여 그 이면에 깔려 있는 자기혐오를 가까스로 숨기고 있는 것이다. 심리치료사라면 누구나 자기애 결핍으로 어려움을 겪는 사람들을 치료해보았을 것이다. 마시가 좋은 사례다.

선물을 거부한 마시

마시는 천성적으로 타인을 돌보는 성격이다. 헌신적인 간호사이자 헌신적인 아내이며, 또한 딸이고 엄마다. 남편은 변호사로 권위적인 사람이다. 집안 모든 일은 남편을 중심으로 이뤄진다. 그녀는 직장 일에다 아이를 돌보고 까다로운 남편 비위까지 맞추느라 지치고 고통스럽다. 언제나 주변 사람들을 돌보아야 하고 자신을 돌보는 일은 거의 없어서 그녀는 타인에게 도움이나 조언을 구하는 일도 없다. 그녀는 자신이 원하는 것을 말하기를 두려워한다.

마시가 어린 시절 겪었던 마음 아픈 기억에서 자기애 결핍이 생기게 된 깊은 뿌리를 찾을 수 있다. 다섯 살 때, 그녀의 아버지는 전에 없이 그녀를 데리고 쇼핑을 갔다. 그리고 원하는 장난감은 무엇이든 사주겠다고 말했지만 마시는 조용히 머리만 흔들 뿐이었다. 선물을 받을 줄 몰랐던 것이다. 선물이라는 생각 자체로 그녀는 마음이 편치 않았다. 그녀의 부모는 종교적인 근본주의에 따라 언제나 타인을 먼저 배려해야 한다고 가르쳤다. 그 때문에 그녀는 아버지의 제안을 받아들이기가 두려웠다.

연로한 어머니가 폐암 진단을 받자 마시는 지체 없이 어머니를 집으로 모셔왔다. 그리고 직장을 그만두면서까지 어머니를 보살폈다. 겉으로는 어머니와 가족을 위해 할 수 있는 모든 일을 하고 있었지만 속으로는 억울하고 분했다. 하지만 그녀에게는 다른 방법을 상상하는 일조차 어려웠다. 타인을 위해 살아야 한다는 생각이 너무 뿌리 깊게 박혀 있어서 자신을 위하는 일이나 어머니를 돌보는 다른 방법은 생각조차 하지 못했다.

그녀가 누군가를 돌보면서 행복해한다면 그걸로 좋은 일이 아니겠냐고 누군가 말할지도 모른다. 스스로 그렇게 하길 원한다면, 그렇게 살면서 의미를 느끼고 행복하다면 누가 감히 말리겠는가? 다른 사람들이 원하는 삶은 아니겠지만, 마시만 좋다면 그걸로 충분하다. 문제는 마시가 이런 삶을 좋아하지 않았다는 점에 있다. 자신이 한 결정이지만 그녀는 자신을 한없이 불쌍하게 느끼고 화를 냈다. 그녀는 자유의지로 무엇인가를 결정해본 적이 없었다. 그녀에게는 늘 어쩔 수 없이 따라야 하는 의무만이 있었을 뿐이다. 그녀는 아무런 죄책감 없이 스스로 돌보고 행복을 추구하는 방법을 배우거나 아니면 억울함과 분노를 버리고 열린 마음으로 현재의 상황을 받아들이는 방법을 배우는 수밖에 없었다. 최악의 경우는 몹시 분하지만, 그래도 계속해서 타인을 먼저 배려하는 것이었다.

● ● 나와 타인

붓다는 우리가 자신의 참모습을 바라보는 과격한 방법을 제시했다. 그것은 이미 2장에서 살펴본 대로 무아의 방식이다. 붓다는 우리가 분리되고 변하지 않는 실체로 존재하는 것이 아니라 끊임없이 변화하는 에너지의 흐름이라고 가르쳤다. 우리는 우주 만물과 깊이 연관되어 있다.

붓다는 무아의 통찰을 제시하여 우리를 자유롭게 만들고, 깊은 유대감의 진리를 깨닫도록 도우며, 만물이 실제로 존재하는 방식에 대한 좀 더 사실적인 시각을 갖도록 했다. 사랑은 이러한 통찰에서 도출되는 자연스럽고 불가피한 결과다. 우리가 만물 그리고 모든 사람과 상호 연결되어 있는데 자애롭지 못하다면 말이 되겠는가? 타인에게 상처를 주는 일이 곧 내게 상처를 주는 일이다.

그러나 종교적 혹은 영적 가르침에서 이런 통찰을 오용하는 경향이 있다. 궁극적인 진실의 영역에는 분리된 자아란 없지만, 자신의 욕구, 욕망, 능력, 성향을 지닌 타인과는 구별되는 유일한 사람, 즉 자아로 있고자 하는 확실한 상대적인 진실도 있다. 이 부분을 그냥 지나치려고 한다면 우리도 마시처럼 비참해지고 말 것이다.

나의 어머니는 자신이 어렸을 적 있었던 일을 내게 들려주었다. 어머니는 때때로 열심히 숙제를 했는데 시기심이 생긴 언니가 번번이 그 숙제를 망쳐 놓았다. 할머니에게 일러바칠 때마다, 종교적인 근본주의 성향이 강했던 할머니는 "착한 어린이는 불평하는 게 아니야" 하고 핀잔을 주었다. 이것은 사랑에 대한 종교의 가르침을 악용한 사례다. 이처럼 부당한 상황에서 어머니가 도와주지 않는다면 아이로서는 얼마나 큰 충격일까! 이는 종교라는 뱀에 물린 사례다. 이는 부모의 책임을 저버리고 종교라는 명칭 하에 아이의 심리적 부분을 무시한 처사다.

아잔 차 선사는 자신이 거처하던 오두막의 지붕이 바람에 날아가자 제자에게 지붕을 고쳐 놓으라고 지시했다. 그러나 지붕은 그대로였다. 장마철이라 선사는 장대 같은 비를 쫄딱 맞을 수밖에 없었다. 며칠이 지나 그는 제자에게 왜 지붕을 고치지 않았느냐고 물었다. 제자는 집착을 버리는 수행을 하고 있었기 때문이라고 응답했다. 그러자 "이는 지혜롭지 못한 집착이 아니다. 이는 물소의 평정과 같다"(Kornfield 1996, 41) 하고 아잔 차 선사가 말했다.

영적인 사람이 되려면 우리가 인간 이하가 되어서는 안 된다. 인간성을 유지하고 보살펴야 한다. 상식을 저버려서는 안 된다. 그러기 위해서는 자아, 즉 내가 우주의 궁극적인 진리가 아니라는 사실을 안다 하더라도 자신을 사랑하기를 두려워해서는 안 된다. 마시는 자신을 아끼는 방법을 배움으로써 늘 자신을 맨 나중에 챙기던 일을 중단해야만 한다. 나의 할머니는 부당한 일에 대해 어머니 편을 들어주었어야 했다. 그리고 아잔 차 선사의 제자는 오두막을 고쳤어야 했다. 다정하고 자애로운 마음을 품고자 한다면 반드시 나 자신을 그 다정함과 자애로움 속에 포함시켜야 한다. 이웃을 내 몸처럼 사랑하는 법을 배우려면, 이웃에 대한 사랑을 반드시 자기애라는 튼튼한 토대 위에 지어야만 한다. 나를 사랑하지 않는데 타인을 사랑하는 척할 수는 없다. 자기애의 결핍을 드러내는 피상적이고 과장된 이기심이 아니라 진정한 자기애여야만 한다.

마시의 사례에서 자기애를 바탕으로 하지 않은 타인에 대한 사랑은 곧 나와 타인 모두 사랑하지 못하는 결말로 이어짐을 쉽게 볼 수 있다. 자신에 대한 자애로움 없이 가족을 사랑하려고 하다 보면 그 마음이 결국 사랑보다는 증오로 나타난다. 다른 많은 상황들과 마찬가지로 여기에도 심오한 법칙이 있다. 선해지려고 지나치게 애쓰다가 결국에는 해를 입히는 경우가 종종 있다. 마시의 사랑은 결코 참사랑이 아니다. 그녀가 자신을 사랑하지 못하면 다른 사람들도 사랑할 수 없다.

이렇게 본다면 타인을 사랑하는 일과 나를 사랑하는 일 사이에 균형이 필요하다는 사실이 분명해진다.

타인을 사랑하는 일　　　　균형　　　　나를 사랑하는 일

왼쪽, 즉 타인을 사랑하는 일에 너무 많이 치우친다면 결국에는 비참해진다. 내가 비참해지면 주변의 모든 사람에게도 악영향을 끼치게 된다. 내가 도우려는 사람들이 나의 분노를 느끼게 되고, 그 분노가 우리는 물론이고 그들 의식의 정원에도 불건전한 씨앗을 심게 된다.

타인을 사랑하는 일에 치우친 사람들은 당장 오른쪽으로 옮겨가야 하는 게 아닌가 하고 걱정한다. 하지만 하루아침에 이기적인 사람이 될 필요는 없다. 그렇게 되면 자신을 보는 시각과 자애롭고 다정한 성향 간에 큰 갈등이 생긴다. 타인을 먼저 생각하는 습관이 강한 사람은 실제로 위험한 상황에 부닥칠 일이 거의 없으므로 이런 걱정은 사실 터무니없다. 그들에게 위험한 건 이기적으로 변하는 것이 아니다. 정작 위험한 일은 자신에게 자애롭지 못해 결국에는 자신의 불행과 분노를 자기도 모르게 타인에게 퍼뜨리게 되는 것이다.

명확하게 드러나지는 않지만 반대의 경우, 즉 나를 사랑하는 일에 치우친 사람들 역시 행복하지 못하다. 자신에게 집착하는 사람은 부당한 처사를 받을까 봐 늘 긴장하고 마땅히 받아야 할 몫을 제대로 받지 못할까 봐 노심초사하며 살아간다. 더구나 그들에게 공평하다는 기준은 그들 자신 그리고 그들의 욕구와 욕망에 심히 편향되어 있다. 그래서 자기중심적인 사람들은 갑자기 분노를 터트리는 경향이 있다. 그들 눈에 세상은 언제나 불공평하다.

자기중심적인 성향이 강할 때, 인간관계도 왜곡된다. 한편으로 이런 사람들은 흔히 그들의 자기중심적인 기준에 따르지 않았다는 이유로 사람들에게 화를 낸다. 그 때문에 인관관계가 갑작스럽게 끝나버리기도 한다. 다른 한편으로 이런 사람들은 수동적인 사람들, 자신을 옹호하는 일이 서툰 사람들에게 인기를 끌기도 한다. 사랑을 받는 사람들이 사랑을 주는 사람들을 끌어 모으는 것이다. 그러나 이 또한 행복을 주는 상호 브완적인 관계가 되지 못하고 양쪽 모두 화나게 만들 뿐이다. 마시가 그랬던 것처럼 사랑을 주는 사람은 결국 분노를 느끼게 된다. 그리고 아이러니하지만 사랑을 받는 사람도 마찬가지다. 사랑을 과분하게 받더라도 왜곡된 인식 때문에 불공평하다고 느끼고, 사랑을 주는 사람이 화를 내면 절대 인정할 수 없는 부당한 이기주의로 치부한다.

나와 타인 사이에서 균형을 잡는 일은 매 순간마다 정확히 어느 쪽에도 치우치지 않은 중간 상태를 유지하는 일이 아니다. 그것은 바로 **시간을 초월**한 균형이다. 나와 타인 사이에 균형을 잘 잡는 사람은 융통성이 많다. 때로는 자신이 우선이다. 그리고 때로는 타인이 우선이다. 한밤중에 어린아이가 우는 소리에 깨어난 부모는 졸음이 쏟아지더라도 아이에게 필요한 일을 먼저 처리해야 한다는 사실을 안다. 마찬가지로 온종일 타인을 돌보아야 하는 사회복지사, 의사 또는 심리치료사는 지치고 화나지 않으려면, 웰빙과 행복의 씨앗에 영양분을 줄 수 있도록 근무 외의 시간에는 자신을 돌보고 균형을 잡는 법을 찾아야 한다.

마시와 같은 성향의 사람들은 세상과 무언의 협정을 맺고 있다. 내가 다른 사람들에게 매우 헌신적이므로 다른 사람들 역시 내가 부탁하지 않아도 나를 보살펴 주리라는 기대를 품고 나보다 타인을 먼저 돌본다. 이런 협정에는 적어도 두 가지 문제가 있다. 첫째, 먼저 세상은 그 협정에 서명한 적이 없다. 그 협정은 혼자만의 생각일 뿐이다. 둘째, 실제로 그런 협정은 내가 원하는 것을 표현하지 않아도 다른 사람들이 내 마음을 읽고 어떻게든 내가 바라는 것과 필요한 것을 자연히 알 것이라는 기대를 바탕으로 한다. 내가 원하는 바를 말하거나 표현하지 못하는 아이일 때는 다른 선택이 없겠지만, 성인으로서 이렇게 한다면 잘못된 전략이다. 다른 사람들은 언제나 내 생각과 감정을 알아차리기보다는 자신들의 생각과 감정에 더 주의를 기울인다. 이것이 인간의 본성이다. 그런데도 세상이 서명도 하지 않은 협정을 지키지 않는다고 화를 내는 것이다.

주는 것이 더 복된 일이다?

"주는 것이 받는 것보다 복이 있다"(사도행전 20:35)는 예수님의 말씀은 우리에게 익히 알려져 있다. 무엇보다도 이것은 사실에 대한 간결한 진술이다. 명절을 예로 들어보자. 선물을 받을 때보다 줄 때 종종 더 신난 적이 없는가? 주는 일은 우리를 행복하게 만든다. 성경에서는 이를 복되다고 말한다.

동시에 우리는 이와 같은 질문을 할 수도 있다. 어떤 때에 선물이 선물인가? 선물은 누군가가 그것을 **받을** 때 선물이다. 누군가가 선물을 받지 않는다면 주는 행위는 성립되지 않는다. 사랑이란 주고 받고, 받고 주는 끊임없는 과정이다. 사랑을 하려면 우리는 주는 것뿐 아니라 받을 줄도 알아야만 한다. 선물을 기꺼이 받을 수 있어야만 한다.

지옥을 둘러본 사람에 관한 이야기가 있다. 그는 화려한 방에서 호화스런 연회에 모인 사람들을 보았다. 하나만 빼면 그곳은 지옥이 아니라 천국에 가까웠다. 방안에 모인 사람들은 팔이 엄청나게 길고 그 끝에 손이 아니라 포크가 달려 있었다. 팔이 너무 길어서 스스로 음식을 먹을 수가 없었다. 결국 잘 차려 놓은 잔치에 배를 곯고 불쌍하게 앉아 있었다. 이번에는 천국을 보여 달라고 청하자 옆방으로 안내되었다. 놀랍게도 그곳도 마찬가지였다. 멋진 방에서 호화로운 연회가 열리고 있었고 사람들의 팔은 똑같이 아주 길었다. 하지만 이 방에는 결정적으로 다른 한 가지가 있었다. 사람들이 서로 음식을 먹여주고 있었다. 천국이란 곧 사랑과 자애로움이 있는 곳이다. 그러나 사랑과 자애로움이 제 효력을 발휘하려면 주는 것과 더불어서 받는 것도 있어야 한다.

어려서부터 타인을 위해 존재해야 한다는 메시지가 마음속 깊이 자리 잡고 있었기 때문에 앞서 언급했던 마시는 선물을 받을 수 없었다. 그런 까닭에 천국이 아주 멀리에 있는 것이 아니라 바로 앞에 있는데도 그녀는 날마다 스스로 지옥에서 살아갔다.

균형 잡기

균형 잡는 일은 나에 대한 사랑과 타인에 대한 사랑 사이의 외부적인 균형을 찾고, 나에 대한 사랑이든 타인에 대한 사랑이든 관계없이 우리의 사랑을 진정한 사랑으로 만드는 내부의 정서적인 균형을 찾는 일을 의미한다.

힐렐의 질문

기원전 1세기, 유대교에서 랍비 운동의 창시자로 알려진 랍비 힐렐Hillel(생몰연대 미상)은 예수가 태어나기 이전의 동시대인으로 '샨마이파'와 함께 바리새파 랍비의 율법 해석에 큰 영향을 미친 '힐렐파'의 창시자였다. 그는 유대교도의 일상생활, 제의, 의례행위에 관한 종교적 규정을 구약의 율법에서 도출하기 위한 여러 규범을 정했다. 힐렐은 나와 타인 간의 균형을 강조한 유명한 세 가지 질문을 남겼다.

내가 나를 위하지 않는다면 누가 날 위해 주겠는가?
내가 타인을 위하지 않는다면 나는 무엇이란 말인가?
지금이 아니라면 언제 하겠는가?
(Buxbaum 2004, 268~70에서 인용.)

세 가지 질문의 순서에는 의미가 있다. 첫 번째가 반드시 가장 먼저 와야 한다. 이는 내가 나 자신을 위하지 않는다면 누구도 나를 위해 주지 않는다는 의미다. 나를 사랑하고 돌보는, 나 자신을 위하는 일은 선택의 문제가 아닌 필수이며 신성한 의무다. 나를 사랑하는 일이 모든 일의 바탕이 된다. 우리는 하느님의 자녀이므로 우리 자신에게 자애롭지 않은 일은 신성모독인 셈이다.

힐렐은 여기에서 그치지 않았다. 나를 사랑하는 일과 타인을 사랑하는 일 중에서 선택을 거부한다. 둘 다 중요하고 필수적이기 때문이다. 자신만을 위해 존재하는 것으로는 충분하지 않다. 우리에겐 타인을 돌보아야 할 의무도 있다. 그들 역시 우리처럼 하느님의 자녀인 까닭이다.

마지막 세 번째 질문은 나와 타인에 대한 신성한 의무를 미뤄서는 안 된다는 것이다. 타인을 사랑하는 일에 치우쳐 있다면 자신을 돌보는 방법을 배우는 일을 늦추어서는 안 된다. 자기중심적인 사람도 마찬가지로 타인을 위한 행동을 시작해야 한다. 내일이면 할 수 있다고 상상하지 마라. 내일 무슨 일이 생길지 누가 알겠는가?

사무량심四無量心

사무량심*Brahmaviḥāras*(중생을 한없이 어여삐 여기는 네 가지 마음)은 균형에 관한 또 다른 불교의 가르침으로 진정한 사랑에 담겨 있는 정서적 균형을 의미한다. 브라마비하라*Brahmaviḥāras*란 용어는 두 개의 산스크리트어, 즉 '신' 또는 '궁극'을 의미하는 브라마*Brahma*, 그리고 '주거지'를 의미하는 비하라*vihara*에서 유래했다. 이 가르침을 수행하는 사람은 신과 함께 머물고, 궁극의 경지인 붓다의 정토, 즉 극락에서 살고 있다고 생각한다.

무엇이 그렇게 대단한 성취를 생산할 수 있을까? 사무량심은 자무량심

love(慈無量心, *maitri*), 비무량심compassion(悲無量心, *karuna*), 희무량심joy(喜無量心, *mudita*), 사무량심equanimity(捨無量心, *upeksha*)의 네 가지 요소로 구성된다. 무진을 근본으로 하여 모든 중생에게 즐거움을 주려는 마음인 자무량심은 타인이 행복과 행복의 원인을 갖도록 하려는 의도를 의미한다. 이는 단지 공허한 바람이 아니라 타인이 행복해질 수 있도록 도와주는 데 필요한 기술을 익힘을 의미한다. 산스크리트어 마이트리*maitri*는 '친구'와 관련된 용어다. 그러므로 이것은 자신의 행복을 바라듯이 친구의 행복을 바라는 친구에 대한 우리의 사랑이다. 2세기의 불교 존자尊者로 인도의 대승불교를 연구하여 그 기초를 확립하여 대승불교를 크게 선양한 용수龍樹(*Nāgārjuna*)에 따르면 자무량심을 수행하면 화가 가라앉는다고 한다. 보살이 자비심으로 중생을 고해에서 건져내어 해탈의 낙을 얻게 하려는 마음인 비무량심이란 타인이 고통과 고통의 원인에서 해방되도록 우리가 바라고 그렇게 할 수 있는 기술을 익힘을 의미한다. 용수는 비무량심을 수행하면 모든 슬픔과 근심이 사라진다고 말한다. 사람들로 하여금 고통이 사라지고 기쁨을 느끼게 하려는 마음인 희무량심이란 나와 타인에게 일어나는 좋은 일을 구분 없이 즐겁게 생각하는 능력을 말한다. 용수는 희무량심을 수행하면 슬픔이 사라진다고 장담한다. 중생을 평등하게 보아, 특정인을 사랑하거나 원망(친원親怨)하는 차별을 두지 않으려는 마음인 사무량심은 침착한 마음과 버리는 능력을 의미한다. 용수는 사무량심을 수행하면 증오와 혐오 그리고 애착을 끊을 수 있다고 말한다. 이 네 가지 요소들은 상호 관련을 갖고 존재하며 진정한 사랑이란 이 네 가지를 포함한 것을 말한다. 한 가지라도 포함되지 않으면 완전한 의미에서 진정한 사랑이 아닌 것이다.

　진정한 사랑에는 반드시 타인과 내가 행복하고 고통에서 해방되기를 바라는 우리의 마음이 포함되어 있어야 한다. 그러나 진정한 사랑에는 기쁨도 포함되어 있다. 이것을 마시의 사례에서 확인할 수 있었다. 마시의 선행에는 기쁨이 없고 분노와 고통이 가득하므로 그녀의 선행은 진정한 사랑이 아니었다.

사무량심은 비록 타인의 결정이 어리석더라도 타인을 대신해서 우리가 결정을 하거나 타인이 내린 결정을 우리가 바꿀 수 없다는 점을 깨닫고, 타인이 진정한 자신이 되어 스스로 결정하게끔 하는 능력을 지니는 것이다.

자무량심, 비무량심과 더불어서 사무량심은 인본주의 심리학자로 미국 심리학회 회장, 미국 응용심리학회 회장을 역임한 칼 로저스가 **비소유적 온화함**(Rogers 1957)이라 일컫던 것과 유사하다. 우리의 온정이 소유적이라면 그것은 사랑이 아니다.

누군가 궁핍한 친구에게 돈을 주었다고 해보자. 이는 외견상 진정한 사랑의 행동이다. 누군가가 가난으로 고통받도록 내버려두지 않았다는 점에서 비무량심의 요소가 담겨 있다. 그렇지만 나중에 돈을 받은 친구가 자신의 처지에 걸맞지 않은 비싼 음식점에서 식사하는 장면을 돈을 준 친구가 보게 된다면 어떨까? 이때 자애로웠던 마음이 분노로 바뀐다. 버리는 마음인 사무량심이 부족하면 선물에 진정한 사랑이 없음이 드러난다.

붓다는 진정한 사랑을 수행하면 잘 자고, 깨어 있으면서 마음이 가벼우며, 불쾌한 꿈을 꾸지 않고, 사람들이 나를 좋아하며, 동물을 사랑하게 되고, 신의 가호를 받으며, 위험을 면하고, 명상 시에 쉽게 집중하고, 표정이 밝고 맑아지며, 임종 시에 정신이 맑아지고, 극락왕생하는 것처럼 여러 가지 좋은 점들이 있다고 가르쳤다. 분명 붓다는 사랑의 수행을 높이 평가했다.

자무량심을 수행하는 일은 아주 간단하다. 그중 하나는 사랑의 감정을 불러오고 자신을 포함하여 만물을 향해 모든 방향으로 그 빛을 발산하는 상상을 하는 것이다. 마찬가지로 비무량심, 희무량심, 사무량심도 똑같은 방법으로 수행할 수 있다.

●● 나와 타인을 사랑하는 것은 추상 개념이 아니다

일상생활에서 우리가 우리 자신을 사랑한다는 말은 추상적으로 들린다. 우리가 우리 자신을 사랑하라고 말할 때 우리는 흔히 그것이 사실 간단하고 구체적 행동이란 점을 종종 망각한다. 무엇보다도 우리 자신을 사랑하는 것은 자신에게 주의를 기울이고, 마음을 챙기고, 느끼고 경험하는 바를 알아차리는 일이다. 단, 그 느낌과 경험을 우리가 느끼기를 바라거나 반드시 느껴야 한다고 생각하는 것과 혼동해서는 안 된다. 즉 우리가 우리 자신을 사랑하는 것은 있는 그대로 체험하는 일이다.

4장에서 설명한 바와 같이 자신을 사랑하는 것은 자신의 생각, 감정, 신체의 감관을 마음을 챙겨 깊게 포옹함으로써 보살피는 것이다. 이는 우리가 겨울에는 충분히 따뜻한지 여름에는 충분히 시원한지 스스로 보살피는 것과 같다. 우리 자신이 지칠 때까지 일하도록 내버려두지 않고 몸과 마음의 한계를 존중함을 의미하는 것이다. 우리가 우리 자신을 사랑하는 것은 스트레스를 주는 체험과 휴식을 취하는 활동이 균형을 이루도록 하는 일이다. 나아가서 우리가 모든 활동을 스트레스 없이 편안하게 하는 방법을 배우는 것을 의미한다. 즉 음식을 적당하게 먹고, 비타민을 챙기고 충분한 운동과 휴식을 취하는 일에 최선을 다하는 것이다. 또한 부모가 어린아이에게 하듯 우리 자신을 격려하는 일이다. 무엇인가 잘하는 일이 있다면, 그것을 인정하고 자신의 등을 토닥여주어야 한다. "잘 했어!" 하고 말하면서 스스로에게 미소를 보내라. 우리 자신을 사랑하는 것은 무엇인가를 충분히 잘 해내지 못했을 때, 실수를 저질렀을 때, 스스로에게 자애롭고 관대하게 대하는 것이다. 나의 의식의 정원 속에 심겨진 씨앗을 자비롭게 바라보고 부정적 충동의 원천을 구별해내고 다음에 더 잘 할 수 있도록 하는 것이다. 내 안의 불성이 발현되는 것을 알아차리고 내가 성숙하고 변화되었다는 사실을 인식하는 것이다.

일상에서 타인을 사랑하는 일 역시 단순하며 구체적으로 실천이 가능하다. 타인을 사랑하는 일은 무엇보다도 타인을 주의 깊게 살펴보고, 우리가 그들의 의식의 정원에 있는 씨앗을 관대하고 자애롭게 바라보는 것이다. 이렇게 함으로써 타인이 고통에서 해방되어 행복하고 기쁨을 누릴 수 있도록 우리가 할 수 있는 일이 무엇인지 알게 된다. 타인을 사랑하는 것은 우리가 자신과 타인의 의견에 대한 평등심을 기르는 것이다. 이는 오랫동안 알고 지내던 사람들에게도 해당된다. 그들을 완전히 이해하고 있다고 생각하지 말고, 그들의 본성을 계속 깊이 들여다보며 다른 존재들이 정적이며 변화하지 않는 자아가 아니라 흘러가는 냇물임을 명심하라. 그 사람이 한때 어떤 식이었기 때문에 지금도 같은 식일 거라고 짐작하는 대신, 그의 긍정적 변화와 성장을 보고 인식함으로써 우리는 그 변화와 성장을 응원하게 된다. 타인을 사랑하는 일은 우리가 그들의 긍정적인 행동에도 똑같이 지원과 격려를 아끼지 않는 것이다. 마찬가지로 우리는 그들의 부정적인 행동에도 관대하고 자애로워야 한다. 그들의 불성이 나타나면 그것을 알아차리고 인정함으로써 그 불성을 격려해야 한다. 나는 이에 관한 시를 다음과 같이 썼다.

어젯밤 당신이 잠든 사이 지축이 흔들렸다.
옆집 사람이 붓다가 되었다.
오늘 당신은 어떤 이가 호스를 들고
비눗물로 그의 픽업트럭을 세차하는 모습을 볼 뿐이다.

불성은 내 안에 그리고 주변의 모든 사람에게 있음을 늘 기억하라. 우리 자신과 그 누구도 과소평가하지 마라. 우리 자신을 포함하여 그 누구도 어제의 모습으로 평가하지 마라.

● ● 사랑한다는 것은 이해한다는 것이다

우리는 '사랑'이란 단어를 많은 다른 방식들로 사용한다. 좋아하는 햄버거나 텔레비전 방송처럼 사소한 것을 포함하여 성적 욕망을 표현할 때도 사용한다. 짧은 순간에 체험하는 강한 애정, 의존 혹은 아집의 감정, 그리고 평생 헌신하려는 의지에도 사용한다. 이런 것들에 사용되는 단어가 모두 다르다면 더 좋을지도 모른다. 신약의 그리스어에서 사랑은 성적인 사랑(에로스eros), 친구 간의 사랑(필로스philos), 그리고 이타적인 정신적 사랑(아가페agape)으로 구분되어 있다. 그리고 더 오래 전에 고대 그리스어에는 여러 종류의 사랑을 의미하는 더 많은 단어들이 있었다.

우리가 사용하는 단어가 무엇이든 간에 진정한 사랑의 본질은 무엇일까? 그것은 다른 사람들을 깊고 자애롭게 이해하려는 태도이다. 자신이 이해받고 있다고 느끼기 때문에 흔히 고객은 심리치료를 받을 때, 어느 곳에서보다도 더 깊이 사랑받는다고 느끼고, 때로는 그 어느 때보다도 사랑받는다. 하지만 심리치료사는 보통 자신이 사랑을 베푼다고 여기지 않는다. 사랑이란 단어가 다른 의미와 혼동되기 쉬우므로 사실 많은 심리치료사들이 그것의 사용을 꺼린다. 하지만 심리치료사는 늘 이해하려고 노력한다. 지배하거나 조정하려는 의도 없이 이해하려고 노력한다. 아무런 조건 없이 이해하려 한다. 즉 심리치료사는 고객이 특정 조건을 갖추고, 자신이 용인하는 선택을 하거나 자신이 원하는 대로 해야만 고객을 이해하는 것이 아니다. 심리치료사는 고객이 잘못된 선택을 하고 자신의 웰빙과 행복에 반하는 방식으로 행동할지라도 이해하려고 노력한다. 사실 이 때문에 치료의 관계가 환자에게 도움이 되는 것이다.

사람들이 치료받을 때 사랑받는다고 느끼는 건 당연하다. 그리고 그런 생각은 틀리지 않다. 그런 이해가 사랑의 진정한 본질인 까닭이다. 치료받을 때를 제외하면 우리가 접하는 사랑은 기대와 조건으로 가득 차 있다. 그런 이유로 사람들이 우리를 사랑한다고 말하면 우리는 그들이 내게 원하는 것이 무엇일까 하고 고민하며 심기가 불편해지거나 긴장하기까지 한다.

때때로 우리는 사랑의 본질을 규정하는 것이 그 사랑의 대상, 즉 내가 사랑하는 사람이라고 생각한다. 우리는 그 사람이 매우 특별하기 때문에 사랑한다. 심지어 그런 사랑은 특별하기에 숭고하다고 상상하기도 한다. 그러나 그런 사랑의 대상은 그 사람 자체가 아니라 그 사람에 대해 우리가 만들어 놓은 이미지에 가깝다. 그런 사랑은 쉽게 변해서 흔히 하룻밤 사이에 본성을 드러내며 증오로 변하기도 한다. 진정한 사랑은 어려운 상황에서도 이해하고 또 계속해서 이해하려는 것이다.

누군가를 사랑하는데 그 사람을 이해하지 못한다고 말한다면 이는 사랑이라기보다는 일종의 아집일 것이다. 그러나 누군가를 이해하는 일은 결코 쉽지 않다. 이해하는 것은 지속적이고 진실한 의도다. 이 말은 설령 이해하지 못할 때에도 마음의 문을 열어두고 이해할 때까지 그 사람의 의식 속에 있는 정원의 모든 씨앗을 지켜보려는 의도가 있다는 뜻이다. 또 이해한다고 생각할 때도 현재 이해한 수준에 멈추지 않고 계속 마음의 문을 열어두어야 한다. 즉 그 사람을 꾸준히 지켜봄으로써 그 사람을 전에 없이 깊이 이해할 수 있게 된다.

다른 사람들을 생각할 때 우리가 실제로 인지하는 것은 흔히 나의 의식 속에서 싹트는 자신의 습관 에너지다. 누군가 한 번 어떤 식으로 행동하면 우리는 지금도 그 사람을 그런 식으로 인지한다. 우리는 그 사람이 말하고 행동하는 모든 것을 이전에 그에 대해 인지했던 시각으로 보려고 한다. 우리가 이미 알고 있는 누군가와 닮았기 때문에 무의식중에 방금 만난 사람을 좋아하거나 싫어한다. 그러나 과거를 바탕으로 한 인지는 현재에 일어나는 일을 왜곡시킨다.

소매치기가 성인을 바라볼 때 성인의 주머니만 본다고 한다. 우리는 자신의 욕망과 두려움이라는 왜곡된 렌즈를 통해 다른 사람들을 바라본다. 완전한 붓다를 만났다 하더라도 우리는 그를 알아보지 못하고 과거에 만났던 사람들 그리고 다른 사람들에게 바라는 일반적인 기대를 기준으로 삼아 그를 바라볼 것이다.

사랑할 때, 우리는 다른 사람들과 마찬가지로 고통을 피하고 행복해지려고 한다. 다른 사람들이 행복을 찾고 고통을 피하는 방법도 우리가 그러하듯이 잘못된 인식을 바탕으로 할지도 모른다. 그러나 우리의 기본 목표와 기본 본성은 같다. 진정한 사랑은 자부심이나 이기심에 바탕을 두고 있지 않다. 이는 이기심이 없는 것이 도덕적으로 더 숭고하기 때문이 아니라 진정한 사랑이 화합에서 비롯되기 때문이다. 무아, 즉 다른 존재와 분리되지 않은 본질을 볼 때 우리는 사랑이 유일하게 해야 할 일이며 유일하게 의미 있는 일이란 사실을 깨닫게 된다.

● ● 마음챙김은 자애로움이다

마음챙김은 자애로움의 핵심이다. 우리가 마음을 챙겨 몸을 돌본다면 몸에 대한 자애로움을 수행하는 것이다. 생각과 감정에 대해 마음챙김을 한다면 생각과 감정에 대한 자애로움을 수행하는 것이다. 다른 사람에 대해 마음챙김을 한다면 그 사람에 대한 자애로움을 수행하는 셈이다. 존재하는 것으로 인식되며 깊이 있게 알고 이해받는 것이 사랑과 자애로움의 본질이다.

우리가 마음을 챙겨 말하는 건 자애롭게 말하는 것이다. 이 말은 아무리 재미있는 이야기라고 하더라도 사실이 아니거나 파괴적인 것을 말해 불화를 일으키지 않는다는 뜻이다. 마음을 챙기고 의식한다던 타인에게 전해들은 말을 하고 싶어 안달 나게 하는 내 안의 습관 에너지를 인정하고, 그 과정을 늦춰서 상처를 주는 이야기를 퍼뜨리지 않을 수 있다.

강력한 습관 에너지는 우리가 말하고 듣는 것에 영향을 미친다. 부모는 속이 상할 때, 자신들의 부모가 그랬듯이 흔히 효력 없는 언행을 하면서 즉각 반응을 나타낸다. 누군가가 감정을 상하게 하는 말을 하면 우리는 의식하지 못하는 사이에 반사적으로 화로 응수한다. 이런 반응은 물론 상황을 더욱 악화시킬 뿐이다.

실제로 무엇을 느끼는지 분명하지 않을 때 우리는 서로 다른 메시지를 보낸다. 두 번째 메시지는 보통 말보다는 행동인 경우가 많다. 계속 시간을 확인하면서 "정말 재밌는데!" 하고 말하거나 대화를 나눌 시간이 있다고 초조한 목소리로 대답한다면 이 역시 서로 다른 메시지를 보내는 셈이다. 마음챙김은 사람들이 흔히 말하는 내용보다 이런 행동과 어조에 더 반응한다는 사실을 깨닫고 우리의 말투와 몸짓을 알아차림을 의미한다.

우리는 깊이 그리고 마음을 챙겨 듣는 방법을 배울 수 있다. 우리는 이야기를 들으면서 호흡하고 웃는 법을 배울 수 있다. 다른 사람들이 우리를 바라보게 하고 우리도 그들을 보면서 우리의 중심에서 말하는 법을 배울 수 있다. 이는 우리가 대화할 때 늘 깊이 있는 주제를 다뤄야 한다는 뜻이 아니다. 단순히 아름다운 구름을 가리키는 행동도 우리의 중심에서 나오는 행동일 수 있다. 우리가 구름에 충실하고 그 구름을 진심으로 감상한다면 말이다. 우리 존재의 중심에서 나오는 자애로운 대화는 엄청난 깊이와 에너지가 있어서 치유 효과가 상당하다. 이것이 행복의 핵심 수행인 것이다.

● ● 타인이 내게 상처를 줄 때

누군가가 슬픔이나 분노의 감정을 일으키는 말이나 행동을 할 때 우리는 버럭 화를 낸다. 그렇게 화를 내면 기분이 한결 나아지리라고 생각한다. 그러나 그런다고 해서 기분이 좋아지지는 않는다. 화를 내면서도 그것이 의도했던 행동이 아니란 점을 알기에 오히려 더 기분이 상하기도 한다. 이렇게 화를 내면 우리의 의식 속에서 분노의 씨앗이 커진다. 더구나 이것이 일을 점점 크게 벌여 다시 앙갚음하는 악순환을 초래한다. 내가 공격하면 상대가 응수하고 다시 또 내가 공격한다. 회가 거듭될수록 상황은 점점 위험하고 해롭고 파괴적으로 변한다. 매회 에너지가 불어나 악순환을 멈추기가 점점 더 어려워진다.

매우 강렬한 감정에 휩싸였을 때 "지금은 최상의 컨디션이 아냐. 내일 컨디션이 좋아지면 그때 이것에 대해 이야기하도록 하자" 하고 상대방에게 말하는 것이 가장 좋은 방법일 때가 많다. 심리학자들은 이것을 타임아웃이라고 하는데, 이 방법은 많은 상황들에서 유용하다. 중요한 건 화난 마음 없이 담담한 태도로 타임아웃을 요청해야 한다는 점이다. 상대방이 기다리지 않도록 언제 다시 말할지 알려주어라. 그리고 타임아웃 동안에는 논쟁에서 이기는 법이나 정곡을 찌르는 반박을 생각해내려고 하지 마라. 마음챙김 속에서 고통을 감싸 안고 상황을 깊이 살펴보라. 마음이 맑아지고 안정을 찾으면 앞으로 나아갈 길이 보이게 될 것이다. 무엇을 해야 하고 무엇을 피해야 하는지 알게 될 것이다.

다른 사람들의 언행은 모두 이전에 일어난 일과 환경에 의해 가꾸어진 인연의 열매다. 이런 사실을 깨닫는다면 사람들의 파괴적인 행동이 폭풍, 홍수 혹은 지진과 같은 자연 재해와 유사하다는 사실을 알 수 있다. 파괴적인 행동도 궁극적으로 인간이 개입되지 않은 무아의 폭력이 불러온 결과다. 이 사실을 알면 자유로워진다.

"그가 왜 그렇게 말했을까? 그녀가 왜 그랬지?" 궁극적으로 이는 전에 상대방의 의식 속에 심어진 고통과 슬픔 때문에 생긴 것이다. 유감스럽지만 상대방의 행동은 일부러 상처를 주려던 것이 아니며 폭풍이나 홍수, 지진과 같은 것이다.

● ● 사랑과 무아

 흔히 상대적인 차원에서 '나'와 '타인'이란 단어를 편리한 대로 사용하는
경우가 많다. 자신과 타인의 관계에 대해서 주의 깊게 살펴보아야 하며 더욱
심오한 진리가 있으리라는 믿음 하에 우리의 심리적, 정서적 문제를 간과하
려고 해서는 안 된다. 어렵고 죄책감에 시달리더라도 우리는 자신을 옹호할
필요가 있다. 하지만 타인은 중요하지 않다거나 우리보다 덜 중요하다고 여
겨 자신만을 돌보아서도 안 된다. 우리가 타인을 돌보기 시작하면 결국에는
손해만 보지 않을까 걱정이 되더라도 우리는 우리 자신을 깊이 사랑함은 물
론 타인도 깊이 사랑해야 한다. 나와 타인 사이에 균형을 이루기 위해서는 어
느 쪽으로 기울어진다 하더라도 용기와 인내가 필요하다.

 궁극적인 진리의 차원에서 보면 나와 타인 사이에 구별이란 없다. 주체와
객체가 하나이고, 위와 아래는 동일한 차원에서 존재하며, 삶과 죽음이 동일
한 과정의 일부이므로 나와 타인이 분리될 수 없다. 이런 이유로 나에 대한 적
절한 관계와 타인에 대한 적절한 관계는 자애와 자비라는 동일한 본질을 바
탕으로 한다.

 사람들이 기꺼이 죽음을 무릅쓰고 타인을 도울 때, 우리는 자연적으로 생
겨난 이타주의에서 벗어나 타인과의 통합을 목격한다. 한 경찰관이 자신의
위험이나 가족에게 찾아올 불행은 생각지도 않고 벼랑에서 막 뛰어내리려는
사람을 구한다. 한 군인이 쓰러진 전우를 구하려고 망설임 없이 빗발치는 총
알 사이로 돌진한다. 이때 그 사람은 이런 행동이 반드시 필요하고 유일한 선
택임을 직감적으로 알고 있다. 이런 행동은 무아와 분리가 없는 실재를 자연
스럽게 인식하고 의식적인 행동으로 옮길 때만 가능하다.

사소한 일이지만 우리는 일상에서 무의식적으로 서로 돕는다. 본 적도 없고 다시 볼 일도 없는 사람이 지나가도록 문을 붙잡아주고, 길거리에서 낯선 사람에게 길을 알려주고, 은행원에게 미소를 보내거나 다른 운전자에게 길을 양보한다. 그리 극적이지는 않은 이런 행동도 삶의 근본적인 상호 연관성을 증명한다. 무아의 통찰은 의식 속에 강제로 주입해야 하는 이질적인 것이 아니라 의식 속에 이미 있어서 그냥 발견하고 키우기만 하면 되는 요소다.

무아에 비추어보면 이타적 행동은 단순히 현명한 행동일 뿐이다. 분리라는 망상에서 벗어난 깨우친 의식이다. 이런 관점에서 보면 어떤 행동에 용감하다거나 영웅적이라는 꼬리표를 달고, 상장이나 훈장을 수여하는 일은 요점에서 벗어난 이야기다. 우리의 영웅이 자신의 행동이 전혀 특별한 일이 아니며, 그 순간에 마땅히 했어야 할 일이었을 뿐이라고 말하면 그건 거짓 겸손이 아니다. 마찬가지로 선행을 베풀었다고 우쭐해하거나, 자애로운 행동을 하면서 도움을 받는 이보다 자신이 우월하다고 느끼는 것도 올바르지 못하다. 우월감을 느끼기 위해서 하는 자애로운 행동과 말은 분리와 자아라는 개념에 그 뿌리가 있으며, 도덕적 측면에서 나쁜 일은 아니지만 망상에 근거한 잘못된 생각이다. 자애로운 언행은 진실을 바탕으로 한다.

자연스럽게 화합을 인식하지 않더라도 자애와 자비에서 우러나오는 행동은 도움이 된다. 새로운 통찰을 얻으려면 행동을 먼저 바꾸어야만 할 때가 있다. 자애와 자비의 마음으로 적극적으로 행동할 때 우리는 뜻밖에 보이지 않는 도움의 손길을 받기도 한다.

자애로운 행동은 우리를 실재로 안내한다. 우리 문화에서 사람들은 냉철한 금융업자나 자본가가 매우 현실적이라고 생각하지만, 사실 그들이 현실이 아닌 분리와 영원이라는 망상을 바탕으로 행동한다는 사실이 조금은 우습다.

붓다는 진정한 현실주의자다. 자애로움은 곧 깨닫는 마음이다. 자애롭게 행동할 때마다 우리는 의식을 열고 좀 더 현실적으로 무아와 상호 연관된 존재, 즉 분리되지 않은 실재의 본질을 본다.

사랑이 유익하다는 것은 과학적으로 입증된 사실이다. 예를 하나 들어보자. 한 연구에서 대학생들에게 테레사 수녀가 캘커타의 가난한 사람들을 돌보는 영상을 보여주었다. 영상을 보며 우울해지고 테레사 수녀의 엄격한 신앙심에 반감을 느끼는 학생들이 있기는 했지만, 이런 학생들에게도 침에서 면역을 강화하는 호르몬인 s-IgA가 증가했다(McClelland 1986). 또 다른 실험을 살펴보자. 한 티베트 승려가 실시간으로 뇌의 작용을 보여주는 자기공명영상fMRI 장치에 누워 자애 명상을 했는데, 뇌에서 기쁨과 열정을 담당하는 중전두회中前頭回 왼쪽의 활동이 극적으로 증가했다(Barasch 2005). 이처럼 사랑을 수행하면 우리가 행복해진다.

반대로 화와 같은 감정은 우리에게 상처를 준다. 화가 나면 우리 몸은 코티솔(부신 피질에서 생기는 스테로이드 호르몬의 일종), 에피네프린(부신副腎 호르몬), 노르에피네프린(부신수질副腎髓質 호르몬)과 같은 스트레스 호르몬을 혈관에 내보낸다. 이 호르몬이 혈관 내에 플라크를 형성하고 심장마비나 뇌졸중 같은 건강 문제를 초래한다(McKay, Rogers, and Mckay 1989). 우리는 때때로 화를 내지 않으면 우리 자신이 나쁜 행동을 했다고 인정하는 것 같아 화 참기를 꺼리지만, 화내서 당장 고통받는 사람은 바로 우리다. 누군가에게 화를 냄은 스스로 독을 마시고, 그 사람이 고통받기를 바라는 것과 같다는 말이 있다.

앞서 소개한 마시는 분리된 영역에서 살았다. 그녀 자신을 위해 한 모든 일이 타인에게 반하며 타인을 위해 한 모든 일은 그녀 자신에게 반했다는 딜레마에 빠져 있었다. 그래서 그녀는 자신도 타인도 사랑할 수 없었다. 자신을 자애롭게 대하려고 하면 죄책감에 빠지고 타인을 돌보려고 하면 화가 났다. 상호 연관된 존재에 비추어보면 이런 공멸의 상황이 착각임을 알 수 있다. 실제로 마시가 그녀 자신을 위해 한 모든 일이 타인을 위한 일이기도 했고 그녀가 타인을 위해 한 모든 일 역시 그녀 자신을 위한 일이기도 했다. 자신의 웰빙과 행복을 돌볼 때 그녀는 그녀를 필요로 한 사람들에게 충실할 수 있다. 자신의 행복을 보살피지 못한다면 마시의 분노는 그녀를 필요로 한 사람들에게 고스란히 전해지게 된다. 타인의 행복을 위해 행동함과 동시에 그녀는 비분리라는 궁극적인 실재와 조화를 이루게 된다. 그리고 그 실재에 따라 행동하는 것이 커다란 행복의 원천이다. 그녀는 우주의 소중한 발현으로서 그녀 자신을 타인과 마찬가지로 사랑하고 돌보아야 했다. 나와 타인 모두 소중한 발현인 까닭이다.

전 우주가 하나가 되어 나로 발현되었다. 전 우주가 하나가 되어 타인으로 발현되었다. 이것들은 분리할 수 없는 실재들이다. 아주 작은 것이라도 자애로운 행동은 전 우주에 영향을 끼친다.

● ● 내가 나 자신을 잃을까?

최근 한 고객이 화를 버리고 자애로움을 키우는 것으로 인해서 자기 자신을 잃어버린 느낌이라고 말했다. 이런 종류의 두려움은 보통 사람들이 이중성을 버리고 더 큰 평화와 행복을 향해 나아가면서 겪는 일이다. 불교의 시각에서 보면 이것은 분리되고 변하지 않는 자아를 바탕으로 생각하는 덫 가운데 하나다. "나는 어제 굉장히 화가 났는데, 지금 화가 덜하다면 나란 무엇인가? 아직도 내가 나인가?" 이것이 마음을 불안하게 한다.

동시에 이것이 바로 무아의 핵심이다. 무아를 바탕으로 행동함은 우리가 어제 어떠했으므로 오늘도 그러리라고 단정짓지 않는 것이다. 즉 과거에 사로잡히지 않고 단호하게 웰빙과 행복을 향해 걸어갈 수 있음을 의미한다. 사실 나를 잃는다는 생각은 행복이 우리 자신과 스스로가 소유한 것을 꽉 붙잡는 데서 온다고 믿는 잘못된 인식의 일부분이다. 사실 더 많이 버릴수록 더 행복해진다. 우리가 조금 버리면 약간 행복해지겠지만, 완전히 버리면 행복도 완전해진다.

우리가 우리 자신이 되는 최악의 방법은 자신이 되려고 시도하는 것이다. 역설적으로 말해서 편안히 무아의 상태로 현재의 순간을 의식하면서 자신을 버릴 때 비로소 참된 자아가 된다. 스스로 온전한 나 자신으로 있다고 생각하지만 과거의 사고 및 행동 유형을 그대로 따르고 있다면 우리는 우리 자신의 상태에 휘둘릴 뿐이다. 우리의 상태와 우리 자신을 혼동하는 것이다. 우리는 상태 그 이상이다. 우리의 상태와 우리가 어떤 방식이어야 한다거나 우리의 삶이 어떤 방식이어야 한다는 모든 의식을 버릴 때 진정으로 자유로워질 수 있다. 그렇게 되면 우리는 현재에 그리고 언제나 그래왔던 진정한 자신이 된다.

● ● 의식은 하나다

우리 의식의 정원은 하나의 정원이다. 우리는 땅에 선을 그어 나의 정원과 다른 사람들의 정원으로 나눌 수 없다. 우리의 정원에 잡초가 우거지면 그 씨앗이 바람에 날려 주변의 정원으로 날아가고, 다시 그 정원 주변의 정원에까지 퍼진다. 우리의 이웃들이 잡초가 자라도록 내버려두면 그 씨앗이 우리의 정원에 날아든다. 이미 살펴본 바와 같이 우리 의식의 정원을 분리할 수 있다는 생각은 망상 바로 그 자체다.

우리가 최선을 다해 정원에 있는 악한 씨앗을 관리하고 그 씨앗이 자라나 퍼지지 않도록 환경을 만들어가는 것은 주변의 모든 사람을 돕는 일이다. 어떤 이유로 고통을 받는 사람들이 주변에 있을 때 이를 관찰할 수 있다. 다른 사람들의 슬픔, 화 혹은 질투는 우리의 정원에 쉽게 뿌리내린다. 마음을 챙기지 않으면, 우리도 화가 나고 초조해질 것이다. 그러므로 우리 내면의 부정적인 씨앗을 다스리는 법을 안다면 동시에 다른 사람들도 보호할 수 있다.

우리는 단순히 잡초를 퍼뜨리지 않는 일보다 더 건설적인 행동을 할 수도 있다. 주변 사람들 안에 있는 긍정적인 씨앗에 물을 주는 것이다. 긍정적인 자질만 있는 사람이란 없다. 모든 사람의 의식에는 꽃과 잡초가 섞여 있다. 우리가 다른 사람들이 지닌 좋은 자질에 집중하면 그들의 좋은 자질을 격려하는 셈이다. 이런 행동은 주변 환경을 더 유익하고 긍정적으로 만든다. 그리고 그런 환경이 다시 우리의 긍정적인 자질을 살찌우게 하여, 자애로움과 행복의 긍정적인 순환 고리가 생겨난다.

자비 명상

가장 효과가 큰 수행 가운데 하나인 자비 명상은 자무량심과 비무량심을 의도적으로 키우는 훈련이다. 우리 자신을 출발점으로 우리가 사랑하는 사람들, 별다른 감정을 느끼지 않는 사람들, 어렵게 여기는 사람들, 그리고 마지막으로 모든 존재에 자애로움을 전하라. 이 수행의 핵심은 "나의 행복을 바랍니다" 혹은 "여러분의 행복을 바랍니다"처럼 자애로운 의도가 바탕이 되어야 한다. 그러나 이 수행이 효과를 발휘해서 변화를 이뤄내려면 진심이 우러나오도록 하는 방법을 찾는 일이 가장 중요하다. 구절을 기계적으로 암송해서는 변화를 일구어내기 어려울 뿐만 아니라 우리가 분리되어 있다는 망상을 깨기도 힘들다. 이러한 의도가 생생하게 살아 숨 쉬도록 하는 방법을 찾아야 한다.

그중 한 가지 방법으로 명상을 시작하면서 우리 자신에 대한 일반적인 감정을 불러오는 것이 있다. 우리의 기본적인 선함, 인생에서 경험했던 긍정적인 의도, 좋은 사람이 되길 원하며, 긍정적이고 다정하게 행동하려는 일반적인 우리의 바람을 느껴보라. 우리 자신이 얼마나 경이로운 존재인지, 우리가 얼마나 성장했는지, 스스로 이룬 모든 것을 의식해보라.

다음으로 우리가 어려움에 처했을 때 느낀 전반적인 감정을 떠올려라. 이런 감각을 이용해서 우리가 참고 견뎌온 모든 일을 생각하고 우리 자신에 대한 자비의 마음을 열어라. 우리는 대부분 많은 일을 견뎌왔다. 그리고 이런 어려움을 생각하면 우리 마음이 자신에게 쉽게 열리기 마련이다.

우리 자신에 대한 자애로움, 다정함, 감사, 자비의 강렬한 감정을 불러왔다면 우리 자신의 몸과 마음을 이런 감정의 온기와 빛 속에 담그고 쉬게 하라. 우리 자신의 실수나 불완전함에 대한 생각이 떠오르거나 스스로 바뀌어야 한다고 생각한다면 그 사실만 알아차리고 그냥 그대로 두더라. 그 빛과 자애로움이 우리의 세포 구석구석, 의식 곳곳에 스며들도록 하라.

우리 자신에 대한 자애로움이 비교적 쉬우므로 자신에 대한 자애로움으로 명상을 시작하는 것이 좋다. 그렇지만 어떤 사람들에게는 꼭 그렇지만도 않다. 우리가 바로 이 경우라면, 우선 우리가 겪고 견뎌낸 고통과 함께 우리의 좋은 점을 목록으로 만들어 보라. 목록을 생각할 때는 심호흡한다. 우리 자신의 장점을 찾기가 어렵다면 신뢰할 만한 사람에게 도움을 청하라.

아직도 우리 자신에 대한 자무량심과 비무량심을 불러내기가 어렵다면, 쉽게 사랑을 떠올릴 수 있는 존재에서 시작해도 좋다. 그 존재는 아이, 이제는 고인이 된 사랑했던 사람, 또는 애완동물이 될 수도 있다. 무엇이든 가장 쉬운 것에서 시작해 그 자애로움을 우리에게 옮겨 오라.

우리 자신에 대한 자무량심과 비무량심의 강렬한 감정을 불러일으킬 방법을 찾았다면 아래 구절을 따라 하면서 심호흡을 해보라.

○ 내게 "행복"과 행복의 원인이 생기기를 바랍니다.

○ 내가 "안전"하고 위험, 질병, 부상에서 자유롭기를 바랍니다.

○ 내가 건강하고 "편안하기"를 바랍니다.

○ 내가 슬픔, 화, 자기 회의, 질투 같은 고통스러운 감정에서 "자유롭기"를 바랍니다.

○ 내가 항상 자애로움과 "이해"로서 나를 대하기를 바랍니다.

○ 내가 슬픔에서 벗어나 "깨달은" 자가 되기를 바랍니다.

각 구절을 몇 차례 읽은 후, " " 안의 단어만 사용하라. 심호흡하면서 그 단어에 집중하고, 집중력이 떨어지면 전체 문장으로 돌아가라. 단어 없이도 자무량심과 비무량심의 상태에 들어갔다면 그 상태를 유지하고 단어를 잊어버려라. 그리고 다시 집중력이 떨어지면 전체 문장으로 돌아가라.

자신에 대한 자애로움을 연습한 후에는 사랑하는 사람을 대상으로 선함과 슬픔의 전반적인 감정을 불러오고 "그에게 행복과 행복의 원인이 생기기를 바랍니다"라는 식으로 같은 방법을 계속하라. 그런 다음 우리가 잘 알지 못하고 긍정적이거나 부정적인 별다른 감정이 없는 사람으로 연습하라. 그리고 나서 우리가 어렵게 여기는 사람 그리고 마지막으로 모든 존재로 이어가라.

한 번에 이 모든 것을 할 필요는 없다. 때때로 우리에 대해서만, 다른 사람들에 대해서만, 또는 먼저 우리에 대해서 그런 다음 다른 한 사람에 대해서만 실행해도 좋다. 우주가 상호 연관되어 존재한다는 본질에 비춰볼 때 그 대상이 누구라도 상관없다.

진척이 없거나 싫증이 나면 억지로 하려고 하지 마라. 우리가 준비되어 있지 않을 때, 스스로 강요하는 것보다는 한동안 쉬었다가 다른 날 다시 하는 편이 낫다. 어떤 날 힘들었던 일이 다음 날에는 쉬워지기도 하기 때문이다.

6

고통에 대처하는 방식

✕　✕　✕

형제들이여, 내가 이 길을
왜 올바른 길이라 일컫는가?
이 길이 고통을 피하거나 부정하지 않고,
고통을 극복하는 수단으로서
고통과 직접 대면하게 하므로
올바른 길이라 일컫는 것이다.

붓다

살면서 어려움을 겪지도 무엇을 잃지도 실망해보지도 않았던 척해 보았자 소용없다. 행복의 길이라고 알려진 모든 길에도 반드시 불행과 슬픔 그리고 고통이 있기 마련이다. 그렇다. 행복은 항상 존재한다. 우리는 언제나 바로 지금 이곳에서 긍정적인 요소를 발견할 수 있다. 그러나 때로는 고통스러운 일도 있기 마련인데, 그런 고통을 결코 무시해서는 안 된다. 고통을 부정하는 피상적인 접근법은 결국 우리로 하여금 좌절감을 맛보게 할 뿐이다.

우리의 슬픔과 행복 사이의 관계는 깊다. 배가 고프면 음식의 가치를 알게 된다. 목이 마르면 우리는 물이 소중한 걸 알게 된다. 사랑하는 사람을 잃으면 우리 삶에서 아직 살아 있는 사람들의 중요성을 깨닫게 된다. 상실은 우리가 지닌 것의 소중함을 가르쳐준다.

고통은 우리가 공감하는 방법과 다른 사람들을 돌보는 방법을 가르쳐준다.

우리에게 처음부터 저절로 그런 마음이 생겨나지는 않는다. 어린아이들은 믿기 어려울 정도로 공감 능력이 떨어지는데, 뇌가 아직 덜 발달한 것에도 원인이 있지만, 경험이 부족하기 때문이다. 어린아이들은 거의 모든 일에서 다른 사람들과 다른 점을 창피하게 생각한다. 다른 사람들에게 외면당하기 전에는 그것이 어떤 기분인지 절대 알 수 없다. 하지만 그런 경험이 있다면 거절당하거나 다른 문제들로 고통받는 사람에게 공감할 수 있다. 운동선수 모집에 꼴등으로 뽑히고, 학교 시험이나 그 밖의 시험들을 통과하지 못하고, 다르다는 이유로 원치 않는 관심을 받게 되는 경우처럼 어려서 겪었던 모든 어려움은 우리를 더 자애롭고 다른 사람들을 이해하며 연민을 느끼는 사람으로 성장하게 만든다. 이처럼 어려서 겪은 어려움과 함께 성인이 되어서 겪은 어려움이 없었던들 다른 사람들을 이해하고 돌보는 능력은 애초부터 없었을 테고 자연스럽게 몸에 배지도 않았을 것이다.

붓다가 깨우침을 얻고 처음 설법하실 때 그는 고통을 무시하지 않았을 뿐만 아니라 고통을 받아들이는 것을 모든 웰빙과 행복의 바탕으로 삼았다. 사실 그가 애초에 영적인 여정을 떠나게 된 계기도 고통이었다. 전설에 따르면 어리고 철없던 싯다르타 왕자는 늙고, 병든 망자를 보면서 깊은 실존적 위기에 빠졌다. 영리하고 감수성이 예민했던 그에게 늙고 병들어 죽는다는 건 상당히 충격적인 현실이었다. 이 같은 현실이 너무 괴로웠으므로 호화스런 궁궐 생활에 안주할 수 없었다. 그는 자신과 다른 사람들을 위해 이러한 현실이 무엇인지 깨닫고 거기서 벗어나는 길을 찾아야 했다.

행복을 추구하고 고통을 피하는 건 매우 자연스러운 일이다. 이 때문에 사람들은 심리적인 방어 기제를 동원해서 삶의 진실을 부정하려고 한다. 그러나 붓다의 전략은 달랐다. 그는 고통을 **똑바로 바라본다.** 고통을 못 본 체하는 대신 받아들이고, 귀를 기울이고, 응시하며, 고통과 친구가 되어야 함을 붓다는 알았다. 고통을 깊이 살펴보면 고통에서 벗어나는 길을 찾을 수 있다. 이것이 진정한 행복을 찾는 유일한 방법이다.

고통스러운 현실을 받아들이지 못하면 깨우침은 없다. 진정한 행복도 없다. 우리가 겪는 고통을 왜곡하거나 부정하지 않고 있는 그대로 지혜롭고 참을성 있게 바라보는 일이 깨우침으로 가는 에너지의 원천이다. 우리의 슬픔은 사람들이 겪는 어려움에 대해 깊이 생각하는 계기가 된다. 우리가 고통의 사슬에 얼마나 철저히 매여 있는지를 알게 되면 그 사슬에서 빠져나오는 방법을 깨달을 수 있는 에너지가 생긴다.

● ● 첫 번째 성스러운 진리(고성제苦聖諦): 둑카 이해하기

고통은 불교 용어로 둑카dukkha(범인의 고뇌, 번뇌)라고 한다. 둑카는 '아픔', '슬픔', '고통' 혹은 '불행'으로 번역되며, '불완전함'을 의미한다. 명상을 통해 얻는 매우 고결한 정신도 소중하지만 궁극적인 자유를 주지 못한다는 점에서 고통으로 여겨진다. 명상의 최고 경지에 오른 수행자들도 수행을 멈추는 순간 둑카가 다시 나타나기 때문에 그것에서 여전히 자유롭지 못하다.

또한 둑카는 '공(空, śūnyatā)'을 의미한다. 공은 우주와 분리되어 본래부터 존재하는 자아가 없음을 의미한다. 이 단어는 좀 더 폭넓게 만물이 기본적으로 만족스럽지 못함을 의미한다. 이 단어는 매우 포괄적인 용어다. 불치병을 선고받는 일뿐 아니라 주차할 곳을 찾지 못하는 일을 의미하기도 한다. 커다란 문제와 더불어 삶의 작은 불편도 의미한다. 너무 많은 의미들을 내포하기 때문에 이 단어를 번역하기보다는 '둑카' 그대로 사용하는 편이 때로는 가장 바람직하다.

둑카의 통찰이 매우 중요했으므로 붓다는 둑카를 가르침의 초석으로 삼았던 것이다. 그는 첫 번째 설법에서 자신이 네 가지 성스러운 진리로 불렀던 사성제四聖諦를 가르쳤는데 그중 첫째가 둑카였다. 많은 사람들에게 가르침을 전한 후, 인생의 마지막 무렵에 붓다는 자신이 항상 가르쳤던 것이 둑카였으며 그것을 끝내는 방법이었다고 강조했다. 그 정도로 붓다는 둑카를 중시했다.

인간의 삶은 고통이라는 엄연한 사실을 제시하는 둑카는 고귀하고 성스러운 진리다. 둑카는 불도의 토대가 된다. 둑카의 진리를 완전히 이해하면 완전한 깨우침을 얻는 셈이다. 둑카를 이해할 때 불행은 끝나고 행복과 평화만이 남는다.

첫 설법에서 붓다가 설명한 둑카는 다음과 같다

태어남이 둑카이고, 늙음이 둑카이며, 병듦이 둑카이고, 죽음이 둑카이며, 슬픔과 한탄, 아픔, 비탄과 절망이 둑카이고, 기분 나쁜 것과 관련되는 것이 둑카이며, 기분 좋은 것과 분리되는 것이 둑카이고, 원하는 것을 얻지 못함이 둑카다. 요컨대 집착의 오온이 둑카이다.

(초전법륜경初轉法輪經, Dhammacakkappavattana-sutta, in Rahula 1974, 93)

목록에 포함된 항목 대부분을 고통이라고 인식하겠지만, 우리에게 태어남은 언뜻 고통이라는 생각이 들지 않는다. 불교의 관점에서 보면 태어남은 두 가지 의미에서 고통이다. 무엇보다도 안전한 자궁에서 떨어져나와 세상의 고통과 분리를 느끼며 태어나는 아기의 울음소리를 들어보라! 새로운 생명의 탄생에 기쁠지 모르지만, 귀를 기울이면 우리는 둑카의 소리를 들을 수 있다.

그러나 태어나는 과정은 단지 시작에 불과하다. 태어남은 살면서 겪는 많은 어려움, 짓밟히는 꿈, 고통스러운 관계 그리고 병과 죽음을 비롯해 붓다가 언급한 그 밖의 모든 것의 시작이다. 바로 이것이 태어남을 둑카로 여기는 두 번째 이유다. 모든 고통의 시작이란 의미에서 태어남이 둑카인 것이다.

붓다가 언급한 목록의 마지막 항목 역시 설명이 필요하다. 그는 색色, 수受, 상想, 행行, 식識의 오온五蘊도 둑카라고 말한다. 오온 그 자체는 둑카가 아니지만 '나' 또는 '나의 것', 즉 자아로서 오온에 집착하면 둑카가 된다. 바로 이러한 집착 때문에 우리의 정신적, 육체적 연속체는 우리가 병들고病苦, 늙고老苦, 죽어가는 과정死苦에서 불쾌한 감각과 생각을 경험하며 큰 슬픔을 느낀다.

현실적 시각

자유, 평화, 사랑으로 가는 길은 고통을 깊이 들여다보는 데서 시작된다. 이는 비관적인 시각이 아니라 현실적인 시각에서 고통을 바라봄을 의미한다. 불교가 비관적이라는 생각은 서양 문화에 만연하는 둑카를 부정하기 때문에 생긴 것이다. 병자는 병원에 노인은 양로원에 집어넣고, 망자는 장례식장으로 보낸다. 사후세계나 환생에 대한 종교적이고 영적인 믿음이 죽음과 힘든 삶의 현실을 차단하는 방패로 작용하기도 한다. 고통스러운 현실을 외면하려는 서양 문화의 경향을 따르면 삶과 죽음이 비관적으로 보인다. 유럽의 대성당과 박물관들을 방문하면 예수와 성인들이 고통받는 장면을 묘사한 종교적 작품을 많이 볼 수 있다. 그래서 서양의 종교는 고통과 아픔을 맹목적으로 숭배하는 것처럼 보이기도 하는데, 동양에서 평화로운 붓다와 보살들의 이미지가 많은 것과 심한 대조를 이룬다. 누군가가 지적했듯이 하느님과 연결되어 평화와 사랑으로 빛나는 평화롭고 행복한 예수와 성인들을 묘사한 작품이 더 많았다면 좋았을 것이다. 그렇지만 동시에 예수와 성인들의 고통을 검토해보지도 않고 거부한다면 삶의 고단함과 죽음의 현실을 부정하는 서양 문화를 드러내는 것이다. 이런 작품들은 고통에 대한 불건전한 환영을 반영하기도 하지만, 이 모든 고통의 묘사는 초월적인 의미에서 나온 것이며 궁극적으로는 고통을 겪더라도 삶은 좋다는 확신을 주기 위한 것이다.

우리는 둑카에 직면하면 대체로 부정적인 반응을 보인다. 고통을 다른 사람들에게 털어놓으면 그들은 매우 염려하는 태도를 보인다. 그들은 "오히려 더 잘 될 거라고 난 확신해"라는 상투적인 말을 하거나 하늘에 맡기자는 식의 충고를 하거나 또는 긍정적으로 생각하라고 훈계할지도 모른다. 우리는 둑카를 우리가 마땅히 그래야 한다고 생각하는 완벽하고 쉽고 편안한 삶을 방해하는 비정상적인 것으로 생각한다. 그래서 둑카가 나타나면, 누군가의 잘못의 결과라고 생각한다. 긍정적으로 생각하지 못하고 지나치게 부정적이어서 우리는 고통받는 사람들조차 비난할 수도 있다. 그리고 누군가가 죽으면 그 죽음이 전혀 뜻밖의 비정상적인 일인 것처럼 반응한다. 우리에게는 누군가 비난할 대상이 필요하다. 의사나 병원, 가까이에 있는 그 누구라도 좋다.

하지만 둑카는 뜻밖의 일이 아니라 삶의 일부분이다. 둑카의 실제 상황을 받아들이면 마음이 편해진다. 심리적 방어 기제를 가동하여 의식을 왜곡할 필요가 없다. 삶을 있는 그대로 온전한 전체로 보아야 한다. 진실을 있는 그대로 인정하지 않으면 우리는 절대로 삶을 긍정할 수 없다.

둑카가 자연스런 삶의 일부분이란 사실을 이해하는 사람에게 슬픔을 털어놓는다면 큰 위로가 될 것이다. 이런 사람들은 상투적인 말로 대충 얼버무리려고 하지 않는다. 설명하려고 하지도 비난하거나 왜곡하려고 하지도 않는다. 이런 사람들은 인간의 슬픔이라는 성스러운 진리 앞에 경외심을 갖게 하며 우리와 조용히 함께 할 뿐이다. 그 진리를 말할 수 있다면 그 자체로 벌써 위안이 된다. 가식적으로 행동할 필요가 없기 때문이다.

둑카의 심층적 의미

넘어져 다리가 부러졌다면 우리 모두 둑카로 생각한다. 직장에서 해고되어 돈 걱정이 많다면 우리 모두 둑카로 생각한다. 건강에 큰 문제가 생기고, 사랑하는 사람을 잃거나 심지어 속도위반으로 딱지를 떼는 것까지도 모두 둑카로 생각한다. 그러나 이렇게 분명한 고통만이 전부는 아니다.

주의 깊게 살펴보면 둑카는 무상을 바탕으로 한다. 이런 차원에서는 보통 긍정적으로 여겨지던 것조차 언제 변할지 모르기 때문에 둑카라는 꼬리표가 붙는다. 사랑에 빠지면 아주 행복할 것이다. 하지만 이는 관계가 변하고 결국 어떻게든 끝나기 마련이라는 사실을 간과하기 때문이다. 이별이 준비되어 있지 않다면 아름다운 사랑은 고통으로 다가온다. 멋진 새 차를 사면 기쁘겠지만, 주차장에서 누군가가 내 차에 흠집을 내놓는다면 기쁨이 슬픔으로 바뀔 것이다. 집에 데려온 귀여운 강아지가 너무 빨리 늙고 관절에 문제가 생기면 늘 돌봐주어야 한다. 그리고 마음이 아픈 데 비할 수는 없겠지만, 치료비로 많은 돈을 써야 한다. 나타나는 모든 것, 우리가 경험하는 모든 것은 그 자체와는 멀리 떨어진 요인들, 즉 복잡한 인연이 가져온 결과다. 새로운 사랑에 빠지는 일은 매력과 심리적 준비상태 등 많은 복잡한 요인들이 적절한 때 적절한 사람에게 생기는 결과다. 새 자동차는 차를 살 수 있는 경제력과 자동차 공장에서 일하는 많은 사람들의 수고 그리고 자동차 대리점 사람들을 포함한 많은 요인들이 빚어낸 결과다. 강아지는 우리에게 오기 전 새끼 때 돌봐준 사람을 비롯하여 부모견과 그 부모견의 조상이 만들어낸 결과다. 그러나 많은 외부 요인들로 생긴 건 무엇이든 그 요인이 변화하면 함께 변화하기 마련이다. 그 요인이 어느 수준까지 변화하면 우리에게 즐거움을 주는 그 대상도 더는 존재하지 않는다. 사랑이 증오로 바뀌고, 멋진 자동차는 폐차되고, 개는 죽는다. 무상을 완전히 인정하고 받아들이지 않기 때문에 사람들이 고통을 받는 것이다.

다른 방법도 있다. 만물이 무상하다는 사실을 충분히 인식하면, 그리고 이 사실을 지혜롭고 명확하게 인지한다면 우리에게 기쁨을 주는 사람이나 사물에 지나치게 집착하지 않을 것이다. 무상을 완전히 이해하면 병적 집착 없이 모든 것을 그냥 즐길 수 있게 된다. 이런 방법으로만 삶의 좋은 것들을 마음 놓고 즐길 수 있다. 사실 삶의 아름다운 것들을 진정으로 즐기려면 무상을 이해해야만 한다. 그렇지 않으면 우리가 기뻐하고 있는 사이에 우리가 사랑하는 대상을 잃을지도 모른다는 미묘한 두려움이 살금살금 다가온다. 만물의 무상한 본질을 알지 못하고 집착하면 그 결과는 고통뿐이다. 고요한 마음으로 시작이 있는 모든 것에는 끝이 있다는 사실을 더욱 분명하게 받아들일수록 자유와 기쁨은 배가된다.

우리가 마음챙김을 수행할 때조차도 집착은 알게 모르게 생겨난다. 현재의 순간에 있는 방법을 배우기 위해 심호흡하고 미소를 지으며 푸른 하늘을 즐기려고 한다. 그러나 다음날 구름이 많이 끼어 실망한다. 이런 실망감은 하늘을 바라볼 때, 집착의 요소가 작용했음을 드러낸다. 단순히 마음을 챙겨 즐기려고 한 것이 아니라 맑은 하늘에 집착한 것이다. 푸른 하늘을 즐기는 데 구별이란 요소가 있었던 것이다. 즉 푸른 하늘만 원한 반면 구름 낀 하늘은 원하지 않았다. 우리가 느끼는 슬픔은 구름 낀 하늘 때문이 아니라 푸른 하늘에 대한 집착, 즉 하늘은 늘 푸르러야 한다는 관념 때문에 생겨났다.

그리고 만연하는 고통(구부득고求不得苦, 원하는 것을 성취하지 못하는 고통, 구하여도 얻지 못하는 괴로움)이라는 깊은 차원의 고통이 있다. 깨우침을 얻지 못하는 한 모든 것이 고통으로 가득하다. 주의를 기울인다면 이런 사실을 알아차릴 수 있다. 마당에서 허드렛일을 하면서 우리는 다음에 무엇을 할까 미리부터 계획을 세운다. 이런 식으로 언제나 당장 행복할 수 없는 미묘한 감정이 일어난다. 여기에 관련된 고통은 감지하기가 어렵다. 하지만 그것 때문에 마당에서 일하는 고유한 즐거움을 느끼지 못한다. 우리는 그 일이 **끝난** 상태만을 즐거워한다. 그리고 그런 즐거움조차도 오래 지속되지 못한다. 곧 다음 일에 주의를 기울여야 하고 또다시 동일한 과정을 되풀이하기 때문이다. 우리는 어떤 일을 끝내야만 행복하고, 또 그렇다고 하더라도 무엇인가가 항상 끝나지 않은 상태에 있으므로 언제나 완전히 행복하지 못하다.

둑카에 대한 의식이 도움을 준다

둑카가 생긴다 싶으면 우리는 도망치지 말고 가능한 한 그것을 명백히 바라보아야 한다. 둑카를 의식하면 깨우침을 얻을 수 있는 에너지가 생겨나는 까닭이다. 슬픔은 평화를 찾는 동기가 된다.

둑카의 진리를 인정하면 의식이 분명해지고, 열리며, 왜곡되지 않는다. 우리가 고통스런 현실을 부정하면 행복과 자유, 깨우침을 위해 써야 할 많은 정신적 에너지를 허비하는 셈이다. 현실을 부정하면 결국 아픔만 커진다. 우리 앞에 장애물이 있다는 사실을 부정하고 그 장애물을 통과하려고 해봤자 우리만 다치게 된다.

우리가 고통을 깊이 살필 때 고통에서 벗어나는 길을 알 수 있다. 그러나 고통이 없는 척한다면 어떻게 그 고통을 볼 수 있단 말인가? 둑카를 다루는 일은 북극성을 등지고 남쪽으로 걷는 것과 같다. 우리는 둑카의 작용을 보면서 행복의 방향으로 나아갈 수 있다. 둑카를 부정하면 우리 마음의 고통이 커질 뿐이다.

이것이 둑카다

둑카가 추상적이거나 이론에만 머물러 있다면, 둑카에 대한 의식이 우리에게 도움이 되지 않을 것이다. 그러나 이 가르침을 일상과 연관시킨다면 우리는 자유로워질 수 있다.

일상에서 둑카가 일어날 때마다 의식하라. 부정하지 마라. 직장에 늦어서 허둥지둥 달려갈 때 둑카를 느끼는가? 중요한 회의가 염려될 때 둑카를 느끼는가? 시장에서 길게 줄서서 기다릴 때 안달하는 둑카를 느끼는가? 미리 앞일을 너무 많이 생각하고 현재의 순간에 집중하지 못해 마음이 어지러운 미묘한 둑카를 인식할 수 있는가?

둑카가 생길 때마다 자신에게 분명히 말하라. "이것이 둑카다." 단순히 진리를 인정함으로써 안도감을 느껴라.

● ● 두 번째 성스러운 진리(집성제集聖諦): 고통에는 원인이 있다

한 남자가 텅 빈 아파트로 귀가한다. 가구는 모두 사라지고 없다. 아내가 휘 갈겨 쓴 쪽지가 싱크대 위에 놓여 있다. "당신 곁을 떠나요." 아무런 이유가 없다. 연락할 방법도 없고 한마디 상의도 없었다. 텅 빈 아파트에 단지 이 쪽 지뿐이다.

간혹 이런 일이 있다. 이런 상황에서 우리는 둑카의 영역에 있게 된다. 이것 이 가장 기본적이고 명백한 형태의 고통 가운데 하나다.

이 남자가 겪는 고통의 원인samudaya으로 작용했을 많은 요인들을 상상할 수 있다. 남자가 모질어서 아내가 더 이상 참지 못하고 떠났는지도 모른다. 어 쩌면 아내는 안정된 관계보다는 변화와 자극이 필요했는지도 모른다. 아니면 사랑하는 사람이 생겼을지도 모른다. 동성애자라서 더 이상 정상적인 결혼 생활을 참지 못했을 수도 있다. 성적인 면이나 신뢰의 면에서 남편과 사이가 나빠졌을 수도 있다. 경제적인 문제로 마침내 결별에 이르게 되었는지도 모 른다. 가능성들은 많다.

그렇지만 조금만 더 깊이 들여다본다면, 붓다의 눈으로 이 남자의 불행을 바라본다면 어떨까? 현재 그가 느끼는 슬픔의 원인은 무엇일까?

붓다의 통찰로 볼 때, 여기서 슬픔의 원인은 궁극적으로 붓다가 갈애渴愛라 고 일컬었던 '갈증' 혹은 '갈망' 때문이다. 앞서 언급한 요인들도 작용했겠지 만, 근본적인 원인은 바로 갈망, 집착 그리고 애착이다. 집착이 없다면 고통도 없을 것이다.

물론 자기 아내를 원하는 이 남자를 비난하려는 건 아니다. 우리는 이런 처지에 놓인 사람들을 동정한다. 이는 비난할 문제가 아니라 인과관계의 문제다. 갈증이나 갈망 때문에 본질이 무상과 무아인 것에 집착할 때, 많은 복합적인 요인들로 생겨나는 것에 집착할 때, 그 결과는 고통이다. 때때로 그런 것이 아니라 항상 그렇다. 몇몇 사람들에게만 그런 것이 아니라 모든 사람에게 그렇다. 우리 가운데 몇 명이나 세상에서 가장 사랑하는 사람을 잃게 될까? 우리 혹은 우리의 동반자가 죽거나 또는 이혼하거나 관계가 끝나서 결국에는 우리 모두가 사랑하는 사람을 잃게 된다. 우리 가운데 몇 명이나 자신이 가장 사랑하는 사람과 궁극적으로 헤어지게 될까? 어느 누구에게도 예외는 없다. 그러나 우리가 애착을 버린다면 고통도 사라질 것이다.

욕망을 버린다는 말은 우리가 무관심해진다는 의미가 아니다. 집착을 버림으로써 우리는 삶의 좋은 것들을 훨씬 더 즐길 수 있다. 이제 잃는다는 두려움이 없기에 더 즐길 수 있는 것이다. 우리 삶에서 배우자의 존재를 진정으로 기뻐할 줄 알게 된다. 존재가 무상하다는 사실을 알면 그 존재를 당연하게 생각하지 않고 마음속 깊이 더 소중하게 여기게 된다.

누군가 도박 빚으로 집을 잃거나 과도하게 마약을 복용해서 죽었다면, 주식시장에서 무모하게 투자를 하다가 돈을 모두 날렸다면 그런 고통이 욕망의 결과라는 사실을 쉽게 알 수 있다. 그러나 욕망에 대한 붓다의 가르침에는 배우자에 대한 애착과 같이 우리가 대부분 당연하게 생각하는 미묘한 형태의 집착도 포함된다. 때로는 이런 미묘하고 당연해보이는 집착이 알아차리기 더 어렵기 때문에 훨씬 더 치명적이다. 이런 집착에도 적용되는 원칙은 같다.

더 깊이 살피기: 욕망의 본질

불교 경전들은 문자로 쓰이기 전 수 세기 동안 구두로 전해져왔다. 말로 쉽게 전달하기 위해 한 단어가 때로는 같은 범주에 속하는 단어들을 대표하기도 했다. 그래서 욕망은 『옷감에 대한 비유의 경The Parable of the Cloth Sutra』에 열거된 다른 불건전한 정신 상태 목록을 대표하여 사용되기도 했다. 불건전한 정신 목록에는 적의, 화, 원한, 위선, 악의, 질투, 탐욕, 사기, 속임수, 고집, 건방짐, 자만, 오만, 과장, 나태(Rahula 1974)가 있다. 이러한 미숙한 정신 상태는 슬픔의 원천이기도 하다.

둑카는 삼독三毒, 즉 탐욕, 어리석음, 성냄에서 비롯된다. 이 세 가지 독의 뿌리는 어리석음, 즉 지혜의 결여다. 사물이 지닌 무아와 무상의 본질에 비추어 보면 집착이란 의미가 없으며 궁극적으로 고통으로 이어진다. 이러한 사실을 인식하지 못하고 어떤 것에는 집착하고 다른 것을 거부하는 것은 바로 지혜가 부족하기 때문이다. 우리가 탐하는 것은 구하고 싫어하는 것은 피한다면 영원히 헛된 싸움에 빠져 현재의 순간에 마음을 열고 깨어 있지 못하게 된다. 탐욕과 성냄은 고통스러운 정서 상태를 초래하는 주된 원인이다.

로마 황제이면서 스토아 철학자인 마르쿠스 아우렐리우스는 이것을 깜짝 놀랄 만한 이미지로 표현했다.

영혼의 구(球)는 어떤 대상을 향해 뻗어가거나 오므라들거나 흩어지거나 가라앉지 않고, 오직 빛에 휩싸일 때, 그 자체의 완전한 형태를 유지한다. 그 빛 속에서 영혼의 구는 자신과 모든 사물 안의 진리를 본다. (Mark Forstater 2000, 162~63)

어떤 대상을 향해 뻗어나감으로써 둥그런 형태나 완전함을 잃은 영혼은 탐욕을 나타낸다. '오므라듦'은 성냄, 즉 불쾌한 것에서 물러남을 의미한다. 완전하고 둥글며 왜곡되지 않은 것, 즉 빛에 휩싸이는 것은 마음을 챙기며 탐욕이나 성냄의 어리석음으로 왜곡되지 않은 의식을 묘사한다.

탐욕은 즐거운 일을 하고 싶은 일상의 근질거림, 근본적으로 가만히 있지 못함, 불만족에서 미묘하게 나타난다. 이것은 현재의 순간과 현재 환경에서 만족과 행복을 느끼지 못하게 하는 모든 상태를 의미한다.

둑카를 이해하는 것은 이 모든 상태를 철학적으로 밝히는 것이 아니라 우리가 직접 둑카가 어떻게 작용하는지 명확하게 보는 것을 의미한다. 지혜가 부족해서 사물이 분리되고 영원한 것처럼 행동하기 때문에 탐욕과 성냄 그리고 모든 불건전한 정신 상태가 생겨나는 것이다. 이러한 사실을 반복해서 깊이 들여다보면 불교에서 말하는 윤회라는 고통의 악순환을 끝낼 수 있게 된다.

이 점에서 붓다는 병과 병의 원인을 밝히며 약왕보살藥王菩薩, 즉 중생에게 좋은 약을 주어 몸과 마음의 병고를 덜어 주고 고쳐 주는 보살로서 자신의 역할을 다했다. 여기서 병이란 바로 둑카다. 둑카는 탐욕, 성냄, 어리석음에서 비롯된다. 원인이 제거되면 병은 자연히 치료된다.

수행

탐욕과 성냄에 주목하기

아내에게 버림받은 남자의 경우처럼 우리는 극명하게 나타나는 둑카만을 알아차리는 경향이 있다. 첫 번째 성스러운 진리를 수행할 때, 우리는 이것을 구체적이고 직접적으로 살펴보았고 둑카의 충만함에 대해서도 조금은 알게 되었을 것이다. 마찬가지로 이번 수행에서도 탐욕과 성냄, 그리고 그 근본적인 원인인 어리석음에 대해서 단순하고 직접적인 방법으로 체험하게 될 것이다. 이 수행을 하면서 우리 자신의 마음과 좀 더 친해지고 순간순간 마음이 어떻게 둑카를 떨쳐버리지 못하는지 알게 될 것이다.

수행하기 위해 우선 허리를 세우고 편하게 앉아 심호흡을 즐겨라. 다른 생각으로 호흡에 집중하지 못할 경우 그 생각에 주목하고 그 본질이 무엇인지 우리 자신에게 물어라. 그 생각에 탐욕과 욕구의 요소가 있는가? 이것을 원하거나 저것을 피하려는 감정이 있는가? 무엇이 어떤 식으로 반드시 진행되어야 한다는 의식(욕구)이 있는가? 아니면 성냄, 즉 절대 어떤 식으로 진행되면 안 된다는 감정이 있는가? 두 가지 감정이 섞여 있는가? 각각의 생각을 관찰하고 어떤 것을 원하고 어떤 것을 피하려고 하는지에 주목하라.

● ● 세 번째·성스러운 진리(멸성제滅聖諦): 고통을 끝낼 수 있다

이런 통찰이 우리를 자유로워지게 만들 수 있다면, 그것을 우리의 일부분이 되게 해서 세상을 바라보는 우리 시각의 바탕이 되게 해야만 할 것이다. 그렇게 하면 자유와 행복은 자연스레 따라오게 된다. 고통이 사라지면 웰빙과 행복이 환하게 빛을 발할 것이다.

불교에서 흥미로운 점은 이 세 번째 성스러운 진리이다. 즉 고통을 끝낼 수 있다는 것이다. 고통을 끝내려면 현실의 본질을 깊고 명료하게 보아야 한다. 이는 토스트기에 끼어 타기 시작하는 빵 조각을 칼로 빼내려 할 때와 같다. 지적인 사고에 따르면 이 행동이 좋은 생각이 아님을 알지만 실제로 한 번 감전되고 나면 그 사람의 앎은 더 이상 지적인 사고에 그치지 않는다. 이제는 토스터기에 칼을 넣으면 위험하다는 경고도 필요 없다. 스스로 그러지 말아야 한다고 다짐할 필요도 없다. 그 사람은 안다. 이런 종류의 **앎**이 고통에서 벗어나는 데 필요한 **효과적인 통찰**의 앎이다.

우리는 둑카가 발생할 때 그것에 주목하면서 둑카의 진리를 확실히 알게 되지만 긍정적인 측면에서 고통을 끝낼 수 있다는 진리 또한 분명히 알게 된다. 고요하고 만족스러운 상태에 있을 때, 일어나 무엇인가를 하려는 원초적 근질거림이 없을 때, 혹은 무엇인가 기분전환거리를 찾을 필요가 없을 때, 현실에 충실할 때 심오한 행복, 평화, 만족을 찾을 수 있다. 무엇이 이러한 경험을 이토록 즐겁게 만드는가? 엄밀히 말하면 그 순간에 탐욕도 성냄도 우리에게 영향을 미치지 않기 때문이다. 우리는 단지 존재할 뿐이다. 의식은 균형을 이루고 조화롭다. 그런 경험이 매우 드물게 잠깐 일어나더라도 우리는 그 경험을 알아차리고 확대하고 증가시킬 수 있다.

고통을 끝내는 방법을 완전히 이해하기란 쉽지 않다. 그러나 그 방법을 맹목적으로 받아들일 필요가 없다. 약간만 훈련하면 누구나 이런 경험을 어느 정도 맛볼 수 있다. 좋아하고 싫어하는 구별을 조금만 덜 하더라도 좀 더 폭넓고 큰 평화와 행복을 체험할 수 있다. 그렇게 되면 **선호**하는 대로 일이 진행되지 않더라도 문제가 될 것이 없으며 마음이 편안해지는 체험을 하기 시작한다. 이렇게 쉽게 우리는 자신을 돌볼 수 있다.

어떻게 하면 탐욕을 버리고 둑카를 멈출 수 있을까? 탐욕과 다툴 필요가 없다. 다툼을 벌이면 그 문제는 더 심각해진다는 사실을 명심하라. 마음을 챙겨 일어나는 일들을 알아차리고 그대로 두면 된다. 그리고 탐욕과 성냄만이 아니라 의견, 믿음, 견해까지 모두 놓아버리면 우리를 기다리는 근본적인 행복에 점차 다가설 수 있다. 지나친 탐욕과 애착을 모두 버렸다 해도 슬픔 그리고 다른 감정들이 의식 속에 나타나게 된다. 이것이 반드시 고통이 있음을 의미하지는 않는다. 붓다가 되는 일은 금속 덩어리처럼 감성을 잃어버린다는 의미가 아니다. 성불은 인간성의 완성이지 파괴가 아니다. 그러므로 슬픔이 생길 때 억누르지 않고 의식한다면 슬픔이라는 정신 상태는 무상하며 무아라는 사실을 알 수 있다. 그럼으로써 슬픔은 머무르지 않고 지나가는 것이다. 저항하고 싸움을 걸 때 고통이 다가온다. 자신에게 "난 슬퍼, 정말 지독하군! 끔찍해! 이건 말도 안 돼! 난 항상 행복해야 해" 하고 말할 때 고통이 존재한다. 완전한 붓다라면 슬픔을 겪는 동안 그것을 문제로 보지 않고 그 체험을 거부하지 않으며 슬픔이 자연히 흘러가게 할 것이다.

때때로 하나의 이미지가 우리가 이해하는 데 도움이 된다. 고통이 끝남을 상상할 때는 공양 그릇을 앞에 두고 평온하게 앉아 있는 붓다의 모습을 생각하라. 공양 그릇에는 좋은 것이 놓이기도 하고 끔찍한 것이 놓이기도 한다. 그러나 붓다는 탐욕과 성냄의 밀고 당김을 식별하지 않으므로 어떤 경우에도 동요하지 않는다. 그의 마음은 불안하거나 고통받지 않는다. 붓다는 공양 그릇에 무엇이 담기더라도 그것에 충실하고 행복해한다.

× × ×

수행

고통의 멈춤을 알기

멸성제滅聖諦가 우리에게 어느 정도 친숙한 상태라는 사실을 알면 그것의 진리를 이해하는 데 도움이 된다. 때때로 우리는 잠시 하던 일을 멈추고 앞일이나 지난 일에 얽매이지 않고 어떤 변화가 있으리란 기대도 없이 한 순간에 만족하며 행복과 평화로움을 느낄 때가 있다. 자연스럽게 그런 체험을 할 때마다 잠시 멈추고 살펴보라. 그 체험을 즐겨라.

또한 탐욕이나 성냄에 주목하여 단지 무슨 일이 일어나는지 무엇을 체험하는지 살펴보면, 이런 탐욕이나 성냄은 사라지고 평화의 순간이 우리 앞에 이미 열리는 것을 보게 될 것이다. 물론 인생에서 증대한 문제나 큰 어려움은 쉽게 해결되지 않으므로 끈기가 필요하다. 그러나 그리 어렵지 않은 문제들은 단순히 살펴보기만 해도 탐욕과 성냄의 긴장이 사라지는 것을 경험할 수 있다. 이것이 바로 깨우침의 맛이다. 늘 이 깨우침을 얻을 만반의 준비를 갖추어라.

● ● 네 번째 성스러운 진리(도성제道聖諦): 팔정도八正道

고통에서 벗어나려면 구체적으로 무엇을 해야 하는지 우리 모두 궁금해 할 것이다. 해답이 늘 마음에 드는 건 아니겠지만 망상에 빠져 있다면 자유는 노예처럼 보이고 불행이 행복을 가장하게 된다. 자유를 찾는 데 커다란 희생과 고통이 뒤따르고, 우리가 즐기는 많은 것들을 포기해야 할 것이다. 그러나 이는 망상에 빠진 마음의 속임수다.

어떤 의미에서 해탈의 길은 매우 단순하다. 옛날 다른 스승 밑에 있던 한 남자가 붓다에게 붓다의 제자는 어떻게 수행하는지 물었다. 붓다는 자신의 제자는 걷고, 앉고, 먹고, 쉰다고 답했다. 남자는 어리둥절했다. 그는 붓다에게 자신과 친구들 역시 그렇게 한다고 말했다. 그러나 붓다는 거기에 한 가지 차이가 있음을 지적했다. 붓다의 제자들은 걸을 때 걷고 있다는 사실을 알았던 것이다. 앉아 있을 때는 앉아 있음을 알았다. 음식을 먹을 때는 먹고 있다는 사실을 알았다. 그리고 쉴 때는 쉬고 있음을 알았다. 다시 말하면, 현재의 순간으로 돌아가고, 우리 주변에 무슨 일이 일어나는지 아는 것 자체가 깨우침인 동시에 깨우침의 수행인 것이다. 현재 일어나는 일에 충실하다면 근심과 희망, 탐욕과 성냄에 얽매이지 않을 것이다.

붓다는 네 가지 성스러운 진리와 함께 중도 또한 가르쳤다. 깨우침으로 가는 길은 감각적 즐거움에 치우친 한쪽 길과 엄격함, 혹독한 금욕주의, 그리고 고행이 있는 반대편 길 사이에서 중도를 따르는 것이다. 붓다는 두 극단적인 길은 의미가 없다고 가르쳤다. 두 길 모두 둑카다. 우리가 이해하기 어려운 것은 제한 없는 즐거움의 추구가 위험하다는 점이다. 우리는 즐거움과 행복을 동일시하는 경향이 있다. 그렇기 때문에 어느 쪽을 선택해도 바람직하지 않지만, 즐거움을 추구할 가능성이 매우 높다. 그러나 즐거움이 반드시 우리에게 유익하지는 않으며 미래에 고통을 초래할 수도 있다는 점을 알 수 있다.

해탈에 관한 구체적인 방법을 알기 원하는 사람들을 위해 붓다는 네 번째 성스러운 진리, 즉 팔정도八正道를 제시했다. 팔정도는 깨우침과 진정한 행복의 방향으로 이끌어주는 삶의 길이다. 팔정도는 다음과 같다.

- 정견正見   바른 견해
- 정사유正思惟   바른 생각
- 정어正語   바른 말
- 정업正業   바른 행위
- 정명正命   바른 생계
- 정정진正精進   바른 노력
- 정념正念   바른 마음챙김
- 정정正定   바른 집중

팔정도에서 붓다가 의도하는 바가 무엇인지 살펴보자. 첫째로 주목해야 할 점은 붓다가 아무렇게나 도덕규범을 처방한 게 아니라는 사실이다. 그래서 '정samyak'으로 번역된 용어는 선한, 유익한, 고통에서 벗어나는, 혹은 웰빙과 행복에 도움이 되는 무엇으로 이해하는 것이 바람직하다. 붓다는 둑카에서 자유로워질 수 있는 방법으로 팔정도를 권한다. 팔정도는 현실이 열반의 본질이라는 진리로 우리를 안내하기 때문이다. 팔정도는 그 성격에 따라 지혜 수행, 행동 수행, 정신 수양의 세 가지로 분류할 수 있다.

지혜 수행

정견과 정사유는 팔정도에서 지혜의 요소에 속한다. 사물을 바르게 보고, 사물이 실제로 존재하는 방식에 따라 생각하면 우리가 보는 만물의 비영구적 속성과 무아를 인식할 수 있다는 의미다. 다시 말하면 여기에서 지혜를 완전히 수행하는 일은 단순히 지적인 앎이 아니라 꿰뚫어 보는 통찰이다. 만물을 무상과 무아로 보는 건 만물을 단순히 분리된 사물로 보지 않고 우주의 완전한 발현으로 본다는 의미다. 우리는 꽃에서 비, 흙, 햇빛 그리고 궁극적으로 그 밖의 모든 것을 본다. 정견과 정사유를 행하는 일은 만물을 이러한 관점에 비추어 본다는 의미다. 만물을 무상과 무아에 비추어볼 때, 자연스럽게 자무량심과 비무량심이라는 결론에 이르게 된다.

또한 정사유는 바른 의도를 의미한다. 이런 의도는 긍정적 혹은 부정적 업業을 쌓게 한다. 다른 사람들에게 뜻하지 않게 해를 끼쳤다면 그것이 나쁜 업은 아니다. 더 나아가 자신과 다른 사람들을 위하려는 분명한 의도로 수행하면 진심으로 최선을 다하는 힘이 생겨난다.

행동 수행

우리는 현재 망상에 빠진 어리석은 마음이 이끄는 방식대로 살고 있다. 그 방식에는 거짓된 희망만 있어서 어김없이 우리에게 실망을 안겨주고 우리를 점점 더 깊은 둑카의 늪으로 돌아간다. 우리는 이전과 같은 삶의 방식을 고집하며 파격적으로 통찰을 바꾸려고 하지 않는다.

붓다가 제안하는 행동의 변화는 정어, 정업, 정명이다. 바른 말에는 진실함과 자애로움이 있어야 한다. 또한 남의 사생활에 대한 소문이나 확실치 않은 사실 또는 사회에 분란을 일으키는 말은 하지 말아야 한다. 대수롭지 않거나 의미가 없는 대화를 삼가는 것도 여기에 포함된다. 그렇다고 모든 대화가 반드시 지적이어야 한다는 의미는 아니다. 식사를 함께 할 때 음식이 맛있다고 말하거나 아름다운 나무를 가리키는 일은 듣는 상대가 현재의 순간으로 돌아오도록 한다는 의미에서 바른 말이다. 바른 행위란 해롭지 않으며 유익하고 자애로운 행동이다. 자애롭지 못한 행동은 만물이 상호 연결되어 있음을 의식하지 못하게 하고 분리, 고립, 소외의 망상을 깊어지게 한다. 바른 행위는 상호 연관성, 즉 우리 밖의 존재로 보이는 것이 사실은 우리 자신이라는 통찰을 바탕으로 한다. 결국 '안'이니 '밖'이니 하는 용어는 궁극적인 실재가 아니다. 바른 삶은 가능한 한 다른 사람들에게 피해를 주지 않고 살아가는 것을 의미한다.

불교와 관련된 예로 무기 또는 곡차를 만들거나 도살하는 것은 멀리해야 할 직업이다. 이런 가르침은 비교적 명료하지만, 정명을 수행하다 보면 곧 애매한 상황을 많이 접하게 된다. 우리가 아이스크림 장사로 생계를 꾸린다고 하자. 언뜻 보면 그 직업에 아무런 문제가 없다. 그렇지만 비만과 관련된 건강 문제로 고통받는 사람이 많은 곳에서는 그리 떳떳하지만은 않다. 다시 말하면 핵심은 일상에서 상호적으로 존재하고 자애의 통찰을 바탕으로 행동해야 한다는 점이다. 오로지 유익하기만 한 직업은 없겠지만, 우리는 바른 방향으로 나아가도록 최선을 다해야 한다.

정신 수양

정신 수양에는 정정진正精進, 정념正念, 정정正定이 있다. 정정진은 건전한 정신 상태를 구축하는 일이다. 우리는 의식의 정원에서 분리와 망상에 뿌리를 둔 분노와 질투 같은 요소는 멀리하고 자애로움, 행복, 평화 같은 긍정적인 요소에 물을 주는 법을 배워야 한다. 이 점을 4장에서 이미 살펴보았다.

의식의 정원을 가꾸는 한 가지 전략으로 모든 빈터를 원하는 식물로 가득 채워 잡초가 애초에 발을 붙이지 못하게 하는 방법이 있다. 마찬가지로 우리의 의식을 건전한 정신 상태로 부지런히 채운다면 불건전한 정신 상태가 출현할 공간이 줄어들 것이다. 물론 불건전한 정신 상태도 조금씩 계속해서 출현할 것이다. 그럴 때에는 앞서 설명한 대로 마음을 챙겨 대응하면 된다.

바른 정념이란 현재의 순간에 일어나는 일을 알아차리는 것이다. 마음을 챙겨 주의 깊게 살피면 우리 의식의 정원에서 사랑스러운 식물들이 자라나 번성하게 된다. 그렇게 되면 자연스럽게 불건전한 정신 상태는 힘을 잃고 좀처럼 생겨나지도 않으며 생겨난다 하더라도 그 시간이 점점 짧아진다.

정정은 바른 집중과 관련이 있다. 정념은 야간 경기에 사용하는 거대한 조명과 같다. 넓은 광선으로 무슨 일이 일어나는지 비추고 한 번에 많은 것들을 보여준다. 반면 집중은 레이저 광선과 같다. 마음을 챙기면 우리 주변과 마음 속에서 일어나는 일들을 알아차릴 수 있다. 많은 것들 가운데 아름다운 구름을 알아차릴 수도 있다. 그러면 하던 일을 멈추고 심호흡하며 구름에 모든 관심을 기울인다. 깊이 집중하면 우리와 구름이 분리되어 있다는 느낌이 점차 사라진다. 그리고 구름과 깊이 연결되어 있음을 느낄 것이다. 우리와 구름은 모두 물이다. 이 상태에서 정념은 바른 집중의 단계로 이어진다. 그러나 두 단계는 모두 두려움과 집착이 없는 명료한 의식의 바탕에서 이루어진다.

● ● 마음챙김의 중심적 역할

유대의 유명한 옛이야기에 이런 것이 있다. 사람들에게 문제가 생길 때마다 랍비는 숲속 깊은 곳에 있는 비밀스럽고 성스러운 장소를 찾았다. 그는 그곳에서 성스러운 불을 피우고 성스러운 기도로 신의 응답을 기다렸다. 그러면 문제가 해결되곤 했다. 세대를 거치면서 사람들은 더 이상 그 성스러운 장소가 어딘지 알 수 없게 되었다. 하지만 사람들은 성스러운 불과 성스러운 기도는 기억하고 있었으며 그것으로 충분했다. 사람들은 문제가 생기면 기도를 했고 기도는 응답받아 문제가 해결되었다. 시간이 더 흐르자 성스러운 불을 피우는 방법도 알 수 없게 되었다. 하지만 성스러운 기도를 기억한다는 사실만으로도 충분했다. 결국 아무도 성스러운 장소나 성스러운 불을 피우는 방법 또는 성스러운 기도를 모르는 지경에 이르렀다. 그러나 사람들은 한때 성스러운 장소, 성스러운 불, 성스러운 기도가 있었다는 사실만은 기억했다. 그리고 그것을 기억하는 것만으로도 충분했다.

마음챙김만으로도 충분하다. 마음챙김은 팔정도의 요소들과 연결된다. 동시에 마음을 챙긴다는 것은 바른 정견과 정사유를 수행하는 것이다. 우리는 모든 사람 그리고 그 밖의 모든 것과 분리되어 있지 않다는 사실을 깨닫기 시작한다. 마음을 챙긴다면 우리가 하는 말을 의식할 수 있고, 그것이 자신과 다른 사람들에게 어떤 영향을 주는지 알게 되어 정언을 하게 된다. 마음을 챙기면 우리의 행동과 직업이 다른 사람들에게 미치는 영향을 알게 된다. 그렇기 때문에 마음을 챙긴다면 이미 정업과 정명을 수행하기 시작한 것이나 다름 없다. 마찬가지로 마음챙김은 정정진과 정정으로 이어진다. 그러므로 마음이 어지러울 때에는 우리 자신(우리의 호흡, 우리의 몸, 우리의 의식)으로 돌아와 무슨 일이 일어나고 있는지 보라. 우리의 지각이 점차 명료해지고 깊어지면서 스스로 문제를 해결하는 방법을 알게 될 것이다. 마음을 챙기기만 하면 모든 문제가 해결될 것이다.

그러면 슬픔의 주요 원인인 과도한 탐욕을 줄이는 방법을 어떻게 알 수 있을까? 마음챙김을 수행하면 된다. 고통을 자세히 살펴보고 그것이 고통임을 인식하라. 그 뿌리, 즉 원인을 살펴보라. 고통의 원인을 아는 순간, 둑카의 덫에서 벗어나는 방법을 알게 될 것이다. 또 무엇이 우리를 치유하고 힘을 주는지 살펴보고 그것에 충분히 관심을 기울인다면 고통이 치유될 수 있다.

● ● 통찰의 보물

하루는 붓다가 1,250명의 승려들 앞에서 말없이 꽃 한 송이를 들고 있었다. 시간이 흘러도 말 한마디 없이 서 있기만 했을 뿐이다. 마침내 마하가섭이란 이름의 제자가 붓다를 바라보며 미소를 지었다. 마하가섭은 붓다의 뜻을 이해했다. 그리고 붓다도 그가 이해한 것을 보고 미소로 답했다. 붓다가 말했다.

마하가섭이 이해한 것은 무엇이었을까? 아마도 그는 그 꽃 한 송이가 붓다가 할 수 있는 어떤 말보다도 더 효과적으로 불법을 가르친다는 점을 이미 깨달았을 것이다. 그것은 한동안은 꽃이었겠지만, 곧 시들고 색이 바래서 쓰레기더미 위로 던져질 것이기에 아무 말 없이 무상함을 가르쳐주고 있었다. 꽃은 분리된 것이 아니라 스스로 우주의 완전한 발현임을 나타내며 조용히 무아를 가르치는 것이었다. 꽃이 항상 변화하고 처음부터 분리되어 존재하지 않는 것처럼 모든 고통이 잡을 수 없는 것을 잡으려고 안간힘을 쓰다가 생긴다는 사실을 보여준다. 바로 사성제에 대한 깨우침을 주었던 것이다.

그러나 이런 설명은 너무나 직선적이고 지적이다. 간략히 말해 요점은 **꽃을 바라보기**이다. 마음을 챙기고 꽃을 만지면 얼마나 소중한 발현인지 알 것이다. 더구나 꽃이 잠깐 동안만 핀다는 점과 만물과의 신비로운 상호 연관성이 있다는 점을 안다면 꽃이 더욱 소중하게 느껴질 것이다. 이렇게 본다면 꽃에 집착할 필요가 없다. 꽃을 얼리거나, 비닐로 코팅하고, 사진을 찍거나 책 사이에 끼워둘 필요도 없다. 현재의 순간을 즐기면 충분하다.

이렇게 할 수 있다면 우리는 둑카에서 이미 벗어난 셈이다. 마하가섭의 미소가 우리의 입가에도 피어날 것이다.

7

행복을 위한 명상법

✕ ✕ ✕

진리와 열반을 깨달은 자는 세상에서
가장 행복한 존재다. 그 사람은 다른 사람들에게
고통을 안겨주는 모든 '열등감'과 강박관념,
걱정과 골칫거리에서 자유롭다.
그 사람의 정신은 더할 나위 없이 건강하다.
과거를 되풀이하지도 미래를 걱정하지도 않으며
완전하게 현재의 순간을 산다.

폴라 라훌라Walpola Rahula
(1907~97)

이 장에서는 정신 수양에 관련된 팔정도를 살펴본다. 팔정도에는 즐겁게 수행할 수 있는 많은 명상법들이 있다.

이 수행에서는 태도가 가장 중요하다. 수단과 결과가 나누어지지 않는다는 점을 상기하라. 혹독하고 엄격한 방식으로 수행을 계속할 수 없으며 그렇게 하면 결과적으로 평화와 기쁨을 느낄 수도 없다. 혹독하고 엄격하게 수행하면 점점 더 혹독해지고 엄격해질 뿐이다. 내일 행복하려면 오늘 반드시 고통을 겪어야 한다는 생각으로 수행하는 것은 최선책이 아니다. 우리 속에 이미 존재하는 평화와 기쁨을 표현하는 방법으로 명상해야만 한다. 이것이 가장 빠르고 쉬운 방법이다.

틱낫한 선사(2009, 70)는 이에 더해 분명하게 강조했다.

수행은 기쁘고 즐거워야만 한다. 산스크리트어로 무디타*mudita*와 프리티*priti*라고 하는 기쁨과 즐거움은 명상에 빠져서는 안 되는 매우 중요한 요소다. 여러분이 명상을 하면서 고통스럽다면 바른 수행이 아니다. 수행은 기쁘고 즐거워야만 한다. 수행은 즐거움으로 가득해야만 한다.

우리가 수행을 부지런히 해야 한다고 말하는 것은 조금 더 노력하라는 의미이지 고통스럽거나 포기하고 싶을 정도로 해야 한다는 뜻은 아니다. 건강을 위해 운동을 할 때처럼 수행을 마친 후에는 상쾌한 기분을 느낄 수 있어야 한다. 운동 후에 기분 좋은 피로감은 좋지만, 녹초가 되어서는 안 된다. 명상도 마찬가지다. 명상 자체를 인식하고 스중히 여기고 즐기는 방법으로 수행해야만 한다. 그렇게 하면 명상을 하지 못하게 되었을 때 아쉬운 마음이 들 것이다.

붓다의 중도에 대한 통찰은 우리의 본성을 거스르지 않고 그 본성을 좇아 수행해야 함을 가르쳐준다. 중도를 벗어나면 모든 것이 쓸데없이 어려워진다. 중도에서 벗어나는 순간, 우리는 일상의 조급증과 목표 지향적인 사고에 물들어 명상을 할 때에도 긴장하고 지나치게 애쓰게 될 것이다.

이 부분을 사람들이 쉽게 오해하기 쉽다. 불교계에 몸담은 사람들조차 수행에만 치중해서 수행의 즐거움을 놓치는 경향이 있다. 하지만 나는 억지로 이를 악물고 힘들게 명상할 때보다 평화롭고 열린 마음으로 편안하게 명상할 때 훨씬 더 잘 그리고 더 깊이 명상할 수 있었다. 이 사실을 잊는다면 쓸데없는 좌절감만 느끼게 될 것이다.

이런 잘못된 생각은 억지로라도 평안과 행복을 느껴야 한다는 오해에서 비롯된다. 당연히 소용없는 일이다. 수행을 할 때, 긍정적인 상태를 비롯하여 그 무엇도 강요해서는 안 된다. 우리가 바른 정신으로 평안하고 행복한 감정을 느끼며 수행할 때는 오로지 마음을 열고 현재에 충실할 때다. 슬픔, 걱정, 죄책감, 후회, 질투 같은 생각이나 감정이 일어날 때나 그 밖의 다른 고통스러운 정신 상태에 있을 때, 거부하지 않고 마음을 열고 자세히 들여다볼 때 그것은 마침내 좀 더 긍정적인 마음으로 바뀌게 된다. 고통스러운 상태에 깨우침의 에너지가 이미 담겨 있으므로 변화할 수 있도록 마음챙김으로 어루만져주기만 하면 된다.

나는 강연을 할 때, 꾸준히 명상하기 위한 수련법에 대해 자주 질문을 받았는데 이 질문에 답하기가 그리 쉽지 않다. 내게 있어 명상은 수련이 아니다. 나는 양치질을 하지 않거나 옷을 입지 않고 외출하기를 꺼리듯이 아침에 명상하지 않으면 집을 나서고 싶지 않다. 나는 수행을 즐기기 때문에 살면서 어려운 일이 닥쳐도 당황하지 않는다.

붓다가 자신의 수행은 수행이 아니라고 말했듯이 우리 또한 수련을 수련이 아니라고 말할 수 있다. 8세기 당나라의 선사로 남종선南宗禪의 선조가 된 마조馬祖는 이를 염두에 두고 "도道는 수련과 아무 상관이 없다"(Watts 1957, 97)고 가르쳤다. 만약 도가 수련의 문제라면, 수련이 더 이상 필요 없게 되면 도가 사라진다는 의미에서 도는 수련과 아무 관계가 없는 것이다. 그러나 여기에는 힘들지 않은 노력이 있기에 마조 선사는 다음과 같이 덧붙였다.

[그러나] 만약 여러분이 수련이 없다고 말한다면, 이는 보통 사람이 없다고 말하는 것과 같다. (같은 책, 괄호 내용 추가)

붓다는 수행을 수행이 아닌 것처럼 수행하라고 우리에게 가르쳤다. 뭔가 영웅적이거나 어려우며 자랑할 만한 일을 한다는 느낌 없이 수행해야 한다. 싸우거나 애쓰지 말고, 무엇을 얻거나 성취하려는 노력 없이 편안하고 행복한 방법으로 수행하라. 우리 속에 그리고 주변에 있는 행복에 마음을 여는 방법으로 수행하라. 명상은 억지로 삼켜야 하는 쓴 약이 아니다.

● ● 받아들임

명상을 수행하는 방법에서 우리가 꼭 하나만 기억해야 한다면 그것은 '받아들임'이다. 명상은 실제로 일어나는 일을 받아들이는 수행이다. 어떤 날에 마음이 산만하면 그렇게 내버려두어도 좋다. 이는 우리의 탓이 아니라 인연의 결과다. 흔히 자아라고 생각하는 것은 앞서 살펴보았듯이 사실 이런 원인과 조건형성일 뿐이다. 또 어떤 날에 평소보다 마음이 평화로우면 그냥 그렇게 내버려두면 된다.

그러나 명상이 아주 능숙해졌다 할지라도 특별하다고 여길 필요는 없다. 내일은 어떻게 될지 모른다. 그날그날 달라도 그대로 내버려두는 것으로 충분하다.

우리는 받아들임을 오해하기 쉽다. 받아들임은 근본적으로 현재의 순간에 일어나는 일을 무엇이든 기꺼이 체험하려는 의도, 즉 거부하지 않고 있는 것을 향해 나의 마음을 열려는 의도다. 언제나 즐거운 일만 있거나 우리가 원하는 대로 일이 돌아간다는 뜻은 분명 아니다. 대부분 오히려 그 반대다. 받아들임이란 우리가 원하는 대로 일이 진행되지 않으므로 세상은 원래 삐딱하다는 망상에 우리가 빠지지 않음을 의미한다. 받아들임은 가능하면 수동적이어야 한다거나 마음에 들지 않는 상황을 바꾸려 해서도 안 된다는 의미가 아니다. 당면한 상황을 그대로 받아들여야 한다는 의미다. 그리고 동시에 그 상황에서 당연히 해야 할 일을 인정한다는 의미다.

받아들임이란 있는 그대로에 굴복함을 의미한다. 만물을 있는 그대로 내버려둔다는 의미다. 이는 어떻게든 그렇게 되기 마련인 까닭이다. 명상을 하면서 마음이 산만할 때에는 그 산만함을 있는 그대로 받아들이고 최대한 집중해서 살펴보라. 억지로 마음을 잡으려고 하면 분리된 자아인 양 본성을 거스르게 된다. 받아들임은 일어나는 일에 우리 자신을 조화시키는 것이다.

명상할 때 이런 마음으로 수행할 수 있도록 '받아들임'이란 글을 써서 가까운 곳에 붙여 놓아라.

● ● 실질적인 관심사

우리 자신에게 맞는 명상법을 찾다 보면 갖가지 문제가 생긴다. 그런 문제들을 간략히 살펴보자.

자세와 위치

우리가 눕거나 앉아서, 서 있거나 걸으면서 명상할 수 있는 네 가지 기본 위치가 있다. 네 위치 모두 각각의 장점이 있다. 이 장에서는 각각의 사례를 살펴본다.

명상이라고 하면 대부분의 사람들은 전형적인 앉은 자세를 떠올린다. 거기에는 이유가 있다. 앉는 자세가 뚜렷하고 고요한 의식을 가장 잘 표현하기 때문이다. 눕는다면 너무 긴장이 풀리거나 심지어 잠들어 버릴지도 모른다. 서 있거나 걸으면 마음이 지나치게 산만해지거나 평온한 마음을 갖기가 어려울 수도 있다. 제대로 된 좌법은 명상의 핵심인 평온하고 개방적이고 받아들이는 의식을 불러오는 데 도움이 된다.

동양에서는 양발을 반대쪽 허벅지에 놓는 가부좌가 전통적인 명상 위치다. 가부좌를 완전히 익히면 쉽게 안정감을 느낄 수 있지만, 서양인에게 이 자세는 보통 고통스럽다. 절충안으로 한쪽 발만 반대쪽 허벅지에 놓는 반가부좌도 있다. 하지만 어렵긴 마찬가지다. 서양에서는 보통 의자에 앉기 때문에 책상다리를 하고 바닥에 앉는 경우는 드물다.

방석 위에 책상다리로 앉거나 의자에 똑바로 앉아도 좋다. 기민한 고요함을 나타내는 자세를 취해보자. 허리를 곧추세우되 뻣뻣하지도 긴장하지도 않은 편한 자세를 취한다. 척추의 자연스러운 만곡을 무시하고 척추뼈(추체椎體)를 일자로 펴려고 하면 너무 긴장되고 힘들어진다. 의자에 앉았다면 양발로 바닥을 짚어 안정된 느낌을 받을 수도 있다.

본래, 규칙이란 없다. 나의 경우에는 방석 위에 앉는 게 편해서 의자에 앉을 때조차 자연스럽게 양반다리를 하게 된다. 그러므로 명상을 하는 동안에 편안하게 유지할 수 있고, 여유롭고 깨어 있는 정신을 표현할 수 있는 자세를 찾기만 하면 된다.

시간과 장소

마음챙김의 네 가지 토대에 대한 경전인 『사념처경四念處經』에서는 명상을 다음과 같이 묘사하고 있다.

> 그[명상가]는 숲으로 들어가 나무 아래나 빈방에서 결가부좌를 틀고 몸을 꼿꼿
> 이 세우며 그 자신 앞에서 마음챙김을 설정한다. 그는 숨을 들이마시면서 숨을
> 들이쉼을 알고 있다. 숨을 내쉬면서 숨을 내쉼을 알고 있다.
>
> (틱낫한 1990, 4. 괄호 내용 추가)

이러한 설명을 보면 조용한 장소, 아무도 없는 곳, 아니면 적어도 방해받
지 않는 곳이 명상에 도움이 된다는 사실을 알 수 있다. 그렇지만 완벽하게 조
용해야 한다는 생각에 집착하지 마라. 네팔의 제일 외딴 산속 동굴이라도 바
람 부는 소리와 물이 떨어지는 소리가 들려서 완벽하게 조용하지는 않을 것
이다. 그러므로 차 소리와 구급차의 사이렌이 들리는 도시에서 살거나, 수탉
우는 소리나 개 짖는 소리가 들리는 시골에서 산다고 해도 그냥 내버려두고
주변 환경의 자연스러운 요인들과 다투지 마라. 대신에 주변에 무엇이 있든
지 그것에 여러분이 조화를 이루도록 하라.

아침에는 보통 마음이 상쾌하고 명료해서 몸과 마음이 지치는 오후 시간
보다 훨씬 쉽게 집중할 수 있다. 아침에 너무 졸린다면 차나 커피를 마시면 잠
을 깨는 데 도움이 된다. 특히 동양에서는 오래 전부터 수행할 때 차를 마셨
기 때문에 이를 '선禪의 맛'이라고 한다. 녹차나 커피를 마실 때에는 호흡을 의
식하고 한 모금 한 모금 마음을 챙겨 마셔야 한다. 그러면 명상은 이미 시작된
것이다.

늦은 오후는 다른 이유에서 명상을 즐기기에 좋은 시간이 될 수 있다. 피곤
해서 집중력이 떨어지기는 하겠지만, 그날의 걱정을 털어버리고 수면을 준비
할 수 있기 때문이다. 늦은 오후는 낮 동안 생각하고 일하던 모든 걸 내려놓고
몸과 마음을 쉬게 할 시간이다.

명상은 얼마나 오래 해야 하나?

누군가가 명상을 배우지 않은 채 자신의 마음을 열고 마음을 챙기는 법을 배울 수 있다고 말한다면 나는 의심할 것이다. 명상이 기본이다. 명상은 우리의 삶에서 마음챙김을 배우고 행복해질 수 있는 토대가 된다. 명상하는 습관을 들이지 않는다면 바쁜 일상에서 어떻게 마음을 챙길 수 있을까? 명상을 통해서 마음챙김의 토대를 확립하지 않는다면 마음을 챙길 수 없다.

그러나 억지로 해서는 안 된다. 처음 명상을 하는 사람은 2시간 동안 죽을 맛으로 명상하기보다는 5분 동안 기분 좋게 명상을 즐기는 편이 훨씬 낫다. 많은 사람들이 날마다 몇 시간씩 고된 명상을 한다. 그런 식으로 명상을 해서 깨우침을 얻을지도 모르지만, 우리가 그럴 준비가 되어 있지 않다면 거기에 익숙해지지 못하고 6개월도 못 견디고 명상을 그만둘 것이다. 그런 사람들을 나는 많이 보아왔다.

그렇게 힘들지 않다면 우선 15분 정도 명상을 하면서 점차 시간을 늘려가라. 이 정도의 시간이면 정신적, 신체적 활동을 진정시키는 데 충분하다. 오랫동안 명상을 할 수 있게 되었다면 이제 명상 수행을 할 준비가 되었을 것이다. 그렇지만 15분이 너무 힘들다면 5분이나 10분으로 시작하라. 명상을 우리에게 맞게 그리고 계속 하고 싶은 마음이 들도록 즐겁게 해야 한다.

명상은 경합이 아니다. 얼마나 오래 하느냐가 중요한 문제가 아니다. 깨우침이 높은 사람이라고 해서 명상을 오래 하는 건 아니다. 시간이 문제라면 닭이야말로 지구에서 가장 깨우침이 높은 존재가 될 것이다.

● ● 앉은 자세로 명상하기

앉은 자세로 즐길 수 있는 몇 가지 수행법을 살펴보자.

호흡 즐기기

앞서 언급한 대로 앉아서 편한 위치를 설정한다. 상체를 꼿꼿이 세우되 힘을
빼고 편안하되 정신이 맑아야 한다.

몸과 마음의 상태를 의식하자. 지금 이 순간 우리에게 무슨 일이 일어나고 있
는가? 우리가 행동하고 생각하던 것들이 우리 몸과 마음에 어떤 영향을 미쳤는
가? 그냥 살펴보라. 기분이 좋다면 붓다와 같이 인자한 미소를 지어보라. 그러
면 몸과 마음이 좀 더 편안해질 것이다.

다음으로 서서히 배꼽 아래 단전에 정신을 집중하라. 우리 몸이 저절로 숨을
들이마시고 내쉬고 있음에 주목하라. 어떤 특별한 방법을 쓸 필요가 없다. 그
냥 공기가 들어오고 나감에 따라 횡격막이 부풀었다 줄어드는 것이 느껴질 것
이다.

이런 감각의 **즐거움**에 우리의 마음을 열 수 있는지 알아보라. 숨을 들이마시는
건 사실 기쁘고 상쾌한 느낌을 준다. 무더운 날 시원한 물 한 잔과 같다. 숨을
내쉬는 건 긴장을 풀고 독소를 몸 밖으로 내보내는 유쾌한 발산이다. 단순히
숨 쉬는 행복에 마음을 열어라.

숨쉬기에서 무엇이 흥미롭고 즐거운지 찾아보라. 그러면 집중력도 높아지
고 더 오래 호흡을 즐길 수 있을 것이다. 마음은 산만해지기 마련이다. 마음이

란 것이 원래 그런 것이다. 이상할 것도 잘못된 것도 없으므로 동요할 필요가 없다. 자애로운 의식으로 그저 산만한 마음을 지켜보기만 하면 된다. 그리고 할 수 있을 때, 다시 천천히 호흡에 집중하면 된다. 주의력이 떨어진다고 자책할 필요가 없다.

"자책할 필요 없이"라는 말은 우리 자신을 평가하는 감정이 생기면 그냥 그 감정을 지켜보고 단순한 의식을 수행해 보라는 뜻이다. 그런 감정이 있다는 사실을 우리가 알면 된다. 그런 감정과 다툴 필요도 없지만 또 그런 감정에 빠져서도 안 된다.

원한다면 숨을 들이마실 때마다 '들이쉰다', 내쉴 때에는 '내쉰다'고 속으로 말하면서 집중해도 좋다. 그리고 이런 말이 필요 없게 된다면 냇가의 뗏목처럼 버려두어라. 또 산만해지면 그때 다시 이 방법을 쓰면 된다. 주의력을 높이는 데 이런 말을 사용하면 도움이 되지만 그 말이 거북해진다면 버려라. 이런 말이 우리를 고요함으로 이끌도록 내버려두라. 그리그 마음이 다시 어지러워지면 다시 그 말이 우리를 고요함으로 이끌게 두면 된다.

즐길 수 있을 정도의 시간 동안 계속 하라. 언제라도 하고 싶을 때마다 이 수행을 반복하라.

✕ ✕ ✕

수행

호흡 세기

불교에서는 집중력을 높이는 데 호흡을 세는 방법을 사용한다. 호흡을 세는 가장 간단한 방법은 한 번 숨을 들이쉬고 내쉬는 동안 속으로 '하나' 하고 숫자를 세는 것이다. 계속해서 한 번 숨을 들이쉬고 내쉬는 것을 기준으로 숫자를 세면 된다. 중간에 숫자를 놓친다면 처음부터 다시 세어라. 열까지 세어보고 원한다면 처음부터 다시 시작하라. 처음에 열 개가 너무 힘들다면 다섯까지 세어보라.

숨을 세면서도 호흡하는 과정을 즐길 수 있다는 사실을 잊지 마라. 정신이 아주 산만할 때 나는 이렇게 숨을 세는 방법을 사용하는데, 몇 차례 이렇게 하면 명상을 더욱 깊이 즐길 수 있다.

✕ ✕ ✕

낱말과 시 이용하기

나는 명상에서 낱말을 사용하는 것(보통 유도 명상법이라고 부른다)이 목발에 의지하는 것처럼 불완전한 방법이라는 편견을 갖고 있었다. 그러나 『들숨날숨에 대한 마음챙김경Ānāpānasati』과 같은 경전을 공부하면서 붓다도 이러한 방법을 추천했음을 알게 되었다. 무아와 무상의 통찰이 기존의 개념을 완전히 새로운 개념으로 바꾸는 것이 아니라 우리가 일반적으로 지각하는 방식을 타파하고 새로운 시각을 갖게 하려는 의도인 것처럼 고요함에 이르는 데 낱말을 사용할 수있다. 마음이 어지러울 때에는 혼란 속에서 길을 잃고 헤매도록 내버려두는 것보다 할 일을 주고 방향을 제시하여 산만한 마음을 모두 잡는 것이 현명할 때가많다.

많은 종교에서 깊은 명상에 이르는 비결로 낱말을 사용한다. 예를 들어 기독교에는 렉시오 디비나lectio divina, 즉 '거룩한 독서'라는 수행법이 전해온다. 이 수행법은 무엇인가 마음에 와 닿는 부분이 생길 때까지 성경의 한 구절을 읽는 것이다. 그 구절은 '여호와는 나의 빛'처럼 시편(27:1)의 한 구절일 수도 있다. 이부분이 마음을 끌었다면 그 부분이나 전체 구절을 생각하면서 마음속의 긍정적인 씨앗에 물을 주는 것이다. '여호와는 나의 빛, 나의 빛, 빛'이라는 구절이 마음을 적시고 가득 채우게 한다.

불교에서는 시詩가 수행과 깊은 관련을 맺고 있다. 게구偈句(gathas)라 부르는 짧은 시가 주의를 집중하기 위해 사용되는데, 단순히 시의 구절을 생각하면서 심호흡을 하는 방법이나 시의 한 구절에 숨을 들이마시고 다음 구절에 숨을 내쉬는 방법이 이용될 수 있다. 다음 게송은 『들숨날숨에 대한 마음챙김경Sutra on the Full Awareness of Breathing』(틱낫한 1996)에 있는 붓다의 가르침을 바탕으로 한 것이다. 나의 수련법과 통찰에 따라 수정해보았다.

> 숨을 들이마시고 내쉰다.
> 몸을 의식한다.
> 몸을 편히 한다.
> 몸을 사랑한다.
> 모든 것을 내려놓고 모든 것을 그대로 둔다.
> 현재의 순간에 행복하게 머무른다.
> 현재의 순간에 고요히 머무른다.
> 모든 것이 여기에 이미 있다.
> 부족함이 없다.
> 모든 것이 여기에 이미 있다.

이 글을 써서 명상할 때 앞에 두어도 좋을 것이다. 각 구절을 하나씩 살펴보자.

숨을 들이마시고 내쉬어라 이 시로 수행할 때에는 호흡에 집중하는 것으로 시작한다. 들숨이 몸과 마음을 상쾌하게 하고, 날숨이 긴장과 근심을 내보내도록 하라. 호흡의 감각을 즐겨라. 숨을 들이마실 때에는 '들이쉰다'라고, 내쉴 때에는 '내쉰다' 하고 속으로 말하라. 마음이 차분해지거나 이런 말이 거북해지면 그냥 조용히 심호흡에만 집중하라. 원하는 만큼 이 상태를 유지하고 또 나쁘지 않다면 명상 내내 이렇게 해도 좋다. 명상으로 우리가 어떤 경지에 도달하거나 무엇인가를 성취하려는 것이 아니다. 이 게구의 어떤 부분을 사용해도 좋다.

몸을 의식하라 심호흡을 계속 의식하면서 그 의식을 몸 전체로 확대하라. 몸 전체가 느끼는 감각을 알아보고 이 순간 몸에서 정확히 어떤 일이 일어나는지 주목하라. 우리의 몸 어느 부분에서 고통이나 긴장이 느껴진다면 그 사실에 주목하라. 몸이 편안하다면 그냥 그 사실을 알아두어라. 호흡 한 번에 한 구절씩 속으로 읊다가 점차 호흡 두세 번에 한 번으로 줄이고 나중에는 그저 고요히 몸에만 주의를 기울여라. 주의가 산만해지면 구절을 다시 읊어라.

몸을 편히 하라 몸이 좀 편해지기 시작하면 이 구절을 사용해보라. 이 구절은 자기 암시나 자기 최면이 아니라 수행이다. 이는 우리가 몸을 편안히 해서 의식을 피해가려는 시도가 아니라 의식을 적극적으로 발휘하여 몸을 편안하게 만드는 걸 의미한다. 이미 생겨난 편안함의 씨앗에 물을 주는 일일 뿐이다. 이미 있는 편안함에 주의를 기울이면 편안함은 더 커지고 깊어진다. 그러면 낱말을 더 이상 사용할 필요가 없다. 그러나 우리의 집중력이 떨어질 경우 이 구절을 다시 이용하라.

몸을 사랑하라 몸에 주의를 기울이는 행동 자체가 이미 일종의 사랑이다. 그러므로 우리가 몸을 편하게 하면 몸에 대한 사랑이 이미 시작된 것이다. 사랑하는 감정을 일으켜 몸으로 불러오라. 몸에 대한 나쁜 생각이 일어나면 그저 알아차리고 그대로 두어라. 그리고 다시 우주의 경이로운 발현이자 멋진 선물인 몸에 대한 사랑을 불러오라.

모든 것을 내려놓고 그대로 두라 근심이 생기면 내려놓고 그것을 그대로 두려는 우리의 마음을 조용히 상기시켜라. 이는 근심과 다툼을 벌이거나 떨쳐버리려는 노력을 의미하는 것이 아니다. 우리가 근심에 얽매이지 않고 그 본질을 의식 속에서 변화하는 하나의 에너지 유형으로 바라보면서 그대로 내버려둔다는 의미이다. 우리가 이 구절을 읊을 때 공양 그릇을 앞에 두고 앉아 있는 붓다의 이미지, 평화롭게 받아들이는 열려 있는 이미지를 떠올리면 도움이 된다.

현재의 순간에 행복하게 거하라 걱정거리가 생기면 그것을 우리에게서 떨어져나가도록 하고 이 순간 우리 속에 그리고 우리의 주변에 있는 좋은 것들만을 받아들여라. 이렇게 하면서 우리는 구절을 단순화시킬 수 있는데, 예를 들면 다음과 같다. '현재의 이 순간에 행복하게 거한다, 행복하게 거한다, 행복…….' 편안해지면 우리가 이 구절을 사용할 필요 없이 조용히 명상하면 된다.

현재의 순간에 침착하게 거하라 이제 이미 현존하는 침착함에 주의를 기울이고 그것이 증가하도록 내버려둔다. 우리가 원한다면, 같은 종류의 다른 낱말들을 추가하여 사용할 수도 있는데, 예를 들면 '고요', '조화', '광휘' 등을 사용할 수 있다. 동일한 종류의 추가하고 싶은 다른 글귀가 있다면 사용해도 좋다. 예를 들면 다음과 같다. '현재의 고요, 조화, 광휘 속에 거한다…….'

모든 것이 이미 여기에 있다 실재를 조각내어 인식하는 것이 지성의 본성이다. 영적 가르침의 실질적 이유로 인해서 우리는 나눌 수 없는 실재를 다른 관점들로 나누어야만 하고, 궁극의 것(法界)과 상대적인 것이나 역사적인 것(世界)을, 경이적인 것과 본체를 구별한다. "모든 것은 여기에 이미 있다"라는 표현은 상대적인 진리가 아니라 궁극적인 진리다. 상대적인 차원에서 보면 부족한 것, 손에 넣을 수 없을 것처럼 보이는 것, 우리가 손에 넣어야만 하는 것들이 많다고 느낄 수 있다. 그러나 궁극적인 차원, 즉 천국이나 붓다의 정토의 차원에서 보면 모든 것이 여기에 있으며 부족한 것이란 없다. 한 가지와 깊이 접촉하면 만물과 접촉하는 셈이다. 이 구절은 우리가 궁극적인 차원에 닿을 수 있도록 도움을 준다. 그러나 우리가 이 구절을 인정하지 못하거나 부족한 것이 많다고 생각하더라도 그 생각과 다투지 마라. 이 시의 첫 구절부터 다시 시작해도 좋으며, 언제라도 이 구절로 다시 수행할 수 있다.

부족함이 없다 모든 것이 이미 여기에 있다. 이 구절은 완전함과 풍만함의 통찰을 표현한다.

● ● 누워서 명상하기

누워서 명상하면 무엇보다 편안하다는 장점이 있다.

전신 스캔 명상

우리가 누운 위치에서 명상하기 원한다면 이 명상법으로 매우 편안한 가운데 수행할 수 있다. 우선 매트나 딱딱하지 않아 편안함을 느낄 수 있는 바닥에 눕는다. 침대 매트리스도 좋겠지만 명료한 의식을 유지하기에는 지나치게 폭신할 수도 있다. 손은 몸 양쪽에 자연스럽게 놓고 양발을 적당히 벌린다. 베개는 사용하지 않는다. 이는 온 몸의 혈액순환이 잘 되도록 하기 위함이다.

배에 주의를 집중하고 몸이 숨을 들이쉬고 내쉬는 것을 그대로 느껴보라. 의식적으로 호흡을 조절할 필요가 없다. 누운 자세에서는 독특한 방식으로 호흡이 오르내림을 경험할 수 있다. 우리의 배가 부풀면서. 척추가 매트나 바닥을 누르는 것을 느낄 것이다. 몇 번 호흡을 즐긴 후에 여유를 갖고, 우리의 의식을 발로 옮긴다. 피부 속까지 발에서 느껴지는 모든 감각에 주목하라. 이렇게 수행해보라. '숨을 들이마시면서 나는 나의 양발을 느낄 수 있다. 숨을 내쉬면서 나는 양발에 미소를 보낸다.' 한 번 이렇게 했으면 '발, 미소'로 줄여서 말한다. 그러고 나서 이번에는 같은 방법으로 종아리에 주목해 보자. '숨을 들이마시면서 나는 나의 양 종아리를 느낄 수 있다. 숨을 내쉬면서 나는 종아리에 미소를 보낸다.' '종아리, 미소.' 미소를 짓고 숨을 내쉬면서 몸의 각 부분에 감사하는 마음으로 자애로운 빛을 보내자.

허벅지, 손, 팔(상박, 하박), 목, 어깨, 안면 근육, 눈, 귀, 심장, 폐, 위, 그 밖의 다른 소화기관들도 같은 방법으로 느껴라. 우리에게 충분한 시간과 인내심이 있다면, 아주 세밀한 부위로 나눠 수행할 수도 있다. 예를 들면 발이나 손도 한쪽씩 아니면 더 세밀하게 손가락과 발가락 하나하나까지 따로 수행할 수도 있으며, 몸의 각 기관도 따로따로 수행할 수 있다.

이렇게 수행을 마쳤다면, 심호흡하고 몸 전체를 의식하라. '숨을 들이쉬며 나는 나의 몸 전체를 느낀다. 숨을 내쉬면서 나는 나의 몸 전체에 미소를 보낸다.'

● ● 걸으면서 명상하기

걸으면서 하는 명상은 많이 선호되는 수행이다. 이 방법은 많은 사람들에게 인기가 있는데 앉거나 눕는 위치보다는 무엇인가를 할 때 우리가 더 편안함을 느끼기 때문인 것 같다. 걸으면서 하는 명상은 초조하고 불안한 마음을 없애주기 때문에 처음 명상을 배우기 시작한 사람들에게 추천할 만하다. 또한 앉아서 명상을 하다가 일상생활을 시작하기 전에 할 수 있는 멋진 명상법이다.

✕ ✕ ✕

수행

걸으면서 명상하기

나는 형식에 얽매이지 않고 편하게 걸으면서 명상하기를 좋아한다. 걸으면서 하는 명상은 목적지가 있는 것도 아니고 운동도 아니다. 그것의 목적은 걸음을 즐기는 데 있다. 가능하다면 공원이나 그 밖의 자연 속을 걸으면서 명상한다면 정말 기분이 좋아질 것이다. 서두를 필요 없이 편하게 걸으면 된다. 운동할 때처럼 서둘러 걷는다면 몸과 마음에 어딘가로 속히 가야 한다는 메시지를 보내게 되므로 긴장하게 된다. 따라서 목적지로 가는 걸음이 아닌 천천히 산책하는 기분으로 걸어라.

걷기 시작하면서 발에 닿는 지면에 주의를 집중하라. 우리의 걸음이 지면에 닿는 느낌을 즐겨라. 그 느낌에 주목하게 되면 우리 마음속의 잡념이 사라질 것이다. 동시에 호흡에도 주의를 기울여라. 걸음으로 호흡의 길이를 재어 보라. 숨을 들이쉬면서 보통 몇 걸음을 걷는가? 또 숨을 내쉴 때에는 몇 걸음을 가는가? 들숨, 날숨 모두 두 걸음씩 걷거나 들숨에는 두 걸음 날숨에는 세 걸음 이렇게 걷기도 할 것이다. 이는 오르막길이나 내리막길에서는 달라질 것이다. 특정 숫자에 맞추려고 하지 말고 몸이 원하는 대로 우리가 따르면 된다.

원한다면 호흡과 걸음에 맞춰 짧은 게구를 읊어도 좋다. 예를 들어 들숨에 '들이쉰다,' 날숨에 '내쉰다' 하고 속으로 말하라. 아니면 들숨에 '여기' 날숨에 '지금'이라고 해도 좋다. 푸른 하늘이나 산, 아름다운 꽃, 나무처럼 우리가 좋아하는 것이 보이면 걸음을 잠시 멈추고 그 대상에 충실하라. 호흡과 게구를 의식하려고 최대한 노력하라. 그렇지 않으면 명상에서 벗어나 평소처럼 근심이나 집착에 빠질 수도 있다. (물론 이때에는 그냥 미소를 짓고 그 체험도 기꺼이 받아들여야 한다는 것을 기억하라.)

● ● 서서 명상하기

서서 명상하기도 비슷한 방법으로 하면 된다.

선 자세에서 의식

명상 수행을 위해 어깨너비로 발을 벌리고 선다. 바닥에 닿는 느낌에 집중하고, 우리를 받쳐주는 바닥을 느낀다. 몇 차례 심호흡을 즐긴 뒤, 이 위치에서 호흡을 포함해 의식을 몸 전체로 확대한다. 누운 위치에서와 같이 몸의 각 부분을 하나씩 스캔하고 다시 몸 전체의 감각으로 돌아온다. 서 있는 위치에서 때때로 다른 감각, 특히 청각과 시각에 집중하고 싶은 생각이 들 것이다. 앉아서, 누워서 또는 걸으면서 명상할 때도 다른 감각에 집중할 수 있다. 잠시 눈을 감고 주변의 소리에 집중한다. 서 있는 상태에서 심호흡하면서 일상에서 흔히 들을 수 있는 소리를 충분히 의식한다. 나는 난방 배관이 덜덜거리는 교실에서 강의했는데 사람들은 이 소리를 의식하는 연습을 했다. 이처럼 일반적으로 귀에 거슬리거나 짜증나는 소리조차도 거부하지 않고 마음을 열고 의식하면, 기분 좋고 재미있게 들린다는 사실을 깨닫고 사람들이 놀라기도 한다.

잠시 소리를 듣다가 눈을 뜬다. 형태와 색깔이 있는 경이로운 세계를 살펴보고, 보이는 것에 손을 뻗어 잡거나 집착하기보다는 이러한 감각을 그대로 받아들여라.

● ● 다섯 가지 장애: 오개五蓋

붓다는 명상이나 다른 형태의 수행에서도 일어날 수 있는 다섯 가지 장애 요인, 즉 오개에 관해 말했다. 오개는 마음을 가리어 정도程度를 어둡게 하는 다섯 가지 번뇌로 탐욕, 성냄, 마음의 흐림, 결단 없이 법을 미룸, 마음의 요동과 근심을 말한다. 원하는 만큼 집중력이 좋지 않다면 오개가 작용하고 있지 않나 살펴보라. 명상할 때 맛있는 음식 냄새가 방해되는가? 화나는 일이 자꾸 생각나는가? 따분하고 졸리는가? 불안하고 근심이 있는가? 아니면 "이해할 수 없어" "할 일이 너무나 많은데 이건 시간 낭비야" 또는 "이것은 내게 맞지 않아"라는 식의 회의가 드는가?

오개 중 하나가 나타날 때 이를 알아차리면 도움이 된다. 우리가 겪는 문제가 오개 중 하나라면 같은 문제로 고민하는 사람이 혼자가 아니라는 사실을 알 수 있기 때문이다. 사실 이런 문제는 수 세기 동안 명상을 공부한 사람이라면 누구나 겪었던 친근한 영역이다. 이런 장애 요인들 가운데 하나가 나타나면 수행법은 언제나 같다. "바로 지금 여기에서 근심이 일어나고 있다." "바로 지금 참기 어려운 충동이 일어나고 있다." 이는 단순한 인정과 받아들임이다. '바로 지금'이라는 단어는 그 밖의 모든 것과 마찬가지로 이런 현상이 무상해서 싸움을 걸 대상이 아님을 넌지시 알려준다.

● ● 명상의 태도를 일상으로 옮기기

명상을 마치면, 하고 나면 더 이상 안 해도 되는 것으로 취급해서 마음을 챙기지 않는 가운데 평상시의 자신으로 되돌아오는 걸 피해야 한다. 일상에서 명상으로 그리고 명상에서 일상으로 옮겨갈 때가 과도기적인 중요한 순간이다. 명상을 위해 자세를 잡을 때는 충분히 시간을 할애하고 여유롭게 주위를 살펴보라. 눈을 감았을 때는 소리에 귀를 기울여 주변 환경을 계속 의식하

라. '서둘러 명상하지' 마라. 명상을 마치면 최선을 다해 명상의 느낌을 다음에 할 일로 이어가라. 즉 명상의 태도를 일상으로 옮기는 것이다.

● ● 유의할 점

7장에서는 여러 가지 명상법들을 살펴보았다. 시간을 두고 각 방법을 즐겁게 시험해보라. 받아들임, 평온, 행복을 바탕으로 명상해야 한다. 우리의 마음이 산만해지거나 어떤 생각이 떠오르더라도 그런 사실과 다투려고 하지 말고, 부드럽고 자애로우며 끈기 있게 다시 명상에 집중하도록 하라. 완벽하게 명상해야 한다는 생각을 버려라. 완벽하게 해야 한다는 목표 지향적 사고는 그냥 있는 것이 핵심인 명상과는 양립할 수 없다. 끈기 있게 자기 자신과 일어나는 일을 있는 그대로 받아들이면 자연히 집중력이 높아질 것이다. 시간을 두고 기다려라. 명상은 활동, 성취와 감각적 경험으로 점철된 인생과는 지향하는 바가 다르다. 무엇인가 새로운 일을 할 때 익숙해지기 위해서는 어느 정도 시간이 소요되는 법이다.

8

행복한 삶

✕ ✕ ✕

천국으로 가는 매 발걸음마다 천국이다.

시에나의 성녀 카타리나 St. Ca*harine of Siena

미국 소설가 마크 트웨인의 소설 『톰 소여의 모험』에서 톰이 친구들을 속인 일을 많은 사람들이 기억할 것이다. 울타리를 흰색 페인트로 칠하는 일이 싫어서 톰은 친구들에게 자기는 페인트칠이 아주 좋아서 세상 그 무엇과도 바꾸지 않을 것이라고 말한다. 톰은 자기가 직접 울타리를 칠하지 않으면 아주 큰 손해라도 보는 것처럼 친구들에게 마지못해 일을 맡기는 척했다.

 톰 소여는 자신이 친구들을 속인다고 생각했지만 친구들은 사실 즐겁게 페인트칠을 했다. 정작 그 즐거움을 빼앗긴 사람은 톰이었다. 울타리를 칠하는 일은 즐거울 수도 있다. 마음먹기 나름인 것이다. 그것을 단순히 목표를 이루기 위해 해야만 하는 일로 생각한다면 울타리에 페인트를 칠하는 모든 순간을 놓치고 만다. 그렇지만 페인트칠이 어떤 목표를 이루는 수단이 아닌 그 자체로 하나의 활동이라고 생각하면 처음부터 끝까지 매 순간 즐겁게 울타리를 칠할 수 있다. 현재의 순간을 살아갈 때, 인생의 모든 순간이 값진 순간이 될 것이다.

삶의 모든 순간을 헛되이 보내지 않기 우해서는 무슨 일을 하든 그 일을 즐기고 그 안에 있는 고유한 즐거움을 되찾아야 한다. 우리가 경험하는 모든 순간을 목표를 이루기 위해 견뎌야만 하는 순간으로 여기는 대신 모든 활동에서 즐거운 면에 집중하는 법을 배워야 한다. "텔레비전 보기 전에 내가 이 빨래를 마쳐야만 해" 하고 말하는 대신 "빨래하는 걸 즐기고 있는 중이야" 하고 말할 수 있어야 한다. "내 이메일을 즐겁게 읽고 있어"라거나 "전화 응답을 즐기고 있어" 또는 "출근 길 운전을 즐기고 있어" 하고 말할 수 있어야 한다. 이런 말은 현재 일어나는 일을 부인하려는 의도에서가 아니라 현재 순간의 즐거운 일에 집중하는 새로운 체험의 문을 열기 위해서다. 명상을 즐기는 법을 배울 때와 같은 자세를 일상으로 옮겨와 우리 몸과 마음 그리고 우리를 둘러싼 모든 것에서 일어나는 일을 깊게 의식해보라.

같은 새소리를 들어도 마음가짐에 따라 아무 느낌 없이 흘려들을 수 있고 혹은 기분 좋고 아주 멋진 소리 또는 놀랍기까지 한 소리로도 들을 수 있듯이 일상에서 겪는 모든 무덤덤하고 불쾌한 일도 즐길 수 있다.

● ● 수행의 패러독스

보기에 따라서는 마음을 챙기고 행복하게 사는 일이 세상에서 가장 쉽다. 또한 보기에 따라서는 그렇게 사는 일이 상당히 어렵다. 이 패러독스의 양면을 상기한다면 좌절하거나 포기하지 않고, 맑은 정신으로 수행할 수 있을 것이다.

수행은 쉽다

우리는 수행의 쉬움을 기억해야만 한다. 근본적으로 수행은 현재의 순간을 편한 마음으로 받아들이는 것이다. 수행은 부족한 것을 끊임없이 찾거나 싫어하는 것에서 도망치는 대신, 현재에 충실하고, 이미 우리 곁에서 우리를 기다리는 행복에 마음을 여는 것이다.

이 순간 눈이 녹아 지붕을 타고 내려오는 물소리가 들린다. 아래층에서는 일꾼들이 작업하는 소리가 들린다. 세탁기 돌아가는 소리가 들린다. 컴퓨터 앞에 앉아 타이핑하면서 타닥타닥 키보드 두드리는 소리를 듣는다. 커피는 식어버렸지만 여전히 맛있다. 나는 건강하다. 편안하게 앉아 있다. 추운 1월이지만 나는 편안한 따뜻함을 몸으로 느낀다. 대체로 멋진 순간이다.

나는 이와 같은 상황을 충분히 다르게 느낄 수도 있었다. 체험하는 일을 받아들이지 못했다면 "대체 저것들이 언제 일을 끝낼 셈이야?" 하고 안달하고 세탁기 돌아가는 소리나 지붕에서 떨어지는 물소리가 듣기 싫었을 것이다. 내 몸이 따뜻하고 편안함을 의식하지 못했을 것이다. 커피는 왜 이리 찬지 컴퓨터 키보드는 또 왜 이렇게 시끄러운지 불평했을 것이다. 모든 것이 상황을 받아들이는 마음가짐에 달렸다.

이런 의미에서 마음을 챙기고 행복하게 사는 일은 단순하다. 그저 마음을 챙기고 마음을 열면 된다. 수행은 편안함 그 자체다. 이러한 사실을 기억할 때 나는 마음을 챙기고 매 순간에 마음을 여는 법을 배울 수 있다. 매 순간이 살아 있는 소중한 체험이 되는 셈이다.

마음을 챙기고 마음을 여는 건 현실을 거부하고 맞서 싸우는 것보다 훨씬 쉽고 편하다. 그냥 마음을 열고 일어나는 일들을 즐긴다는 점을 명심하면 모든 일을 치유하는 방식으로 할 수 있다. 우리 자신을 기억하고 순간에 충실하며 깨어 있으면 된다. 임제 선사(867년에 입적)는 이렇게 설명했다.

> 불법에는 애써 노력할 일이 없다. 그냥 평상시처럼 행동하라. 특별할 것이란
> 없다. 평소처럼 똥 누고 오줌 누며, 옷 입고 밥 먹으며, 피곤하면 누우면 그뿐
> 이다. 어리석은 자는 나를 비웃겠지만 지혜로운 자라면 알 것이다. …… 그대가
> 이르는 곳마다 자신의 집에 있는 것처럼 여긴다면 그곳이 참된 곳이다. 어떤 경
> 계가 다가오더라도 흔들리지 않을 것이다. 설령 습기習氣(습관 에너지)가 오무간
> 업五無間業(무간지옥에 떨어질 다섯 가지 죄업)을 짓더라도 저절로 해탈의 큰 바다로
> 변할 것이다. (Watts 1957, 101)

이런 의미에서 수행은 쉬운 것이다. 우리의 본성을 알아 거스르지 않고 따
르면 되는 것이다. 어떤 의미에서 이는 가장 쉬운 일이다. 이 점을 명심한다면
큰 용기를 얻을 것이다.

수행은 어렵다

그렇지만 또 다른 면도 있다. 보기에 따라서는 자연스럽게 행동하라는 임
제 선사의 명령보다 더 어려운 건 없다. 자연스럽게 행동하려는 순간 무엇이
자연스러운 것인지조차 알지 못한다.

마음을 챙겨 순간순간을 알아차리라는 가르침을 진지하게 생각해보면 그
가르침이 정말 어렵다는 사실을 쉽게 알 수 있다. 주의력을 떨어뜨리는 방해
물, 우리를 좌절하고 걱정하게 만드는 많은 어려운 일들, 마음챙김을 저해하
는 요인들이 주변에 너무도 많다. 마음을 챙기려고 해보지만 마음은 이내 딴
곳에 가 있다. 처음에는 마음을 챙기기도 전에 몇 시간이 훌쩍 지나가기도

한다. 마음을 잡아보지만 곧바로 산만해져서 때로는 한 번 숨 쉴 동안에도 집중하기 어렵다.

강제성과 완벽주의가 명상을 방해한다. 산만해졌다가 다시 마음챙김으로 돌아오는 일을 계속 반복하는 것 자체는 문제가 아니다. 문제는 우리가 일상에서 하던 방식대로 명상을 하려고 할 때이다. 우리는 마음챙김을 **성취**하기를 원한다. 마음챙김에 아주 **능숙**해지기를 원한다. 이럴 때 자아라는 개념이 끼어들어 우리는 현재 순간의 행복을 이루어내야 할 또 하나의 목표로 여기게 된다.

● ● 한 걸음만 걸어보라

과정을 **지향**한다면 수행이 어렵다는 덫에서 벗어나 자연스럽고 편안하게 수행할 수 있다. 과정을 중요하게 생각하면 특별한 무엇인가를 성취하려고 애쓰지 않게 된다. 붓다의 수행은 수행이 아니었으며 그는 완전한 깨우침에서 아무것도 얻지 못했다는 사실을 상기하라. 중요한 것은 **지금**, 이 순간에 마음을 챙기는 일이다. 이런 의미에서 보면 지난 세 시간 동안 마음을 챙기지 못했더라도 괜찮으며 앞으로 세 시간 동안 다시 잊어버리더라도 문제가 될 건 없다. 우리가 할 수 있는 모든 것, 우리가 해야 할 모든 것은 지금 당장 마음을 챙기는 일이다.

길을 걸을 때 마음을 챙기고 한 걸음만 걸어보라. 그 걸음에 완전히 충실하고, 몸의 움직임을 느끼고, 발이 지면에 닿는 감촉을 느끼면서 한 걸음을 내디뎌보라. 이 기분 좋은 느낌에 충실하면서 한 번만 마음을 챙겨 심호흡해보라.

식사 준비를 할 때에는 각 단계를 완전히 의식하며 준비하면 된다. 그것으로 충분하다. 평가하지 마라. 마음을 챙겨 지금 해야 할 일을 하면 되는 것이다.

이 패러독스의 양면을 잊어버릴 때 우리는 고통을 받는다. 수행이 어렵게 생각되면 우리는 좌절하게 된다. 수행은 매우 쉬워서 한 번 들으면 바로 따라 할 수 있다고 생각했다면 곧 포기하고 말 것이다. 자애롭고 끈기 있게 자신을 기다려주어라. 그냥 바로 이것, 바로 지금, 바로 여기에 돌아와 충실하면 된다.

● ● 하루의 시작

아이가 더 재미난 놀이를 하기 전에 엄마에게 돌아가듯이 어른들에게도 돌아갈 홈베이스가 필요하다. 우리의 홈베이스는 바로 마음챙김이다. 아침에 잠에서 깨자마자 마음을 챙겨 하루를 시작할 방법이 필요하다. 바쁜 일상에 매이기 전에 시간을 내서 마음을 챙겨야 한다. 마음챙김을 확고히 하지 않으면 우리는 홈베이스로 돌아갈 수 없다.

나는 잠에서 깨어나면 게구를 읊는다. 그러면 마음을 챙겨 하루를 보내려는 의지가 강해진다. 다음은 내가 독자들을 위해 쓴 아침 게구다. 아침에 일어났을 때 잘 보이는 곳에 붙여 놓아라. 짧아서 매일 읽다 보면 곧 외우게 될 것이다. 게구를 읊으며 심호흡을 하고 그 뜻을 마음에 새겨라. 행과 행 사이에서 조금씩 쉬어라. 그냥 기계적으로 반복해서 읽고 있다면, 진지한 마음으로 하루를 시작할 수 있도록 다시 게구를 주의 깊게 읽어라.

오늘은 새로운 날이다.

마음을 챙겨 진지하게 오늘을 살아보자.

여유를 갖고 서두르지 말자.

모든 존재를 자애롭게 바라보자.

아침에 홈베이스로 활용할 수 있도록 명상하는 시간을 마련하라. 대부분 아침에 출근 준비를 하느라 매우 바쁘다는 사실을 알지만 몇 분 동안만이라도 명상할 수 있다면 전혀 안 하는 것보다는 훨씬 좋다. 돌아갈 홈베이스가 있다는 건 매우 좋은 일이기 때문이다.

●● 독서

마음을 챙기고, 행복을 느끼고, 깨어 있을 수 있게 도와주는 글을 읽는 것은 매우 중요한 수행이다. 영감을 주는 책이 있다면 보물처럼 소중히 여기고 특별한 장소에 보관하라. 한 번 읽었다고 만족해하지 말고 반복해서 읽어라. 좋은 책에는 곱씹어야 이해할 수 있는 깊은 의미와 통찰이 담겨 있어 읽을 때마다 새로운 사실을 발견하게 된다. 도움이 되는 책이 몇 권 더 있다면 같은 장소에 함께 보관하라. 그리고 번갈아가며 이 책들을 읽어라. 우리의 마음을 움직이게 하는 책을 골랐을 것이므로 아침에 한두 페이지만 읽어도 홈베이스를 만드는 데 큰 도움이 된다. 물론 저녁에 읽어도 좋다. 영감을 주는 책은 명상을 준비하는 데도 도움이 된다.

나만의 바이블

책을 읽다 영감을 주는 구절을 발견하면 표시하라. 숨을 들이쉬고 내쉬면서 그 구절을 찬찬히 속으로 읽고, 그 의미가 마음에 스며들도록 하라. 그리고 따로 준비한 노트에 그 구절을 적으면서 그 구절을 다시금 깊이 생각하라. 노트가 꽉 채워지기 시작하면 변화하는 데 강력한 도구가 된다. 모든 구절을 직접 선택했으므로 아무 페이지를 펼치더라도 인생을 항상 진지한 태도로 살아가도록 격려하고 영감을 주는 무엇인가를 발견할 것이다.

이 수행의 가치를 과소평가하지 마라. 단순해보이더라도 우리를 변화시키는 과정에서 가장 중요한 것들 가운데 하나다.

● ● 멈추기

수행이란 깨어 있지 못하는 순간에서 몇 번이고 계속해서 다시 마음챙김으로 돌아오는 일이므로 일상에서 잠깐씩 하던 일을 자주 멈추면 도움이 된다. 잠깐씩 하던 일을 멈추고 바로 그 자리에서 마음을 챙겨 몇 번 심호흡을 하라. 부엌에서 거실로 나오는 중이라면 중간쯤에 멈춰 서서 마음을 챙겨 심호흡을 서너 번 하라. 다시 걸음을 옮길 때에 마음챙김이 지속되는지 알아보라. 단, 잠시 멈추었을 때부터 세 번의 심호흡을 할 동안에는 완전히 깨어 집중해야 한다. 같은 방법으로 샤워 중간에도 잠시 멈추고 심호흡을 하라. 몸을 타고 내리는 따뜻한 물을 느껴라. 여러 가지 활동에 이 멈추기를 적용해 볼 수 있다. 습관 에너지가 일어나 지금 해야 할 일을 빨리 끝내라고 재촉하겠지만, 멈추기를 통해 습관 에너지에 휘둘릴 필요가 없음을 깨닫고 자유를 느낄 수 있을 것이다.

　어떤 일을 하든 중간에 잠깐씩 멈추는 것과 더불어 일상에서 자연스럽게 일어나는 멈추기도 찾아보아라. 신호등이 빨간 불일 때 멈춰야 하는가? 빨간 불은 이제 불편함이 아니라 마음챙김으로 돌아오라는 붓다의 부름이 된다. 컴퓨터를 켜고 부팅될 때까지 기다려야 하는가? 슈퍼마켓이나 은행에서 줄을 서서 기다리고 있는가? 이런 때가 심호흡을 하고, 미소를 지으며, 자신을 돌아볼 수 있는 기회다. 상황이 허락한다면 15분마다 잠시 멈춰 심호흡을 하는 것이 마음챙김에 큰 도움이 된다. 시간이 그리 많이 걸리지도 않는다.

● ● 감각에 집중하기

　끊임없이 재잘거리는 마음의 소리에 사로잡히면 우리 자신을 잃게 된다. 나 자신으로 돌아간다는 말은 내 생각에 빠져 헤매는 대신 직접적인 감각의 체험으로 돌아감을 의미한다. 몸의 몇몇 부분에 집중하는 것이 그 한 가지 방법이다. 의자에 허리를 세우고 앉아 가만히 심호흡을 한다. 머리카락 또는 두피의 감각에 집중하라. 어떤 감각인지 정확하게 느껴보라. 잠시 후 어깨에 걸친 옷이 어떤 느낌인지 집중해보라. 잠시 이런 감각에 집중하면서 가만히 심호흡을 하라. 그런 다음 등을 기댄 의자에 집중하라. 같은 방법으로 허벅지 위에 닿는 옷의 느낌에 집중하라. 그리고 발에 닿는 신발의 느낌에 집중하라. 여유가 있다면 머리카락, 어깨, 등, 허벅지, 발의 감각에 집중하면서 이런 연습을 반복하라. 이제는 몸 전체에 집중하라. 이러한 간단한 수행의 효과를 살펴보라. 그 효과는 놀라울 정도로 강력하다.

●●● 지속적이고 완전한 주의력

우리는 여러 가지 일을 동시에 하는 산만한 시대에 살고 있다. 계속해서 부분적인 주의력을 쏟아야 하는 사회에 살고 있는 것이다. 그래서 주의력이 계속 분산된다. 한 가지 일만 하지 않으며 언제나 다른 일을 함께 한다. 텔레비전을 보고, 전화 통화를 하고, 이메일을 보내고 간식을 먹는 일을 모두 한꺼번에 한다.

마음챙김은 이와 다르게 오직 한 가지 일을 하는 것이다. 우리에게 점심식사를 할 권리가 있다면 점심식사를 즐길 권리도 있다. 이메일을 쓰면서 전화 통화를 동시에 할 필요가 없다. 좋아하는 영화를 보고 있다면 영화에 빠져들 권리가 있다. 계속해서 한 가지 일에 완전히 몰입할 권리가 우리에게 있는 것이다. 이런 방법으로 끊임없이 바쁘게 돌아가는 일상의 쳇바퀴에서 벗어날 수 있다. 오랫동안 과도한 자극에 익숙해진 우리의 신경계통을 바로잡으려면 시간이 좀 걸릴 것이다. 하지만 그럴 만한 가치가 충분하다.

다른 사람에 대해 의식하기

우리는 아주 바쁘거나 다른 일에 너무 정신이 팔려서 다른 사람들이 **사람으로서** 존재하는 것을 알아차리지 못하는 때가 많다. 은행에서 일하는 직원, 점심시간에 들린 식당의 종업원 혹은 신호를 기다릴 때 옆 차에 탄 운전자를 거의 쳐다보지 않는다. 훌륭한 수행이란 누군가와 접촉할 때마다 그 시간이 아무리 짧더라도 또 한 사람이 존재함을 알아차리는 것이다. 가능하면 잠시 멈춰서 그 사람과 눈을 마주쳐보자. 그리고 속으로 "내가 당신을 보고 있다" 하고 말해보자. 이렇게 해서 얼마나 집중력을 높일 수 있는지 알게 되면 놀랄 것이다. 더욱이 사람들은 이런 행동에 즉각 반응한다. 사람들은 누가 보아주는 걸 좋아하기 때문이다.

● ● 마음챙김으로 자애로움 알기

날마다 많은 사람들이 우리에게 셀 수 없이 많은 자애로움을 베푼다. 누군가 우리에게 미소를 보내고 우리를 위해 문을 잡아주며 같은 차선에 끼워준다. 배우자나 친구가 우리와 함께 해주는 것이나, 직업이라서 하는 일이지만 누군가 쓰레기를 수거하고 우편물을 배달하고 전화로 친절하게 도움을 주는 일까지도 자애로운 행동이다.

사람의 뇌에는 부정적 성향이 있어서 다른 사람들이 우리를 곤란하게 하는 일에는 아주 쉽게 집중한다. 하지만 반대로 사람들이 베푸는 선행에 집중하는 일이 매우 중요하다. 사람들의 선행을 알아차리기 시작하면 그런 일이 빈번하게 일어난다는 사실을 알게 될 것이다.

● ● 우리의 몸과 마음 보호하기

우리는 먹고 마시는 것뿐만 아니라 대중 매체를 통해서도 매일 수없이 많은 독소에 노출되어 있다. 이런 것들을 완벽하게 차단하려고 하기보다는 우리 몸과 마음에 좋은 것만 소비하는 방법이 있는지 살펴보라. 어둡고 절망적이거나 폭력적인 내용의 텔레비전 프로그램, 영화, 읽을거리 등을 가능하면 피하라. 이런 매체들을 접하는 건 우리 의식의 정원에 있는 슬픔의 씨앗에 물을 주는 것과 같다. 뉴스는 흔히 공포심을 조장하고 선정적인 내용을 다루므로 뉴스 시청을 제한하는 것도 도움이 된다. 뉴스를 보게 되더라도 비무량심과 사무량심의 방패로 자신을 보호하라. 뉴스의 고통스런 장면들이 멀리 떨어져 있거나 추상적인 사건이 아니라 여러분의 이야기, **우리의 이야기**임을 알아야 한다. 냉소주의와 절망을 담고 있는 책과 영화가 더 좋은 평판을 받는 것이 사실이지만, 그 어떤 예술적 가치가 있다고 하더라도 우리의 마음을 여전히 오염시키고 우리의 행복을 좀먹는다.

운동 역시 우리의 몸과 마음을 보호하는 또 다른 중요한 방법이다. 운동은 몸에서 노폐물을 제거하고 건강을 지켜줄 뿐만 아니라 마음챙김에도 도움이 된다. 하이킹이나 조깅 또는 요가나 태극권 등 그 어떤 운동이라도 좋다. 충분히 운동을 한 후에는 평온하고 정화되며 편안한 느낌이 들 것이다. 이런 상태에서는 마음을 챙기기가 훨씬 쉽다.

● ● 안식처에 귀의하기

우리는 살면서 불교에서 팔풍八風이라 일컫는 것에 의해 휘둘린다. 팔풍이란 이익과 손해, 명예와 불명예, 칭찬과 비난, 괴로움과 기쁨의 바람이다. 물론 손해, 불명예, 비난, 괴로움은 고통이다. 그러나 긍정적인 바람 역시 집착하면 고통이 된다. 팔풍의 가르침은 이런 것이 예상 가능하고 자연스러우며 모든 사람에게 해당한다는 사실을 깨우쳐준다. 평화를 찾으려면 팔풍에 날리지 말고 팔풍을 날려 보내야 한다.

불교에서는 팔풍에 휘둘리지 않기 위해 삼보三寶, 즉 불보佛寶, 법보法寶, 승보僧寶에 귀의한다. 다시 말하면 이해와 사랑을 보여주는 붓다, 붓다의 가르침, 그리고 그 가르침을 수행하는 공동체에 귀의한다. 우리도 삼보에 귀의할 수 있다. 그러나 우리 자신의 믿음에 귀의해도 좋다. 우리를 보호하고 사랑하는 하느님 또는 예수님, 신성한 빛 또는 그 어떤 것이라도 우리를 안심시켜주는 안식처에 귀의하라. 불안하면 마음챙김이 어렵기 때문이다.

● ● 육바라밀六波羅蜜

붓다는 육바라밀Six Pāramitās 또는 육도六度를 일상생활에서의 유용한 지침으로 제시했다. 육바라밀에는 보시布施, 지계持戒, 인욕忍辱, 정진精進, 선정禪定, 지혜智慧가 있다. 이 훌륭한 가르침을 일상에서 지침으로 삼아라.

보시바라밀Dāna Pāramitā

보시는 산스크리트어로는 다나Dāna로 '관대함'을 의미한다. 관대한 마음으로 살아가면 분리되어 있다는 감각, 즉 우주의 다른 부분과 차단되어 고립되고 소외된 존재라는 망상에서 벗어날 수 있다.

반대로 이기적으로 살아가면 분리되어 있다는 망상이 더욱 커진다. 이기심을 기반으로 한 모든 행동은 세계가 공격과 적의, 소외로 가득 차 있다는 확신만 깊어지게 한다.

우리는 날마다 관대함을 수행할 수 있다. 이는 꼭 특별한 선물을 해야 한다는 뜻은 아니다. 미소도 하나의 관대한 행동이다. 어떤 사람이 화가 나서 좋지 않은 태도를 보일 때, 참아주는 것이 관대한 행동이다. 비록 뒷줄에 서게 되더라도 다른 사람이 먼저 들어가도록 양보하는 일이 관대한 행동이다. 보시를 행하는 방법은 수없이 많다.

관대함은 강력한 치료제이기 때문에 우리가 상대방에게 관대하면 오히려 상대방보다 우리가 더 큰 이득을 보게 될 것이다.

지계바라밀Shīla Pāramitā

지계는 산스크리트어로는 실라Shīla로 계율을 의미한다. 불교의 전통 기본 계율은 불살생不殺生, 불투도不偸盜, 불사음不邪淫, 불망어不妄語, 불음주不飮酒이다. 이런 계율은 단지 사회가 정해놓은 규칙이라기보다는 우리 스스로 통찰하여 정할 수 있는 수행으로 볼 수 있다.

이런 전통 계율을 따르고 안 따르고를 떠나서 우리의 삶과 상황에 어울리는 우리의 계율을 정할 수 있을 것이다. 마음을 챙겨 살아가기 위한 계율은 서두를 필요가 없이 느긋해야 하며 해야 할 일이 무엇이든 망설임 없이 받아들이고 하고 있는 모든 일을 깊이 알아차리며 한 가지 일에 몰두하는 것이다. 또한 일상에서 업무를 처리할 때 호흡을 의식하며 자애로움을 알아차리고 자주 멈춰 호흡을 즐길 수 있는 것이어야 한다

계율은 우리의 지혜가 너무 얕거나 일관성이 없을 때 우리를 지켜주는 보호장치다. 계율은 벼랑 끝에서 수많은 어려움의 나락으로 떨어지려는 우리를 지켜준다.

인욕바라밀Kshanti Pāramitā

인욕은 산스크리트어로 크샨티Kshanti라고 하며 '포괄'로 번역할 수 있다.

우리의 의식은 이것은 받아들일 수 있지만, 저것은 도리에 어긋나기 때문에 받아들일 수 없다는 식으로 언제나 모래에 선을 긋고 있다. 우리는 흔히 다른 사람들을 우리가 받아들일 수 있는 선 바깥에 있는 존재로 취급하는데 종교나 정치적 이념이 다르기 때문일 것이다. 심지어 우리는 자신의 생각과 정신 상태까지도 받아들일 수 없는 것으로 취급하기도 한다. 예를 들면 근심이나 슬픔이 생길 때 마음을 챙겨 그것을 감싸 안기보다는 억누르려고 한다.

인욕은 연민과 이해의 선 밖에 그 무엇도 내버려두려고 하지 않는다.

정진바라밀 Virya Pāramitā

정진은 산스크리트어로 비르야 *Virya* 이며 '근면', '에너지', '인내심'을 의미한다. 우리 의식을 자애롭게 살펴서 긍정적인 씨앗을 격려하고 불건전한 정신 상태를 조장하는 독소를 피함으로써 정진을 수행할 수 있다. 여기서 말하는 근면은 어떤 일을 강요하거나 폭력적으로 하기보다는 부드럽고 꾸준히 해야 한다는 의미다.

선정바라밀 Dhyāna Pāramitā

선정은 산스크리트어로는 디야나 *Dhyāna* 이며 '정신 수양'이나 '명상'을 의미한다. 매일 시간을 할애하여 명상을 하면 다른 일을 하는 동안에도 마음을 챙길 수 있는 바탕을 만들 수 있다.

지혜바라밀 Prajñā Pāramitā

지혜는 산스크리트어로 프라즈냐 *Prajñā* 이며 팔풍에 휘둘리지 않고, 생각과 감정이 파괴적인 언행에 이르지 않으며, 슬기롭고 비반응적인 방식으로 일상에 대응함을 의미한다. 지혜는 특히 무상과 무아의 지혜를 가리키며, 체험하는 모든 것을 이런 중대한 통찰에 비추어 바라보는 법을 배우는 것이다. 인생의 모든 것을 덧없는 꿈이나 망령처럼 보아라. 무상과 무아에 비추어 본다면 그렇게 하는 것이 진리에 가까울 것이다.

● ● 잠자기 전의 명상

바쁜 하루를 보낸 후, 저녁에는 평화로운 시간을 갖는 것이 좋다. 우리의 몸과 마음이 쉬고 회복할 수 있도록 시간을 주어라. 몸과 마음은 기회가 생길 때마다 스스로 회복한다. 저녁 내내 해로운 대중 매체에 자신을 희생시키지 마라.

저녁 시간은 우리가 하루의 긴장을 날려보내는 전신 스캔 명상을 하기에 아주 좋은 때다. 명상 음악을 듣거나 걷기 명상을 해도 좋을 것이다. 엄격한 규칙을 정할 필요는 없지만 텔레비전을 브거나 독서를 하고 또는 다른 일을 한다면 그것이 우리에게 미치는 영향에 주목하라. 마음을 챙겨 긴장을 주는 일을 줄이고 좀 더 치유 가능한 건전한 일을 많이 하라.

잠자리에 들면 어제나 내일에 대한 걱정으로 잠을 못 이룰 때가 있다. "걱정이 생기는 구나……," "나는 내일 해야 할 계획을 알고 있다"라는 식으로 걱정을 거부하지 말고 그냥 알라. 단순한 인식으로 걱정을 보살핌과 더불어 그 날 좋았던 일을 상기하라. 좀 더 마음을 챙길 수 있었던 방법이 있었는지 알아보라.

한밤중에 깨었다면 그냥 뒤척이면서 시간을 보내지 마라. 일어나 앉아서

15~20분 정도 명상을 하라. 몽롱한 상태로 누워 있으면 의식 속에서 생각과 근심만 끝없이 되풀이될 것이다. 앉은 자세는 의식을 명료하게 해서 일어나는 감정을 알아차리고, 감싸 안아 다스리는 데 도움이 된다. 피곤해서 명상이 잘 되지 않는다고 느끼는 경우에도 도움이 될 것이다. 자기 암시의 영향력은 상당하다!

● ● 한 가지에만 집중하는 삶

신약에는 예수를 집으로 영접한 두 자매 이야기가 나온다. 마르다는 손님을 대접하느라 바빴던 반면, 마리아는 예수의 가르침을 열심히 듣고 있었다. 마르다는 예수에게 불만을 토로하며 마리아에게 자신의 바쁜 일을 도와주라고 말해 달라고 청했다. 예수는 그녀 청을 들어주는 대신 마리아가 더 좋은 선택을 했다고 말한다.

> 마르다야 마르다야 네가 많은 일로 염려하고 근심하나 한 가지 일만 해도 족하니라. 마리아는 그 좋은 부분을 택하였으니 그것을 빼앗기지 아니하리라.
> (누가복음 10:38~42)

다시 말하면 모든 바쁜 일보다도 가장 중요한 것에 집중하는 단순함(여기서는 예수와 그의 가르침)이 우선이라는 뜻이다. 선한 행동이라 할지라도 더 높은 목표에 방해가 될 수 있는 것이다.

불교의 가르침에는 처음 들으면 이해하고 간파하기 어려운 수행과 통찰들

246

이 많다. 그것들에 연연하지 마라. 필요한 것은 한 가지뿐이다. 즉 일상에서 마음을 챙겨 현재에 충실하게 사는 것이다. 이 한 가지 일에 전념하면 삶의 다른 부분은 자연히 명료해진다. 무엇을 하고 무엇을 피해야 할지 깨닫게 되며 과거나 미래에서 헤매지 않고, 후회나 근심에 사로잡혀 삶을 놓치지 않는다. 마음을 챙기고 산다면 우리 자신과 우리를 둘러싼 만물의 무상과 무아의 본질을 깨닫게 될 것이다.

　매일 기억하고 해야 할 일이 많기에 가장 중요한 한 가지 목표가 이렇게 간단하다는 사실이 안도감을 준다. 궁극적으로 꼭 기억해야 할 한 가지는 마음챙김이다. 마음챙김이란 완전히 깨어 살아 있고, 나 자신과 내 삶을 기억하며, 잡념에 빠져 자신을 잃지 않고, 수많은 유혹에 휘둘리지 않음을 의미한다. 현재의 순간에 완전히 살아 있는 일이 하느님을 사랑하는 일이다. 우리는 시간을 무한히 연장함으로써 영생을 얻는 것이 아니라 인생을 완전하고 깊이 있게 살아감으로써 영생을 얻는 것이다.

9

죽음과 환생

× × ×

과거에 대한 집착도 버리고,
미래에 대한 집착도 버리고,
현재에 대한 집착도 버려라.
그런 다음 저 니르바나를 향해 나아가라.
그리하여 그대 마음이 이 모든 속박에서 벗어나게 되면
그대는 이제 이 탄생과 죽음의 윤회로
다시는 돌아오지 않으리라.

붓다

우리의 마음속 어두운 뒷골목에는 괴물이 숨어 있다. 괴물은 좀처럼 눈에 보이지 않지만, 삶의 모든 면에서 우리의 행동과 감정에 영향을 미친다. 우리는 언제나 괴물의 영향력에서 벗어나려고 괴물이 나타날 수 있는 곳을 예상하며 계획하고, 붙잡고, 집착하고, 도망가는 데 여념이 없다. 이 어둠의 괴물 때문에 우리는 결코 행복하거나 온전히 쉴 수 없다.

이 괴물이 죽음이다. 모호하고 추상적인 의미에서의 죽음이 아니라 죽음 그 자체다. 죽음은 개인의 영역이다. 즉 우리의 죽음이 있고, 나의 죽음이 있다. 죽음이라는 괴물과 맞서기 전까지 우리는 걱정과 두려움에 떨어야 한다.

● ● 앎의 지혜

위대한 영적 지도자의 죽음, 환생, 전생 퇴행 요법에 관한 이야기를 살펴봄으로써 죽음에 대해 알아보자.

영적 지도자는 어떻게 죽는가

'영혼의 땅'이란 뜻의 마나슬루가 바라보이는 네팔 누브리 계곡에서 태어난 욘게이 밍규르 린포체Yongey Mingyur Rinpoche는 티베트 밖에서 교육을 받은 티베트 불교의 떠오르는 별이다. 그는 1998년부터 세계를 여행하면서 마음의 문제로 번민하는 이들에게 명상을 가르치는 동시에 달라이 라마와 함께 마음생명협회를 이끌어 왔다. 그는 1981년에 타계한 티베트 불교의 지도자 16대 카르마파Karmapa의 죽음에 대해 언급한 적이 있다. 카르마파는 지독한 암으로 투병하면서도 한 번도 그 고통을 호소하지 않았다. 병원 직원들은 카르마파를 치료하기 위해서가 아니라 그가 내뿜는 평온한 기운을 느끼려고 그를 자주 찾아왔는데, 카르마파는 자신보다는 오히려 병원 직원들의 건강과 행복에 더 신경을 썼다.

카르마파는 침상에 앉은 채 명상하는 자세로 죽었다. 현대 병원으로서는 들어주기 어려운 일이었지만, 추종자들의 부탁으로 카르마파는 3일간 그대로 침상에 앉아 있었다. 그의 시체는 사후경직이 일어나지 않았고 기이하게도 심장 근처는 거의 살아 있는 사람처럼 따뜻했다. 20년이 지난 후에도 그의 사체는 과학으로 설명하기 어려울 정도로 손상되지 않고 온전하게 남아 있다.

수쉴라 블랙맨(Sushila Blackman, 2005)은 16대 카르마파의 사례와 유사한 많은 이야기를 책으로 펴냈다. 그러나 무엇보다 기이한 것은 블랙맨의 이런 작업이 아니라 바로 블랙맨 그녀였다. 블랙맨은 책을 준비하면서 폐암 말기 판정을 받았고, 책을 완성한 뒤 겨우 한 달 보름 만에 사망했다. 어떻게 보면 그녀는 자신의 죽음을 준비하면서 이 책을 써야겠다고 생각했는지도 모른다.

환생 이야기

1950년 4월, 자이나교 집안의 니르말Nirmal이라는 10살 소년이 인도 우타르프라데시주의 코시 칼란 마을에서 천연두로 숨을 거뒀다(Stevenson 1974). 죽기 전 혼수상태에서 소년은 어머니에게 "당신은 우리 엄마가 아니에요"라고 말하며 진짜 엄마를 찾아갈 거라고 말했다. 소년은 도시의 이름을 언급하지는 않았지만, 약 10킬로미터 떨어진 차타라는 조그만 도시 쪽을 가리켰다. 그러고 나서 소년은 곧 죽었다.

1년 몇 개월 후에 차타의 바르시나이 집안에 사내아이가 태어나자, 프라카시Prakash라고 이름 지었다. 네 살 반이 된 프라카시는 한밤중에 일어나서 집 밖으로 뛰쳐나가 자신은 코시 칼란에 살았으며 이름은 니르말이었다고 말하기 시작했다. 프라카시는 니르말의 아버지, 누이 그리고 다른 가족들과 친구들의 이름을 정확히 말했다.

모두가 이것을 환생으로 믿지 않겠지만, 달리 설명하기는 어려운 일이며 이와 비슷한 이야기가 많이 있다. 프라카시(니르말)와 같은 몇몇 사례는 아주 철저히 체계적으로 연구되기도 했다.

전생 퇴행 요법

과학적인 교육을 받은 정신과 의사 브라이언 와이스(Brian Weiss, 1988)는 캐서린이란 여성이 최면 상태에서 과거로 퇴행하여 전생의 기억을 말하는 것을 보았다. 이 전생의 기억들은 현재의 여러 증상들을 고치는 데 효과가 있었다. 와이스는 처음에는 회의적이었으나 점차 이와 유사한 사례들을 많이 발견하게 되었다.

● ● 무지의 지혜

어느 날, 선禪을 공부하던 어린 제자가 노선사에게 죽은 후에 무슨 일이 일어나는지 물었다.

"난 몰라" 하고 노선사가 말했다.

제자가 놀라서 "하지만 스승님께서는 선사가 아니십니까!" 하고 외쳤다. 노선사가 말했다.

"그래, 나는 선사지만 망자가 아니란 말이다."

불교의 단순하고 직접적인 성격에 따라(특히, 선불교는 그런 성격이 더 강하다) 이 노선사는 제자에게 진실을 말했다. 죽은 후에 무슨 일이 일어나는지 누가 알겠는가? 그렇지만 제자의 질문은 여전히 중요했다. 그 해답을 안다면, 죽음뿐만 아니라 삶도 두렵지 않을 것이니 말이다.

불교의 가장 큰 선물은 두려움이 없음이다. 우리가 죽은 후에 어떤 일을 겪을지 알지 못하는데 어찌 두렵지 않겠는가? 죽음이 두렵지 않은 척하거나 죽음에 대한 생각을 피해버릴 수는 있을 것이다. 그러나 죽음이 두려워서 거부한다면 우리의 의식은 왜곡되고, 인정하려 하지 않겠지만 긴장과 불안이 생겨날 것이다(Becker 1973).

인간으로서 우리는 특별한 위치에 있다. 우리는 삶을 인식하는 생명체인 동시에 삶의 한계를 인식하는 생명체이기도 하다. 무한성에 대해 숙고하고 영원을 생각하기도 하지만 우리 자신이 유한하고 일시적임을 알고 있다. 인간은 이런 식으로 의식하는 지구상의 유일한 동물이다. 인간의 유한성과 무상함으로 생겨나는 질문에 대해 기꺼이 숙고하는 사람들이야말로 진정으로 영적인 사람들이며, 그에 대해 생각해보지도 않으면서 교회에 나가거나 겉으로만 종교 활동을 하는 사람들은 진정으로 영적인 사람들이라고 말할 수 없다.

인간이 처한 상황의 진실을 인정하지 않을 때, 우리는 지금 살고 있는 삶이 영원히 계속될 것처럼 행동한다. 죽음을 부정한다면 부, 특권, 즐거움, 권력 따위에 집착하는 것도 이해가 된다. 사람들은 이런 것들을 영원히 소유할 수 있다고 여기는 듯하다. 죽을 때 "넌 가지고 갈 수는 없어" 하고 말하기는 하지만 죽어도 반드시 가져갈 수 있는 것처럼 행동한다.

삶이 언젠가 끝난다는 사실을 진지하게 생각해본다면 부, 특권, 즐거움, 권력 따위가 살아가는 데 가장 중요하다는 믿음을 의심해보지 않을 수 없다. 그런 것들은 나쁘거나 잘못된 것은 아니지만, 현재 충실한 삶을 사는 데 방해가 되므로 조심하지 않으면 우리는 진정한 삶을 살아갈 수 없을 것이다.

재산을 모으는 것은 인간이 처한 상황과 그 한계를 인정하기 싫을 때 흔히 사용하는 전략이다. 사람들은 부유해짐으로써 **특별함**을 느끼려고 한다. 우리 모두 어느 정도 이런 자만심에 빠져 있다. 흔히 다른 사람들은 머지않아 늙고, 병들고, 죽게 될지 모르지만, 나만은 예외라고 생각하고 행동한다. 우리가 정말 그런 불행에서 **예외라면** 우리가 그런 최초의 인류일 것이다. 현재 살아 있고 활력이 넘치는데, 언젠가는 죽는다는 것이 꾸며낸 이야기나 허튼 생각이 아니라 구체적이고 피할 수 없는 분명한 사실이란 점을 이해하기는 정말 어렵다. 죽음과 세금 외에 확실한 건 아무것도 없다고 말하지만, 이 말에서도 죽음을 궁극적인 문제로 다루기보다 세금처럼 단순한 골칫거리로 과소평가함을 볼 수 있다.

특별함이 죽음을 의식하지 않기 위해 사용하는 첫 번째 왜곡이라면, 이와 아주 밀접한 관계에 있는 두 번째 왜곡도 있다. 우리는 스스로 특별하다고 느끼지 못할 때, 특별하다고 생각하는 누군가에게 의존하는 왜곡을 이용한다. 유명 인사에 대한 환상은 이런 속임수에 의해 나타난다. 우리는 유명 인사들의 삶에 환상을 품고 있어서 이들을 마치 올림포스의 신이나 여신처럼 여기고 이들의 행운과 불행, 음주운전과 불륜 같은 사건을 쫓다 보면 우리도 불멸의 신이 될 수 있을 거라고 착각한다.

● ● 해방자로서의 죽음

죽음이라는 현실을 잘못된 믿음으로 감추려고 해서는 안 된다. 죽음이라는 최후를 보편적이거나 한참 뒤에 일어날 일로 생각해서는 안 되며, 우리 자신에게 일어날 매우 특정하고 구체적인 죽음으로 반드시 먼 미래에만 일어나는 종말이 아니라는 사실을 받아들여야 한다. 그렇지 않으면 죽음은 해방자로서 자신의 역할을 다하지 못한다. 두개골이나 손의 뼈를 만져 보면 다른 죽어가는 생명체처럼 우리도 뼈로 이루어져 있음을 알 수 있다. 그러므로 우리는 뼈만 남을 것이며 시간이 더 지나면 그 뼈마저도 사라지리라는 사실을 언젠가는 직접 깨닫게 될 것이다.

이것이 출발점이다. 사후에도 삶이 계속된다는 믿음은 죽음에 대한 거부일 뿐이며 계속해서 얻으려고 안달하고 애쓰는 행동을 정당화한다. 불교 승려들은 자신이 늙고 병들어 죽으면 모든 것이 무상하고, 결국 사랑하고 소중히 여기는 모든 것을 잃을 것이므로 남는 것은 우리의 행동(업業)밖에 없다는 사실을 매일 되새긴다. 미래로 나아가는 에너지의 유형과 흐름을 결정하는 것이 우리 행동이기 때문이다. 오해하지 마라. 이것은 절망을 부추기는 부정적인 수행이 아니다. 망상에서 빠져나와 살아 있게 하는 우리를 해방하는 수행이다.

사람은 모두 죽는다는 사실을 분명히 알고 나서야 우리는 완전히 살아 있을 수 있다. 죽음을 알게 되면 삶을 낭비하지 않는 지혜가 생긴다. 죽음은 자신이 상상하는 미래에 이르기 위해 지금 이 순간을 지나쳐버리지 않고, 삶을 인식하며 매 순간 깨어 있게 한다. 또한 우리를 현재에 살도록 해주며 지금이야말로 살아 있을 수 있는 유일한 시간임을 우리에게 가르쳐준다. 결코 오지 않을 내일에만 매달려 삶을 낭비해서는 안 된다.

이런 관점에서 사후에 무슨 일이 일어날지 모른다는 노선사의 지혜와 솔직함을 생각해 볼 수 있다. 우리가 죽으면 무슨 일이 일어날지 누가 알겠는가? 그렇기에 노선사는 알 수 없는 일을 추측하는 데 시간을 낭비하지 말고 삶에 충실하라고 가르친다. 조용히 죽음을 인정하면 무엇이 두려울까? 특별해지기 위해 안달할 필요가 없다. 특별하다고 생각하는 것에 집착할 필요도 없다. 우리의 삶 자체가 경이롭다는 사실을 알게 된다. 숨을 쉬고 미소를 짓게 되고, 매 순간 어떤 환경에서도 좋은 것들을 볼 수 있게 되어 우리 인생에서 처음으로 진정한 행복을 느낄 수도 있을 것이다.

상대적인 진리의 차원에서 죽음은 우리의 존재와 피할 수 없는 운명에 관한 엄연한 사실이다. 위대한 영적 지도자의 죽음, 환생, 전생 퇴행 요법이나 우리 자신의 경험과 통찰로 궁극적인 진리의 차원에서 불멸에 대해 어렴풋이 알게 될는지도 모르지만, 이런 것들이 다른 차원에서는 죽음이 실제로 끝을 의미한다는 사실을 왜곡하는 데 이용되어서는 안 된다. 죽음을 잊는 것은 지금 여기에 살아 있는 법을 잊는 것과 같다.

슬퍼하는 유가족에게 고인께서는 "좋은 곳으로 가셨습니다" 하고 유사한 말로 위로하는 모습을 자주 보았을 것이다. 때로 유가족은 그런 말을 선의로 받아들이고 기운을 내기도 한다. 그러나 유가족은 이런 상투적인 말을 들으면 더욱 혼자라고 느끼고 자신이 사랑하는 사람을 잃어서 얼마나 슬픈지 어느 누구도 이해하지 못한다고 생각할 때가 많다. 궁극적인 진리의 차원에서 죽음은 단순히 끝이 아니다. 그러나 이런 통찰은 죽음을 부인하거나 왜곡하는 데 쓰여서는 안 된다. 누군가 죽으면 반드시 무슨 일이 생긴 것이다. 무엇인가 사라진 것이다.

또한 죽음은 우리가 생각하는 것만큼 생소한 일도 아니다. 죽음은 심리 치료 과정에서 나타나기도 한다. 폴의 예를 보자.

사례

폴의 심리치료

폴은 길에서 화가 치미는 일을 겪은 후 나를 찾아왔다. 그는 처음에는 화내는 습관이 심각한 문제라고 생각하지 못했다. 그는 자신이 화내는 것이 옳고 당연하다고 생각했다. 그렇기 때문에 그것이 주변 사람들이 보기에는 문제가 된다는 사실을 거의 깨닫지 못했다. 그는 사람들과 관계가 소원해지고 친구들과도 멀어졌으며 또 갑자기 실직하는 일이 잦았다. 서른 중반이 되어서야 그는 자신의 성격이 문제가 됨을 깨닫기 시작했다.

치료의 성과는 수개월 동안 진전과 후퇴를 반복했다. 폴은 어떤 때는 화내는 행동이 문제가 많고 고통스러운 일이라는 사실을 알았지만 또 어떤 때는 왜 사람들이 자신이 화를 낼 때 부정적으로 반응하는지 알 수가 없었다. 그는 화를 낼 때 스스로 강하다고 느껴져서 무엇이든 할 수 있을 것만 같았다. 화를 내면 마치 자신의 상처받기 쉬운 여리고 예민한 감정과 그 이면에 깔린 죽음에 대한 두려움에서 보호받는 느낌이었다. 그는 화내는 것에 자부심을 느꼈으며 자신이 불의를 봐도 그냥 지나치는 소심한 사람이 아니라는 사실이 좋았다. 그는 언젠가 화내는 자신을 포기하는 일이 죽음과 같이 느껴진다고 말했다. 그는 화내지 않는 것이 두려웠다. 화내지 않으면 자신을 특별하게 해주는 제일 큰 장점을 포기해야 하는 것처럼 느꼈다. 결국 그는 실제와 허구의 불의에 맞서 스스로 강하다는 느낌에 집중했던 화를 내는 자신의 죽음을 느꼈다. 그리고 자신의 죽음이 끝인 동시에 시작임을 알았다. 폴은 이런 자신의 죽음이 자신과 남을 위해 여전히 불의에 맞서면서도 아무 때나 중무장하고 칼을 빼 들어 덤비지 않는 침착하고 친절한 사람으로 새롭게 태어남을 의미한다는 사실을 깨달았다.

변화가 죽음과 같다는 느낌은 많은 형태들로 나타난다. 사람들은 어린 시절 자신의 편협했던 신앙심이 이제는 도움이 되지 않으며 거기서 벗어나야 한다고 느끼게 된다. 한때 자신에게 위안을 줬던 무엇인가를 포기하는 일도 일종의 죽음으로 경험하는 것이다. 자신을 유물론자로 여기던 사람들도 때로는 무의식중에 자신의 삶에서 영적인 면을 발견하고 깜짝 놀란다. 사람들은 이전에 자신이 받아들였던 전통적인 성 역할의 범위에서 벗어나는 일을 하기도 한다. 이러한 현상에는 옛날 방식은 시대에 뒤떨어지기 때문에 사라져야 한다는 일종의 슬픔이 담겨 있다. 낡은 사고의 틀에 집착하고 자신을 가두면 자신을 배반하는 느낌이 든다. 70대 중반쯤 되면 이런 사실을 마흔 살 때 발견했으면 좋았을 걸 하고 생각하며, 마흔 살 먹은 사람은 스무 살 때 알았더라면 하고 후회한다. 그러나 이런 발견은 일찍 하건 늦게 하건 그 과정에서 일종의 죽음을 거쳐야 한다. 이제 과거에 순응하는 것으로는 충분하지 못하다. 낡은 방식에 집착하지 말고 시야를 넓혀야 한다.

죽음과 부활

마음챙김의 방법으로 우리는 행복해지고 현재에 충실하게 살 수 있다. 마음챙김은 변화의 길이기도 하다. 변화에는 죽음의 요소가 따른다. 마음을 챙기고 따사로운 햇볕, 반짝거리는 물 혹은 장엄한 산을 즐기는 바로 그 순간에 평상시 걱정하고 집착하던 '나'는 죽고 없다. 이것에 대해 "두려움과 근심, 화, 자기 회의 또는 나 자신을 제약했던 많은 생각들로 가득했던 내가 더 이상 내가 아니라면, 도대체 나는 누구인가?" 하고 말할 정도로 묘한 상실감을 느낄 것이다. 그런 깨우침의 순간에 우리가 딛고 선 땅이 흔들린다. 바탕이 흔들리는 것이다. 우리는 십자가에 매달리고, 변화하고, 부활한다. 우리는 죽는다. 그리고 다시 태어난다.

기독교 전통에서, 오시리스의 죽음과 부활에 관한 이집트 이야기 속에서, 또는 다른 어떤 곳에서 이런 깨우침을 얻더라도 우리 안에 무엇인가가 죽음과 부활이라는 화두에 반응한다. 일정한 기준이나 원칙이 있기 때문에 우리는 거기에 반응한다. 이것은 정신의 직물로 짜인 하나의 전형이다. 우리의 몸에서는 세포가 계속 죽어가는 동시에 새로운 세포가 태어난다. 우리의 의식은 순간순간 변화한다. 우리는 매초마다 죽고 다시 태어난다.

이런 시각에서 보면 죽음이야말로 변화의 또 다른 명칭이라는 사실을 깨달을 수 있다. 이 사실은 우리가 생각하는 것만큼 생소하지 않으며 우리가 계속해서 경험하는 것이다. 이 사실을 직시할 때, 거부나 왜곡, 또는 절망이나 냉소주의에 빠지지 않고, 죽음이 무엇인지 이해할 수 있을 것이다.

● ● 환생

『반야심경般若心經』은 아무것도 생겨나지 않으며 사라지지 않는다고 말한다. 현실은 실제로 무아이며, 분리될 수 없고, 무상하며 계속 변화하는 '저것'이다. '저것'은 본질적으로 명칭을 붙일 수가 없으며 알 수도 없다. 불교 신자들은 그런 시도조차 하지 않는다. '저것'에 이름을 붙이려 하면 많은 문제들이 발생한다. '저것'에 이름을 붙인다면 우리가 무엇을 말하고 있는지 안다는 망상에 빠질 것이다. 어떤 의미에서는 '저것'이 우리의 것이고 우리에게 '저것'이 있으며 다른 단어와 개념을 사용하는 다른 사람들은 모두 '저것'을 잘못 알고 있다고 생각할 수도 있다.

유대 신앙은 이런 통찰을 다른 시각으로 바라본다. 유대인은 '저것'에 해당하는 단어를 사용하는데, 이 단어는 하느님의 참된 이름을 나타내는 히브리어로 된 유명한 네 자음 문자다(YHWH 또는 YHVH). 이 이름은 너무나 성스러워 신앙심이 깊은 많은 유대인들은 이 문자를 말하려고도 하지 않는다. 유대인은 이 네 자음 문자를 소리 내 말하는 대신 단순히 아도나이*Adonai*(주主)나 하솀*Hashem*(네 자음 문자의 이름)으로 부르기도 한다. 야훼의 네 자음 문자는 보통 영어로도 완전히 쓰이지 않으며 '저것'을 말할 때 근본적으로 무엇을 말하는지 실제로 알 수 없다. 결국 침묵을 지키고, 마음을 챙기고, 숨을 쉬고, 미소 짓는 편이 훨씬 낫다는 사실을 일깨워 준다.

문자 그대로 해석하면 불교의 사후세계는 영어로 '환생'보다는 '부활'에 가깝다. 환생을 의미하는 단어 Reincarnation은 문자 그대로는 '육체로 돌아감'을 의미한다. 무아의 통찰에 비추어 볼 때, 갔다가 돌아온다는 건 전혀 이치에 맞지 않는다. 우리가 분리된 자아가 아니라 '저것'의 보이지 않는 발현이라면 도대체 어디로 갈 수 있으며 도대체 어떻게 돌아온단 말인가? 게다가 '당신'이라는 존재는 또 무엇인가? 영어로 Rebirth는 둔자 그대로 '다시 태어나다'라는 점에서 환생보다는 조금 나아보이지만 우리의 존재를 떠나고 돌아오는 일종의 분리된 것으로 본다는 점에서 여전히 같은 문제점을 안고 있다.

환생과 무아

우리는 분리되고, 소외되고, 길을 잃은, 우주에 존재하는 어떤 생명체나 사물에서 따로 떨어져 나온 일부가 아니다. 우리는 결코 분리된 존재가 아니다. 우리는 전적으로 보통 우리가 아니라고 생각하는 어떤 것으로 구성되어 있다. 살아 있는 존재인 우리는 일반적으로 살아 있지 않다고 생각하는 물과 무기질 몇 킬로그램으로 구성되어 있다. 우리의 실체는 한 순간도 동일하지 않은 변형과 변화의 과정, 즉 어떤 유형이 있는 에너지의 흐름이다. 우리가 우리라고 생각하는 건 실제로 우주의 그 밖의 모든 것으로 구성되어 있다. 그리고 그것이 우리의 실체라면 무엇이 환생하고 부활한단 말인가?

이런 의미에서 환생에 대해 숙고해보면, 쉽게 말해서 우리가 과거에 클레오파트라나 율리우스 카이사르, 바흐나 베토벤이었다고 생각해보면 우리는 지금 수백만 광년 떨어진 곳에 있는 것이다. 이러한 말이 무엇을 뜻하는지 이해하기 어려울 것이다. 미묘한 에너지 유형이 한 생명에서 다른 생명으로 넘어가고 심지어 어떤 상황에서는 전생의 기억까지 넘어가는 것일까? 그럴지도 모른다. 그러나 이러한 에너지 유형을 보통 우리라고 생각하는 방식에서 '우리'라고 할 수 있을까?

사람의 생각으로 할 수 있는 멋진 게임 중 하나는 '만약에'라고 가정하고 사실에 반하는 질문을 하는 것이다. "부유한 집안에서 태어나 예일대학에 들어갔다면 내 인생은 어떻게 바뀌었을까? 예일대의 비밀 조직 '해골과 뼈'에 들어가 조지 부시와 존 케리와 어울려 다녔다면 나는 지금 어떤 위치에 있을까? 어떤 기회가 있었을까? 또는 운동 신경이 뛰어나게 태어났더라면 어땠을까? 완벽하고 다정다감한 부모를 만났더라면? 또는 리버풀에서 존, 폴, 조지, 링고와 막역한 친구로 지냈더라면, 그리고 그들이 내게 비틀즈에 들어오라고 제안했다면 어땠을까?" 등을 말할 수도 있다.

이런 것들은 흥미로운 질문이기도 하겠지만, 우리의 뛰어난 뇌가 이런 정신적 활동을 할 수 있다고 해서 여기에 어떤 의미가 있는 건 아니다. 예일대학에 입학했다면 우리가 아닌 다른 누군가가 되었을 것이다. 현재의 우리를 있게 만든 것 중 하나는 우리가 했던 경험이지 다른 경험이 아니다. 우리가 좀 더 탄탄한 체격이었다면 어땠을까? 마찬가지로 우리가 아닌 다른 사람이 되었을 것이다. 몸과 의식은 하나다. 다른 몸이었다면 의식도 달라졌을 것이다. 탄탄한 몸이었다면 우리의 체험과 의식도 바꿔놓았을 것이다. 우리는 우리가 아닐 것이다. 비틀즈의 다섯 번째 멤버가 되었더라도 그것 역시 우리를 바꾸어놓았을 것이므로 우리가 아닌 것이 된다.

그렇다면 이런 의미에서 우리가 한때 다른 시간이나 장소에 살던 다른 사람이었는데 지금은 돌아와 현재 시간과 환경에서 이 몸으로 삶을 살고 있다면 이는 무슨 의미일까? 특정 유전자를 갖고 특정 경험을 하면서 특정 시간과 장소에서 특정 몸으로서 존재함이 우리를 우리로 만드는 모든 것이다. 그렇지 않은가?

아마도 지금쯤이면, 우리 머리는 핑핑 돌아 어지러울 것이다. 그렇지만 그런 어지러움 속에서 사후에 일어날 일은 모른다고 말한 노선사에 대한 존경심이 들 것이다. 아마도 우리는 자신이 집착했던 개념을 조금은 버렸는지도 모르겠다. 붓다는 항상 현실을 똑바로 인식할 수 있도록 개념을 버리라고 가르쳤다. 이것이 행복해지는 유일한 길이다.

환생을 초 두 자루에 빗대어 설명한 이야기가 있다. 내게 불 켜진 초가 하나 있고 그것으로 다른 초에 불을 붙이고는 꺼버린다고 하자. 그러면 두 번째 초의 불꽃은 첫 번째 초의 불꽃과 같은가, 아니면 다른가? 우리의 생각은 어떤가? 사람들은 흔히 같은 불꽃이나 다른 불꽃 둘 중의 하나로 재빨리 결정할 것이다. 그러나 우리는 실제로 두 가지 모두 사실이거나 또는 두 가지 모두 아니라고도 답할 수 있다. 같은 불꽃인가? 답은 그렇다. 어느 정도는 그렇다. 두 번째 불꽃은 첫 번째 불꽃의 연속인 셈이므로 넓은 의미에서 같은 불꽃이라고 할 수 있다. 다른 불꽃인가? 역시 답은 그렇다. 어떤 의미에서는 그렇다. 두 번째 초의 불꽃은 첫 번째 초와는 다른 밀랍과 심지에서 다른 산소를 태워 생겨났다. 예리한 칼날 같은 불교의 이론에서 보면 다음과 같은 네 가지 진술이 모두 타당해 보인다. 그것은 이전과 같은 불꽃이다. 그것은 다른 불꽃이다. 그것은 같기도 하고 다르기도 한 불꽃이다. 또는 같지도 않고 다르지도 않은 불꽃이다. 그렇다면 사후에 무슨 일이 일어날까? 우리가 지닌 생명 에너지의 불꽃이 다른 생명으로 옮겨간다면 우리는 동일한 사람일까?

• ● 우리는 삶 자체다

먼저 첫 번째 초의 불꽃을 그 자체로서만 다시 살펴보자. 그것은 우리가 알고 촛불이라고 부르는 어떤 종류의 것, 말하자면 '자아'처럼 보인다. 그러나 진실은 훨씬 이해하기 어렵다. 불타는 초는 실제로는 변화와 변형의 과정이다. 매 순간 새로운 밀랍 분자가 연소한다. 매 순간 새로운 산소가 사용된다. 매 순간 불꽃은 죽었다 살아난다.

오랫동안 숙고해야겠지만, 이러한 사실을 분명히 이해하면 죽음과 삶이 항상 상호 연결되어 있음을 깨닫기 시작할 것이다. 숨어 있던 괴물은 이제 친근한 애완 고양이가 된다. 하지만 그렇게 하려면 우리의 시각을 바꾸어야 한다. 우리를 지금도 아무개라고 생각하고, 그 사람을 고정되고, 실체가 있으며, 변화하지 않는 존재로 식별한다면 우리는 두려움으로 가득할 것이다. 괴물이 계속해서 우리를 괴롭힐 것이다. 우리는 하나의 생명 과정, 즉 시작이나 끝이 없는 과정임을 깨닫고 저것과 같다고 볼 때 두려움을 떨쳐버릴 수 있다. 이것은 전적으로 우리를 무엇과 동일시하느냐에 달려 있다. 자신이 분리된 존재, 고립된 자아라는 생각을 버리고 이런 관점에서 식별을 멈출 때, 우리의 두려움과 싸움은 끝난다. 우리는 우리 자신이 끝없고 무한한 삶이며, 우주 만물과 분리될 수 없고 신비롭고 이름을 붙일 수 없다는 사실을 안다. 한꺼번에 모여 나를 만드는 요소들은 다시 각각으로 떨어지고 수없이 많은 형태들과 유형들로 다시 합쳐진다. 사후에는 다른 사람으로 "다시 올 것이다" 하고 말할 수도 있다. 하지만 내일은 꽃, 구름, 또는 산꼭대기에서 두려움 없이 바람을 맞으며 즐거이 서 있는 나무가 될 것이라고 말할 수도 있다.

더욱이 지금도 우리는 다양한 형태들을 취하고 있다. 따뜻한 미소를 보여주는 일에서 생명을 구해주는 일까지 어떤 방법으로든 우리가 만난 모든 사람의 삶이 우리 자신이기도 하다. 그리고 우리는 그 모든 사람이기도 하다. 우리의 삶은 그들의 삶 속에 있고, 그들의 삶은 우리의 삶 속에 있다. 우리는 상호 연관되어 존재하는 것이다. 멀리 떨어진 곳에 사는 아이들이 밥을 먹을 수 있도록 그들에게 돈을 보낸다면 우리는 그들에게서 다시 태어나는 것이다. 심리치료사로서 나는 내가 도와주었던 사람들에게서, 나아가 그 사람들과 연결된 모든 사람에게서 다시 태어난다. 나 역시도 작가 그리고 선생으로서 많은 형태들로 나타난다. 그리고 우리도 그러하다.

마찬가지로 붓다의 가르침에 감명을 받았다면 우리는 이제 붓다의 연속으로 붓다는 우리 안에 살고 있다. 예수의 삶과 가르침에 감동했다면 우리는 예수의 연속이다. 이것이 충분히 마음속 깊이 와 닿았다면 우리는 사도 바울처럼 다음과 같이 말할 수 있을 것이다.

나는 더 이상 내가 아닌데 그 까닭은 그리스도가 나 안에 있기 때문입니다.
(갈라디아서 3:20)

선사, 랍비, 신부, 또는 목사가 우리의 삶에 긍정적인 영향을 미쳤거나 우리가 어려운 시기를 보낼 때 누군가가 걱정과 사랑을 보여주었다면 우리는 그 사람의 연속인 셈이다. 우리와 그 사람은 상호 연관되어 존재한다.

우리는 구름에서 막 떨어지려는 빗방울과 같다. 그 빗방울이 사람이 될지도 모른다. 강으로 흘러가거나 심해에 머무르게 될지도 모른다. 어떤 것이 되더라도 그것은 계속되는 변형의 문제일 뿐이다. 그러나 무엇이 되더라도 빗방울은 불평하지 않는다.

● ● 실재는 개념으로 담아낼 수 없다

죽음에 대한 간단한 개념으로 시작해보자. 유물론자는 죽음을 그냥 끝이라고 생각한다. 종교를 믿는 사람들은 죽음을 천국에 가는 것으로 생각한다. 죽음을 환생이란 측면에서 생각해서 다른 인간으로 다시 태어나는 것으로 생각하기도 한다. 그렇지만 자세히 들여다보면 이런 개념들은 너무 단순하다. 아무것도 진정으로 태어나지 않으며, 아무것도 진정으로 죽지 않는다. 내가 태어나기 전에 나는 이미 우리 부모나 조상 속에서 그리고 다른 많은 형태들로 살고 있었다.

내가 죽은 후에도 나는 많은 형태들로 지속된다. 천국은 지금 여기에 온전히 존재하며 사후에 가는 곳이 아니다. 우리는 환생을 문자 그대로 너무 단순하게 받아들여서 죽고 다시 태어남을 계속 반복하는 것으로 생각한다. 우리는 너무나 신비스러워서 불교에서 공*śūnyatā*이라고 부르는 경이로운 생성의 실재(색色)이다. 한계가 없는 것에 한계의 의미를 부여하기 때문이다.

불교의 관점에서 죽음과 환생을 곰곰이 생각하면 극단적인 시각에 빠지지 않을 것이다. 자연은 그 자체로 물질과 에너지는 결코 사라지지 않으며, 변화할 뿐이라는 사실을 가르쳐준다. 마찬가지로 죽음도 하나의 변화일 뿐이다.

문자 그대로의 틀에서 벗어나야 한다. 죽음은 끝이지만 단순한 끝이 아니다. 실재는 존재bhava 또는 비존재abhava로 구분할 만큼 단순하지 않다. 상견常見(sassata, 만물이 실제로 영원히 존재한다고 고집하는 그릇된 견해) 또는 단견斷見(uccheda, 사람이 한 번 죽으면 몸과 마음이 모두 없어져 공무空無로 돌아간다는 그릇된 견해)으로 나눌 만큼 간단하지도 않다. 실재는 그 중간에 있다. 커피를 한 번도 마셔본 적이 없는 사람에게 그 맛을 설명하는 것처럼 실재가 무엇인지 말로는 정확히 표현하지 못한다. 실재를 알기 위해서 우리는 개념을 떠나 그것을 체험해야 한다.

우리가 분리된 자아로 존재한다는 착각과 우리를 동일시하면, 죽음이 다가올 때 고통을 겪게 된다. 반대로 우리를 삶 그 자체와 동일시한다면 지금 그리고 죽는 순간에도 고통에서 자유로워질 것이다.

상인이었던 아나타핀디카Anathapindika는 오랫동안 붓다와 붓다의 일행을 헌신적으로 지원했다. 그는 죽을 때 큰 고통에 몸부림쳤다. 붓다는 그를 돕기 위해 수행이 높은 제자 사리푸트라Shariputra와 아난다Ananda를 보냈다. 이들은 아나타핀디카의 고통을 덜어주기 위해 그에게 여러 가지 명상법을 가르쳐주었다. 이 명상법은 육체적 자아와의 전면적인 탈동일시와 관련되어 있었으며, 이 명상으로 아나타핀디카는 크게 위안을 얻었다. 그리고 그는 두려움 없이 평화롭게 죽음을 맞이할 수 있었다.

무아, 대선사의 죽음 또는 환생에 대한 이야기는 우리의 호기심을 자극하지만, 두려움을 없애주지는 못한다. 두려움을 없애려면 우리 자신의 통찰이 요구된다. 다음은 아나타핀디카에게 도움이 된 명상법의 일종이다. 현명한 사람이라면 죽을 때가 되어서야 이 수행을 하지는 않을 것이다.

수행

×　×　×

나는 생명이다

바쁜 일이 없고 각 항목을 천천히 따라 할 수 있을 때 이 수행을 해보라.

1단계: 안식처에 귀의하기

이런 수행을 하는 동안에는 안전하다는 느낌을 받는 것이 중요하다. 그러므로 출발은 앞서 다룬 안식처에 귀의하기로 시작한다. 고요하고 안전한 느낌을 받는다면 다음 단계로 넘어가라.

2단계: 이 몸은 내가 아니다

명상 자세로 앉고 호흡을 의식하는 데 집중하라. 숨을 들이쉬고 내쉬면서 고요한 즐거움을 느껴라.

우리 몸 전체를 느껴라. 몸 전체를 느끼면서 몇 분간 심호흡을 하라.

이제는 몸의 각 부분으로 수행해보라. "숨을 들이마시면서 나는 발을 느낀다. 숨을 내쉬면서 나는 발에 미소를 보낸다"라고 속으로 말하라. 발을 좀 더 생생하게 의식하게 되었다면 "숨을 들이마시고 내쉬면서 발이 내가 아님을 나는 안다. 나는 발 그 이상이다"라고 말하라.

그리고 종아리도 같은 방법으로 수행해보라. "숨을 들이마시면서 나는 종아리를 느낀다. 숨을 내쉬면서 나는 종아리에 미소를 보낸다." 그리고 "숨을 들이마시고 내쉬면서 종아리가 내가 아님을 나는 안다. 나는 종아리 그 이상이다"라고 말하라.

다음에 같은 방법으로 손, 팔(상박, 하박), 등, 목, 어깨, 머리, 얼굴, 가슴, 배, 심장, 폐, 그리고 다른 소화기관 등 몸의 각 부분을 대상으로 차례차례 말하라.

다시 몸 전체를 느끼면서 편안하게 숨을 들이마시그 내쉬라.

3단계: 감관은 내가 아니다

이제 감관과의 탈동일시를 시작해보자. 불교에는 육감, 즉 보고, 듣고, 냄새를 맡고, 맛을 보고, 몸을 느끼고, 생각하는 마음이 있음을 기억할 것이다. 숨을 들이마시고 내쉬면서 눈을 의식하라. 원한다면 눈과 직접적으로 접촉할 수 있도록 눈을 감고 손으로 눈꺼풀을 부드럽게 만져보라. "숨을 들이마시고 내쉬면서 나는 눈이 내가 아님을 안다"라고 말하라.

같은 방법으로 귀, 코, 혀, 몸, 마음도 말하라.

4단계: 오온은 내가 아니다

이제 같은 방법으로 색, 수, 상, 행, 식의 오온을 수행하라. 여기서 색은 3단계의 몸과 같으므로 약간 중복된다. 그러나 상관없다. 목적은 전면적인 탈동일시 과정을 수행하는 것이다. "이 몸은 내가 아니다." "내 감정은 내가 아니다." 이런 방법으로 계속하라.

5단계: 요소들은 내가 아니다

옛날에는 우주가 땅, 공기, 불, 물로 구성된다고 여겨졌다. 명상에서는 이 네 가지 요소로 사물을 설명하는 방법이 아직도 널리 사용된다. 땅은 우리 내부의 단단한 것을 의미한다. 숨을 들이마시고 내쉬면서 "땅 요소는 내가 아니다"라고 말하라. 같은 방법으로 "공기 요소(호흡)는 내가 아니다. 불 요소(체온, 열을 발생시키는 소화 과정)는 내가 아니다. 물 요소(몸속의 유동체)는 내가 아니다" 하고 깊이 생각하라. 주변의 다른 모든 것에서도 이 네 가지 요소를 찾아보라.

6단계: 나는 생명이다

심호흡을 하면서 서두르지 말고 고요하게 다음의 각 구절을 차례대로 생각하고, 그것이 의미하는 현실에 마음을 열어라.

- 나는 이 몸, 육감, 오온, 네 가지 요소에 제약을 받지 않는다.
- 나는 삶 그 자체다.
- 나는 시공을 초월해서 분리되지 않은 하나의 생명이다.
- 나는 지금 지구상의 모든 생명체 속에 있는 생명이다.
- 나는 미래와 과거에 존재하는 모든 생명체 속에 있는 생명이다.
- 나는 결코 태어나지 않았으며 죽지 않을 것이다.

후기

　9월의 첫 아침은 서늘하고 청명하다. 나는 산디아 산맥 자락을 거닐며 명상한다. 나는 편안한 마음으로 현재의 순간에 집중한다. 이웃들뿐 아니라 자주, 노랑, 흰색의 들꽃들이 날 반겨준다. 나는 꽃, 바위와 나무, 언덕, 새들, 하늘과 깊이 연결되어 있다고 느낀다. 나도 여러분과 마찬가지로 살면서 내 나름대로 어려움을 겪고 있지만, 이 책에 담겨 있는 가장 중요한 핵심을 몸소 체험하며 다시 한 번 확인한다. 그렇다. 현재의 순간에 주변의 모든 것을 알아차리고 마음을 열기만 하면 행복할 수 있다.

　행복의 길은 바로 지금 눈앞에 펼쳐져 있다. 행복을 위해서 특별히 준비를 할 필요도 없다. 이미 주변에 있는 경이로운 만물에 감탄하는 것만으로도 곧바로 그리고 쉽게 행복해질 수 있다.

　행복할 때, 어려운 문제에 충실하고 슬픔을 치료하며 고통을 변화시키는 능력도 향상된다. 예전에 보이지 않던 어려움을 극복하는 방법도 발견한다. 그리고 신뢰할 수 있고 다른 사람들에게 도움을 주는 존재가 될 수 있다.

　행복을 수행하는 일은 우리가 자신에게 그리고 동시에 다른 사람들에게 줄 수 있는 가장 큰 선물이다.

　모두 행복하길 바란다!

감사의 글

책이란 무엇일까? 우리가 물질적 대상을 상호 연관적인 존재로 고려하여 말한다면 이 책에는 그 밖의 모든 것이 담겨 있다. 햇빛과 비, 흙과 숲, 종이를 만드는 사람과 인쇄공 그리고 그 밖의 궁극적인 모든 것이 담겨 있다. 이런 것들이 없었다면 이 책은 여러분의 손에 쥐어져 있지 못했을 것이다.

오늘날, 책은 물질의 형태를 취하지 않고 스크린상에 있는 데이터의 비트나 픽셀들로 만들어질 수도 있다. 이런 형태의 책을 볼 때도 우리는 거기에 아이디어, 문장, 단락이 들어 있음을 본다. 이런 것들은 궁극적으로 저자의 체험에서 비롯된 것이다.

물질적 형태를 취하든 그렇지 않든 책에는 많은 스승들의 영감이 내포되어 있다. 베트남 출신의 승려, 명상가, 평화 운동가이자 시인 틱낫한 님의 생애와 그분의 가르침에 감사를 표한다. 서문을 써주신 훌륭한 스승이자 작가인 라마 수리아 다스 님에게도 감사를 표한다. 나의 가장 중요한 스승들께서 적극적으로 협조해주신 데 대해서도 감사를 표한다.

이 책에는 나의 가족 사항도 담겨 있다. 나의 마음의 창공에는 언제나 영원한 별과도 같은 아내 비벌리와 아들 조슈아가 있다.

이 책에 많은 시간과 노력을 아끼지 않은 뉴하빈저 출판사의 모든 분에게도 감사를 표한다. 제스 비브가 이 책의 챕터를 깔끔하게 정리해주었다. 마케팅 부서의 줄리아 켄트와 그 밖의 분들의 도움이 없었다면 이 책은 출간되지 못했을 것이다. 넬다 스트리트는 꼼꼼한 교열로 큰 도움을 주었다. 그리고 이 프로젝트를 끝까지 신뢰해주신 캐서린 서커 님에게 특별한 감사를 표한다.

마지막으로 이 책을 읽고, 함께 호흡하고, 도움이 될 수 있는 기회를 허락해준 독자에게도 감사를 표한다.

참고문헌

Barasch, Marc Ian. 2005. *Field Notes on the Compassionate Life: A Search for the Soul of Kindness.* New York: Rodale.

Bayda, Ezra. 2008. *Zen Heart: Simple Advice for Living with Mindfulness and Compassion.* Boston: Shambhala Publications.

Becker, Ernest. 1973. *The Denial of Death.* New York: The Free Press.

Blackman, Sushila, ed. 2005. *Graceful Exits: How Great Beings Die — Death Stories of Tibetan, Hindu, and Zen Masters.* Boston: Shambhala Publications.

Buxbaum, Yitzhak. 2004. *The Life and Teachings of Hillel.* Lanham, MD: Rowman and Littlefield Publishers.

Forstater, Mark. 2000. *The Spiritual Teachings of Marcus Aurelius.* New York: HarperCollins.

Hanson, Rick. 2009. *Buddha's Brain: The Practical Neuroscience of Happiness, Love, and Wisdom.* With Richard Mendius. Oakland, CA: New Harbinger Publications.

Kessler, David A. 2009. *The End of Overeating: Taking Control of the Insatiable American Appetite.* New York: Rodale.

Kornfield, Jack. 1996. *Living Dharma: Teachings of Twelve Buddhist Masters.* Boston: Shambhala Publications.

Longfellow, H. W. 2001. *Poems and Other Writings.* New York: Library of America.

Maslow, Abraham H. 1968. *Toward a Psychology of Being.* 2nd ed. Princeton: Van Nostrand Reinhold.

McClelland, David C. 1986. Some reflections on the two psychologies of love. *Journal of Personality* 54(2):344–49.

McKay, Matthew, Peter D. Rogers, and Judith McKay. 1989. *When Anger Hurts: Quieting the Storm Within.* Oakland, CA: New Harbinger Publications.

Mitchell, Stephen. 1991. *The Gospel According to Jesus: A New Translation and Guide to His Essential Teachings for Believers and Unbelievers.* New York: HarperCollins.

Rahula, Walpola. 1974. *What the Buddha Taught.* 2nd ed. New York: Grove Press.

Rogers, Carl R. 1957. The necessary and sufficient conditions of therapeutic personality change. *Journal of Consulting Psychology* 21(2):95–103.

Seligman, Martin E. P. 1998. *Learned Optimism: How to Change Your Mind and Your Life.* New York: Pocket Books.

Stevenson, Ian. 1974. *Twenty Cases Suggestive of Reincarnation.* 2nd ed. Charlottesville, VA: University Press of Virginia.

Thich Nhat Hanh. 1988. *The Heart of Understanding: Commentaries on the Prajñaparamita Heart Sutra.* Berkeley, CA: Parallax Press.

_____. 1990. *Transformation and Healing: Sutra on the Four Establishments of Mindfulness.* Berkeley, CA: Parallax Press.

_____. 1993. *Thundering Silence: Sutra on Knowing the Better Way to Catch a Snake.* Berkeley, CA: Parallax Press.

_____. 1996. *Breathe! You Are Alive: Sutra on the Full Awareness of Breathing.* Berkeley, CA: Parallax Press.

_____. 1998. *The Heart of the Buddha's Teaching: Transforming Suffering into Peace, Joy, and Liberation.* Berkeley, CA: Parallax Press.

_____. 2002. *Be Free Where You Are.* Berkeley, CA: Parallax Press.

_____. 2009. *You Are Here: Discovering the Magic of the Present Moment.* Boston: Shambhala Publications.

Watts, Alan W. 1957. *The Way of Zen.* New York: Vintage Books.

Weiss, Brian L. 1988. *Many Lives, Many Masters: The True Story of a Prominent Psychiatrist, His Young Patient, and the Past-Life Therapy That Changed Both Their Lives.* New York: Simon and Schuster

Yongey Mingyur Rinpoche. 2007. *The Joy of Living: Unlocking the Secret and Science of Happiness.* With Eric Swanson. New York: Three Rivers Press.

더 읽을 책

Armstrong, Karen. 2001. *Buddha*. New York: Viking Penguin.

Beck, Charlotte Joko. 1989. *Everyday Zen: Love and Work*. San Francisco: HarperSanFrancisco.

Bien, Thomas, and Beverly Bien. 2002. *Mindful Recovery: A Spiritual Path to Healing from Addiction*. New York: John Wiley and Sons.

_____. 2003. *Finding the Center Within: The Healing Way of Mindfulness Meditation*. Hoboken, NJ: John Wiley and Sons.

Boorstein, Sylvia. 1997. *It's Easier Than You Think: The Buddhist Way to Happiness*. San Francisco: HarperSanFrancisco.

Chödrön, Pema. 2001. *Start Where You Are: A Guide to Compassionate Living*. Boston: Shambhala Publications.

Fredrickson, Barbara L. 2009. *Positivity: Groundbreaking Research Reveals How to Embrace the Hidden Strength of Positive Emotions, Overcome Negativity, and Thrive*. New York: Crown Publishers.

Goldstein, Joseph. 1993. *Insight Meditation: The Practice of Freedom*. Boston: Shambhala Publications.

H.H. the Dalai Lama and Howard C. Cutler. 1998. *The Art of Happiness: A Handbook for Living*. New York: Riverhead Books.

Huxley, Aldous. 1945. *The Perennial Philosophy*. New York: Harper and Row.

Kabat-Zinn, Jon. 1990. *Full Catastrophe Living: Using the Wisdom of Your Body and Mind to Face Stress*, Pain, and Illness. New York: Delta.

_____. 1994. *Wherever You Go, There You Are: Mindfulness Meditation in Everyday Life.* New York: Hyperion.

Kornfield, Jack. 1994. *Buddha's Little Instruction Book.* New York: Bantam Books.

_____. 2000. *After the Ecstasy, the Laundry: How the Heart Grows Wise on the Spiritual Path.* New York: Bantam Books.

Lama Surya Das. 1997. *Awakening the Buddha Within: Eight Steps to Enlightenment—Tibetan Wisdom for the Western World.* New York: Broadway Books.

_____. 1999. *Awakening to the Sacred: Creating a Spiritual Life from Scratch.* New York: Broadway Books.

_____. 2000. *Awakening the Buddhist Heart: Integrating Love, Meaning, and Connection into Every Part of Your Life.* New York: Broadway Books.

_____. 2003. *Letting Go of the Person You Used to Be: Lessons on Change*, Loss, and Spiritual Transformation. New York: Broadway Books.

Merton, Thomas. 1968. *The Asian Journals of Thomas Merton.* New York: New Directions Books.

Rosenberg, Larry. 1998. *Breath by Breath: The Liberating Practice of Insight Meditation.* With David Guy. Boston: Shambhala Publications.

Thich Nhat Hanh. 1992. *Peace Is Every Step: The Path of Mindfulness in Everyday Life.* New York: Bantam Books.

_____. 2007. *The Art of Power.* New York: HarperCollins.

Willliams, Mark, John Teasdale, Zindel Segal, and Jon Kabat-Zinn. 2007. *The Mindful Way Through Depression: Freeing Yourself from Chronic Unhappiness.* New York: The Guilford Press.

이 책에 대한 평가

● ●

"행복과 만족은 생각보다 훨씬 가까이에 있다는 불교의 통찰력을 보여주는 책으로 풍부한 예시, 수행법이 어우러진 훌륭한 행복지침서이다."

진델 V. 시걸 박사, 『우울증을 극복하는 마음챙김The Mindful Way Through Depression』의 공동저자

● ●

"토마스 비엔은 명쾌하고 꾸밈없이 수준 높은 불교 철학과 수행법을 소개하고 있다. '왜 개가 당신보다 행복한가?' 하고 감히 말할 수 있는 용기는 그가 지닌 작가로서의 자질과 옛 가르침에 대한 해박한 지식을 보여준다. 이 책을 한 장 한 장 음미하면서 읽기를 진심으로 권한다."

스티븐 포러스트, 『내면의 하늘과 어제의 하늘The Inner Sky and Yesterday's Sky』의 저자

"번뜩이는 지혜와 통찰력으로 독자의 마음을 사로잡는 『붓다 테라피』는 우리를 더 큰 기쁨, 편안, 그리고 자유로 이끈다. 작가의 임상체험을 바탕으로 한 지식과 엄격한 과학의 적용, 진정한 연민의 숨결이 페이지마다 느껴진다. 비엔의 통찰력과 수행법에는 개인의 삶뿐만 아니라 사회를 변화시키기에도 충분한 힘이 실려 있다."

샤우나 L. 샤피로 박사, 산타클라라대학 부교수이며 『마음챙김의 기술과 과학The Art and Science of Mindfulness』의 공동저자

"상식과 비범한 지혜가 조화롭게 어우러진 이 책은 모든 사람이 진정으로 원하는 행복과 만족으로 독자를 안내한다. 심리치료사의 따뜻한 마음, 연구자로서의 지식, 그리고 이 길을 걸어온 사람으로서 지닌 깊은 통찰력으로 비엔은 행복은 생각보다 가까운 곳에 있음을 보여주고 그 길에 이르는 방법을 알려준다."

폴 R. 풀턴 교육학 박사, 터프츠 건강보험사의 정신건강 이사이며 명상 및 심리치료 연구소 명예회장

"이 책에서 우리는 동양 전통의 지혜를 경험하고 그 의미를 깊이 이해하게 될 것이다. 비엔은 따뜻함과 연민으로 행복에 이르는 훌륭한 지침을 제시한다.

고통을 겪고 있는 사람들뿐만 아니라 건강하고 행복한 삶을 살고자 하는 사람, 마술과도 같은 놀라운 치유의 힘을 경험하고자 하는 모든 이에게 진심으로 이 책을 추천한다."

파브리치오 디도나 심리학 박사, 임상심리학자이며 『명상치료 핸드북*The Clinical Handbook of Mindfulness*』의 편집자

• •

"사람들은 행복해지려면 주도권을 잡아야 하고 애쓰며 원하는 것을 얻는 등 무엇인가를 해야 한다고 생각한다. 하지만 비엔은 『붓다 테라피』에서 독자를 전혀 다른 길로 초대한다. 바로 내면의 평화와 행복으로 가는 옛 동양의 길이다. 종교를 떠나서 이 책에는 읽고 숙고하고 수행할 수 있는 지혜가 담겨 있다."

윌리엄 R. 밀러 박사, 뉴멕시코대학의 심리학, 정신의학 명예교수

• •

"행복은 생각보다 훨씬 가까이에 있으며 일반적으로 사람들이 찾는 곳에 존재하지 않는다는 생각은 파격적이다. 비언은 이 책에서 붓다의 가르침과 일상생활의 사례, 다양한 믿음과 종교적 시각으로 이러한 가능성을 설명한다. 오늘날에도 고스란히 적용할 수 있는 뛰어난 옛 지혜를 바탕으로 행복을 다양한 관점에서 살펴본다. 불교를 믿건 안 믿건 이 책에는 소중한 진실이 담겨

있다. 직접 찾아보기 바란다. 그러면 더 큰 행복을 느낄 것이다!"

제프리 브랜틀리 의학박사, 『아침 5분에 할 수 있는 자기혁명 100가지 프로젝트
Five Good Minutes』의 저자

• •

"쉽고 거침없는 이 책은 깊은 수행에서 오는 명료함을 바탕으로 독자를 붓다
의 진리로 안내한다. 철학적 이해와 명상 수행, 순간순간 깨어 삶을 경험하도
록 독려하는 이야기들로 붓다의 통찰을 우리에게 전해주고 있다."

플로렌스 멜레오 마이어, 문학/이학 석사이며 오아시스 프로페셔널 트레이닝 앤드
에듀케이션의 이사, 매사추세츠 의과대학 스트레스 해소 프로그램 선임 강사

• •

"비엔은 옛 불교 심리학과 행복 심리학의 정수를 현대의 독자가 이해하기 쉽
도록 풀어 썼다. 이 책에서 그는 이미 존재하는 행복을 발견할 수 있도록 실천
에 옮기는 전략을 제시한다. 고통에서 해방되기를 바라는 이들에게 이 책을
추천한다."

크리스토퍼 K. 거머 박사, 하버드 의과대학 임상심리 지도교수, 『자기 연민의 마음
챙김*The Mindful Path to Self-Compassion*』의 공동저자